SCHICKSALSGEFÄHRTE SEIN...

WLADIMIR LINDENBERG

Schicksalsgefährte sein...

Aufzeichnungen eines Seelenarztes

ERNST REINHARDT VERLAG MÜNCHEN / BASEL

ISBN 3 497 00530 4

20.–23. Tausend

© by Ernst Reinhardt Verlag in München 1964, 1979
Offsetdruckerei J. Hablitzl, Dachau bei München
Buchbinderei Oldenbourg, München
Printed in Germany

Meiner lieben Frau,
Schicksalsgefährtin und Mitarbeiterin
in der Betreuung der Kranken,
und meinen Schicksalsgefährten, den Patienten,
in Liebe und Dankbarkeit zugeeignet

INHALT

Vorwort 11

Kinder und Eltern
    Der Zappelphilipp 17
    Der verlorene Sohn 21
    Ein perfekter Gentleman 27
    Der Putzteufel 31
    Der hölzerne Trog 37

Wovon die Menschen leben
    Martha Wohlmann 45
    Wovon die Menschen leben 50
    Tante Nina 54

Kraft des Gebets
    Warum erhört Gott mich nicht? 61
    Das Wunder der Überwindung 65

Der Mensch im Machtbereich des Tieres
    Die Maus 71
    Vertrag auf Gegenseitigkeit wegen eines Hundes . . . 75
    Das Karnickel als Friedensstifter 79
    Der tote Hund 85

Krankheitserzeuger Angst
    Asthma und Lebensangst 93
    Der Schulschwänzer 99
    Angst, Krankheit und Unordnung 106
    Lachen als Therapie 110
    Der böse Nachbar 115

Heilige unter uns
    Tante Natascha 123
    Herbert Porte, der frohe Dulder 130
    Katharina Nowikowa 136

Liebe überwindet Leid
    Aber das Größte unter ihnen ist die Liebe 143
    Die Gehemmte 148
    Liebe zum Vorgesetzten 154
    Ich brauche Liebe! 158

Sattheit und Trägheit des Herzens
    Wirtschaftswunderkind und doppelte Moral 167
    Schüler ohne Kopf, Lehrer ohne Herz 176
    Ohren ohne Herz 184

Zügellosigkeit und Kriminalität
    Doktor Conan Doyle 189
    Ein Gebrechen ist kein Freibrief 195
    Sizilianische Rache 201
    Viruskrankheit Geltungsdrang 207

Spätzündung des Gewissens
    Das Herz des Generals 215
    Jugendlicher Massenmörder 222
    Wer erlöst mich von meiner Schuld? 230
    Gib mir die verdiente Strafe! 237

Weisheit steht über dem Schicksal
    Jeden Tag eine gute Tat 249
    Der dumme Weise 255
    Die alte Dame 259

Der Tod als Erlöser
    Katjas schwieriges Sterben 265
    Bis daß der Tod uns scheide 272
    Der sanfte Tod 277

Da ging der junge Tobias hinaus, und fand einen feinen jungen Gesellen stehen, der hatte sich angezogen und bereitet zu wandern.

Und wußte nicht, daß es der Engel Gottes war, grüßte ihn und sprach ...

Und der Engel Raphael sprach zu ihm: „Ich will ihn hinführen und wieder zu dir herbringen ... Sei zufrieden; ist's nicht genug, daß du einen Boten hast, was mußt du wissen, woher ich bin?"

Tobias, 5

SCHICKSALSGEFÄHRTE SEIN

Der große Arzt des Mittelalters Paracelsus sagt einmal: „Heilen ist sinnbildlichste Nachfolge Christi."

Wenn man als Arzt am kürzeren Ende eines langen und bewegten Lebens angelangt ist, hält man Rück- und Innenschau. Man sucht in seinem Leben die Spreu vom Weizen zu trennen und fragt sich: Was hast du in all dieser Zeit gelernt, bist du erfahrener, reifer, gütiger, helfender geworden? Ist deine Liebe und Hilfsbereitschaft für den Kranken gewachsen, hast du größere Sicherheit in der Erkennung von Krankheiten und seelischen Leiden erworben und hat dein Wort an Kraft und Gewicht zugenommen?

Diese Fragen kann man sich selbst nicht beantworten. Aber man spürt, wie man von der Achtung und Liebe, von dem Vertrauen seiner Kranken getragen wird. Und einmal wird man staunend gewahr, daß die Krankenvisite in der Klinik oder die Sprechstunde einen nicht mehr so erschöpft wie früher, und wenn man den Gründen nachgeht, erkennt man: Es war eine freudige Sprechstunde. Die Menschen waren nett und freundlich, sie gaben sich willig in deine Obhut, sie bedankten sich für die geleistete Hilfe. Und mit der Zeit nehmen sie die Person des Arztes und sein Haus als etwas Vertrautes, zu ihnen Gehöriges in ihr Leben hinein. Sie schreiben ihm Karten zu den Festtagen oder wenn sie verreisen, sie fragen nach seinem Befinden, und aus einem Funktionär für Gesundheit wird unversehens ein Freund. Dieser Prozeß entwickelt sich manchmal schon in der ersten Sprechstunde, manchmal braucht er aber Wochen und Jahre.

Selten beschränkt sich die Begegnung zwischen Patient und Arzt lediglich auf die Behandlung eines erkrankten Organs. An jedem krankhaften Vorgang ist der ganze Mensch beteiligt. Oft geschieht es, daß der Mensch in seiner Seele und seinem Geist aus der Harmonie herausfällt, und dann erst folgen die Organe, die ohne zentrale Lenkung aus der Reihe tanzen und krank werden. Der gereifte Arzt spürt schon bei den ersten Begegnungen, wo die Störungen liegen, und bringt das Gespräch bald auf persönliche Dinge. Dieses Gespräch ist bereits der Beginn der großen Therapie. Nicht die Pille, die Tinktur oder die Spritze entscheidet, wenn sie auch in der Behandlung unentbehrlich sind, aber der Funke, der vom Kranken zum Arzt überspringt, das aufkeimende Vertrauen, das Gefühl des Verständnisses, das ein Erlebnis von Geborgensein entstehen läßt: darin liegt die Magie der Heilung.

Christus sagt ein geheimnisvolles Wort zu einem Kranken: „Stehe auf, deine Sünden sind dir vergeben!" Er meint Sünden im weitesten Sinne, nicht nur die Verfehlungen gegen den Kodex der Moral. Alles, was im Leben krumm und falsch gewachsen, verbogen und verhärtet ist, all dies führt zu Krankheit und Verkümmerung. So wird der wahre Arzt immer ein Seelsorger sein müssen, in einem anderen Sinne als der Beichtvater. Er fragt weniger nach den absichtlichen oder unwissentlichen Verfehlungen, er will alles erfahren, alle Sünden erkennen, die aus Triebhaftigkeit, Unbeherrschtheit, Launenhaftigkeit, Geltungsdrang, Egoismus, Gefühlszorn, Eifersucht, Herrschsucht und Intoleranz entstehen.

Es genügt nicht, daß er dem Patienten nur zuhört, wenn auch im Sich-Aussprechen schon klärende und heilende Kräfte offenbar werden. Aber er muß auch zupacken, er muß einen Rat wissen. Manchmal muß er Mitgefühl zeigen, und oft bedarf es einer scharfen, sogar harten Zurechtweisung.

Jeder Krankheitsprozeß, auch wenn es sich nur um Organe handelt, durchläuft das Stadium der schmerzhaften Entzündung; der Krise — der Wende; der Katharsis — der Selbstreinigung, bis er zur Rekonvaleszenz führt — zur Wiedergesundung. In der sich wiederholenden Begegnung zwischen Arzt und Patient kommt es auch zur Krise, zur mehr oder weniger heftigen Reaktion auf die Einstellung des Arztes, und zu einer Wende, die eine Katharsis, eine Selbstreinigung zur Folge hat. Oft ist der Arzt selber nichts anderes als ein Katalysator, jener geheimnisvolle chemische Stoff, der selbst unverändert bleibt, aber die Verschmelzung von Stoffen beschleunigt. Die Krönung seiner Behandlung bedeutet aber, wenn es ihm gelingt, den Patienten zu einer Metánoia zu führen, zu einem Prozeß des Umdenkens, der Buße, wie dieses Wort unvollständig übersetzt wird, zu dem, was Christus und später sein Apostel Paulus den Durchbruch zum neuen Menschen nennt, zu der neuen Kreatur in Christo. Das ist das Tiefste und das Höchste, was einem manchmal als Geschenk einer Behandlung gewährt wird!

Nicht immer bewegt sich die Begegnung auf einer breiten und flachen Bahn. Mit der kurzen Konsultation im Sprechzimmer ist noch nicht alles getan. Der rechte Arzt trägt seine Patienten in seinem Herzen. Er denkt über sie und ihre Schicksale nach, er sorgt sich um sie, er beobachtet und behütet sie. Wieviele Gespräche werden oft mit unzähligen Personen geführt, um den Weg eines Menschen zu ebnen oder Gefahren, die ihm drohen, zu verhüten! Und es genügt durchaus nicht, daß der Arzt immer nur freundlich ist. Manchmal muß er grob und aggressiv sein, um den Kranken aus der zähen Gewohnheit herauszureißen, wie ein Chirurg, der einen falsch verheilten Knochen wieder brechen muß, damit er gerade werde.

Seltsame irrationale Faktoren spielen bei der Behandlung eine Rolle. Da ist der Ruf des Arztes, die Legende um ihn. Irgendwelche Menschen, in der Elektrischen, beim Einkauf, beim Besuch, erzählen von ihren Erfahrungen mit dem Arzt, und in dem anderen entsteht der Wunsch, sich in seine Obhut zu begeben.

Manche Menschen werden bereits ruhig und zuversichtlich, wenn sie auf dem Wege zum Doktor sind oder sein Wartezimmer betreten. Sie behaupten, der Raum strahle schon Ruhe und Zuversicht aus. Allgemein ist dieses Phänomen beim Zahnarzt. Die Schmerzen hören im Wartezimmer auf, und man möchte unbehandelt nach Hause gehen. Eine Patientin meinte: „Am liebsten würde ich mir neben Ihnen ein Häuschen bauen, dann könnte mir nichts mehr passieren!"

Aber auch in anderer Hinsicht kann das Wartezimmer selbst zu einer Therapie werden. Die Menschen sehen dort oft Kranke, deren Gebrechen weit schlimmer sind als die ihrigen, und sie lernen es, bescheiden zu werden. Oft hört man das Wort: „Wenn ich das sehe, dann kommen mir meine eigenen Leiden ganz winzig vor." Aus solcher Bescheidung erwächst eine neue Einstellung zur eigenen Krankheit und sie bedeutet den ersten Schritt zur Heilung.

Der junge Arzt, der seine Kenntnisse aus der Fülle des Gelernten schöpft, überbewertet die Macht der chirurgischen Eingriffe und der Chemotherapie. Der Erfahrene weiß, wie wichtig das ist, was zwischen Untersuchung, Diagnosestellung und Rezeptur vor sich geht; was da zwischen den Zeilen geschieht, ist oft von größter und ausschlaggebender Bedeutung.

Auf einem Kongreß der Psychotherapeuten verbreitete sich ein Kollege über seine Behandlungsmethode. Alle hörten aufmerksam zu. Der weise Professor Felix Schottländer apostrophierte ihn mit gütigen Worten, das sei alles sehr interessant und lehrreich, aber: „Vergessen Sie nie, daß der Patient so lange im Licht Ihrer mitmenschlich warmen Strahlung stand", und damit sagte er das Wesentlichste von allem.

Und der große Seelenarzt und Philosoph Karl Jaspers schreibt zu diesem Thema: „Das Höchste, was dem Arzt hier und da gelingt, ist, Schicksalsgefährte zu werden mit dem Kranken, Vernunft mit Vernunft, Mensch mit Mensch, in den unberechenbaren Grenzfällen einer zwischen Arzt und Kranken entstehenden Freundschaft... Dann darf man fragen, ob nicht die ärztliche Persönlichkeit auf eine legitime Weise selber zu einer heilenden Kraft wird, ohne Zauberer oder Heiland sein zu müssen, ohne daß Suggestion, ohne daß irgendeine andere Täuschung vorliegt. Die Gegenwart einer Persönlichkeit in ihrem Willen zum Helfen, einen Augenblick ganz auf den Kranken da, ist nicht nur unendlich wohltuend. Das Dasein eines vernünftigen Menschen mit der Kraft des Geistes und der überzeugenden Wirkung eines unbedingt Gütigen weckt im anderen, und somit auch im Kranken, unberechenbare Mächte des Vertrauens, des Lebenwollens, der Wahrhaftigkeit, ohne daß darüber ein Wort fällt. Was der Mensch dem Menschen sein kann, erschöpft sich nicht in Begreiflichkeiten."

Aus dem großen Schatz von Begegnungen, Erfahrungen und Erlebnissen habe ich hier einige aufgezeichnet, solche, die eine Krisis, Katharsis oder Metanoia zur Folge hatten. Natürlich war es nicht immer die erste Begegnung und das erste Gespräch, die dies bewirkt haben, oft bedurfte es monate- oder jahrelanger Behandlung, ehe es geschah; und oft geschah es auch gar nicht, dann ging der Patient, dem das Wunder der Begegnung nicht zuteil wurde, enttäuscht und ungeheilt von dannen, und der Arzt mußte seine eigene Unzulänglichkeit erfahren.

Mannigfache Probleme des Daseins branden an den Arzt heran, bewältigen kann er sie nur nach dem Maß seiner eigenen Reife. Ich habe viele verschiedene Situationen des Lebens hier aufgezeichnet. In manchen Filmtheatern liest man zu Beginn eines Films: „Alle Ähnlichkeiten mit lebenden Personen sind rein zufällig." Ich möchte in Abwandlung dieses Wortes sagen, ich wäre froh, wenn mancher sich in den Dargestellten erkennen würde, vielleicht könnte ein solches Erkennen der erste Schritt zu einer Metanoia, einem Umdenken und einer Erneuerung des alten Adams zum neuen Menschen werden.

Dieses Buch sei in Dankbarkeit meinen Patienten, die meine Freunde sind, gewidmet.

KINDER UND ELTERN

DER ZAPPELPHILIPP

Er war mager und aufgeschossen und hatte ein bekümmertes und altkluges Gesicht. Seine Mutter saß neben ihm, eine grobknochige Frau, herb und verschlossen. Sie führte das Wort. Ich schaute hinüber zu dem Jungen; in dessen Gesicht zuckte es, manchmal zuckte der ganze Kopf oder der Arm.

„Ich weiß nicht mehr, was ich mit ihm anfangen soll. So zuckt er den ganzen Tag, mal zwinkert er mit den Augen, dann verzieht er die Mundwinkel oder wirft den Kopf umher, und jetzt stößt er auch noch kurze Schreie aus. Es ist zum Verrücktwerden! Ich ertappe mich dabei, daß ich auch schon anfange zu zucken. Kein Zureden, keine Strafe, keine Strenge nutzt. Was sollen wir bloß tun?"

„Seit wann zuckt er denn?"

„Seit einigen Jahren."

„Wie lernt er denn, geht er gerne zur Schule?"

„Ja, er ist der beste Schüler, fleißig und gehorsam. In der Schule haben sie sich auch noch nicht beschwert über sein Zucken."

Ich wandte mich an den Jungen, der still dasaß und dem Gespräch scheinbar unbeteiligt folgte.

„Hast du Freunde?"

Er schaute zuerst etwas ratlos seine Mutter an. „Eigentlich nein."

„Magst du keine Freunde haben?"

„Doch!"

„Warum hast du denn keine? Ist dir keiner gut genug? Findest du keinen Kontakt? Bist du zu wählerisch?"

„Nein, das nicht, aber wenn ich Freunde nach Hause mitbringe, dann schimpft Vater." Er sah seine Mutter ängstlich an, ob er auch nichts Unrechtes gesagt habe.

„Sie sind sehr streng mit ihm?", fragte ich die Mutter.

„Ich nicht, aber mein Mann. Der hat dauernd etwas an ihm auszusetzen. Dies paßt ihm nicht und jenes paßt ihm nicht, und sobald er zuckt, fällt er über ihn her, schimpft und haut mit der Faust auf den Tisch. Es ist nicht mehr zum Aushalten!"

„Hast du Angst vor deinem Vater?"

Er schaute mich flehend an. Er wagte es nicht auszusprechen.

„Du hast gar keinen Grund, Angst vor dem Vater zu haben, er ist ein Mensch wie jeder andere. Er ist wahrscheinlich in seinem Beruf sehr angespannt und kommt müde und gereizt nach Hause, und dann ist er etwas ungnädig. Aber sicherlich liebt er dich und will dir nichts Böses antun."

„Aber er brauchte mit mir nicht immer zu schimpfen. Nie kann ich es ihm recht machen!"

„Der Junge hat recht, der Vater schimpft immer, und er hat gar keinen Grund dazu. Nie lobt er den Jungen oder sagt mal ein freundliches, anerkennendes Wort zu ihm. Dabei ist er gehorsam und still und bringt immer gute Zeugnisse heim. Nur wenn Vater angetrunken ist, dann ist er gemütlich, dann wird er rührselig, dann spricht er sogar mit ihm. Der Junge sagt schon: »Ich wünschte, Papa würde öfter mal trinken.« Was sagen Sie dazu?"

„Ich glaube, ich werde den Vater behandeln müssen. Schicken Sie ihn mal her!"

Ich verschrieb dem Jungen einige Stärkungs- und Beruhigungsmittel und empfahl ihm, bald wieder zu kommen, aber zuvor wollte ich mit dem Vater sprechen.

Eines Tages kam der Vater, ein kleiner, schmächtiger Mann mit grauer Gesichtsfarbe, schadhaftem Gebiß und herabgezogenen Mundwinkeln. Tiefe Falten zogen von den Nasenflügeln zum Kinn. Er sah nicht gerade wie ein Erfolgsmensch aus.

„Sind Sie magenleidend?", fragte ich.

„Ja. Ich habe schon oft Magengeschwüre gehabt, und die Leber und Galle sind wohl auch nicht ganz in Ordnung." Und er erzählte weitschweifig und umständlich von den vielen Beschwerden, die ihm sein Verdauungsapparat verursachte. Ich ließ ihn reden. Schließlich, als die umfangreiche Krankengeschichte ausgelaufen war, fragte ich ihn: „Sie haben viel Ärger im Betrieb?"

Ja, er hatte viel Ärger, er war nicht am rechten Platz. Seine Vorgesetzten und Mitarbeiter waren schlechte Menschen. Man ließ ihn nicht hochkommen. Intrigen, Mißgunst. Am liebsten würde er denen den ganzen Kram vor die Füße werfen.

„Aber Sie haben doch, wenn Sie auch Ärger in der Firma haben, keinen Kummer mit Ihrer Familie? Sie haben eine gute Frau und einen prachtvollen Jungen!"

„Nichts als Kummer auch zu Hause, Herr Doktor. Mein Junge ist kein Kerl, eine ängstliche Memme, und meine Frau steht ihm noch bei. Ich will doch einen rechten Mann aus ihm machen!"

„Oh! Und wie machen Sie das, um aus ihm einen rechten Mann zu machen?"

Er wurde etwas unsicher. „Nun ja, ich ermahne ihn. Manchmal platzt mir auch der Kragen, dann schimpfe ich."

„Und schlagen mit der Faust auf den Tisch, nicht wahr. Hat es denn schon genutzt?"

„Hmm, nein. Der Bengel ist auch so zimperlich, dann zuckt er mit den Augen oder mit dem Kopf, das macht einen ganz nervös."

„Sie sind aber doch wohl überzeugt, daß die Methode, die Ihre Vorgesetzten und Kameraden Ihnen gegenüber anwenden — meckern, mißvergnügt sein, wovon Sie ja Ihre Magengeschwüre haben —, die beste Methode sei, so daß Sie sie auch in Ihrer Familie praktizieren?"

Er stutzte und begehrte auf: „Halten Sie mich etwa für einen schlechten Familienvater? Ich, der ich mich für die Familie aufopfere! Ich gehe nicht aus, ich gebe alles Geld zu Hause ab, ich trinke nicht und rauche mäßig. Glauben Sie, daß ich schlecht für sie sorge? Haben sie sich etwa bei Ihnen beschwert?"

„Stellen Sie sich vor, ich glaube allen Ernstes, daß Sie ein miserabler Familienvater sind. Und wenn Ihr Sohn Zuckungen hat, ängstlich und mißvergnügt, eine Memme, wie Sie sagen, ist: dafür sind Sie nach meiner Meinung verantwortlich. Sie bringen Ihren ganzen Mißmut, Ihren Verdruß, Ihre Minderwertigkeitsgefühle nach Hause und lassen sie an Ihrer Frau und Ihrem Jungen aus. Sie sagen, der Junge sei kein Kerl. Natürlich! Er kommt doch gegen Ihre Nörgelei und Ihre schlechte Laune nicht auf. Er hat einfach schreckliche Angst vor Ihnen, und daher wird er ein Mucker und zuckt. Und Angst ist der Tod jeder Liebe und jedes Vertrauens. Kommt denn der Junge mit irgendwelchen Nöten oder Fragen zu Ihnen? Nein!"

„Sie tun wirklich so, als ob ich ein Haustyrann wäre, Herr Doktor!"

„Sind Sie auch, mein Bester, sind Sie auch, und Sie merken es noch nicht einmal. Könnten Sie sich denn nicht soweit beherrschen, daß Sie Ihre üble Laune vor der Haustür lassen, daß Sie die Familie freundlich und liebenswürdig begrüßen, daß Sie bei Tisch ein nettes Gespräch führen, statt jede Gelegenheit zum Schimpfen wahrzunehmen? Sie wissen selbst gar nicht mehr, daß Ihnen das Schimpfen und Poltern zur zweiten Natur geworden ist. Und irgendwie sonnen Sie sich auch in der Angst, die die Familie vor Ihnen hat. Im Büro sind Sie nämlich zu schwach und zu schüchtern, und zu Hause spielen Sie den starken Mann. Versuchen Sie es doch einmal umgekehrt!

Entspannen Sie sich schon im Treppenflur, wenn Sie nach Hause kommen! Denken Sie: »Ich komme nach Hause, zu meinen Lieben, zu meiner Familie, dort werde ich geliebt, dort bin ich beschützt, dort bin ich zu Hause.« Lächeln Sie und geben Sie Ihren Angehörigen einen Kuß, und bringen Sie ihnen mal etwas Nettes mit. Versuchen Sie, mit dem Jungen zu sprechen, fragen Sie ihn, was er gemacht hat, und ob er nicht Lust habe, Freunde nach Hause einzuladen. Ich wette mit Ihnen, Sie laden nie einen Nachbarn oder Arbeitskameraden ein! Werden Sie wenigstens der Freund Ihrer eigenen Familie, der Freund Ihres Sohnes, und Sie werden erleben, wie schnell aus ihm ein Mann wird, wenn er von seinem Vater sagen kann: das ist mein bester Freund!"

„Meinen Sie wirklich, daß es so schlimm mit mir steht?", fragte er schüchtern.

„Es steht sehr schlimm, und es ist fünf Minuten vor zwölf. Aber es ist nicht zu spät. Fangen Sie gleich heute an. Kommen Sie nicht mit leeren Händen nach Hause. Bringen Sie Ihrer Frau Schokolade und Ihrem Jungen einen Fußball mit. Gehen Sie mit ihnen ins Kino oder in den Zoologischen Garten. Und wenn Sie es tun, wenn Sie erfahren, daß Sie ein behagliches und warmherziges Zuhause haben, dann werden Sie über kurz oder lang erleben, daß die Leute in Ihrem Büro auch ganz liebe Menschen sind."

Ich schüttelte ihm kräftig die Hand.

Nach einigen Wochen erschien der Junge. Er hielt sich gerade. Er lächelte sogar.

„Na, was machen unsere Zuckungen?"

„Besser."

„Wie geht es denn den Eltern?"

„Gut! Gestern war Vater mit mir den ganzen Vormittag im Zoo. Das war dufte!", und er strahlte.

DER VERLORENE SOHN

Er fiel mir durch seine Unruhe und Gespanntheit schon im Wartezimmer auf. Er sah mürrisch aus, er mischte sich mit abfälligen Bemerkungen in die Gespräche der anderen Patienten ein, er nörgelte über alles. Jedesmal wenn ein Kranker aus dem Sprechzimmer entlassen wurde, fragte er mich gereizt, ob er denn nicht schon dran sei, er sei schwer krank und könne nicht länger warten, und überhaupt blieben die Leute viel zu lange im Sprechzimmer. Ich wies ihn streng zurecht, die anderen seien auch krank, sonst wären sie nicht hier, und er möchte sich gedulden. Er sagte abschätzig: „Bah!"

Ich hatte nicht übel Lust, ihn aus dem Wartezimmer zu verweisen. Schließlich war er an der Reihe. Er polterte los und erzählte mir seine vielen Beschwerden. Es gab keine Krankheit, die er nicht hatte. Er sprach hemmungslos und ungeordnet. Jemand klopfte ungeduldig gegen die Wand. „Dieses Gesindel! Sie lassen einen nicht einmal ausreden!", zischte er wütend.

„Sehen Sie, so geht es einem. Sie waren böse über die anderen, die hier drinnen waren, aber Sie selbst haben kein Zeitgefühl. Nun sollen die anderen warten!"

„Das ist ganz etwas anderes, Herr Doktor! Ich bin wirklich krank!"

„Ach natürlich, weil Sie es sind. Die anderen sind Ihnen fremd, da mag es gleichgültig sein, ob sie Beschwerden haben!"

Schließlich untersuchte ich ihn. Er hatte hohen Blutdruck, Herzkranzaderverfettung, geschwollene Leber, geschwollene Knöchel, er war auch seelisch nicht in Ordnung. Ein krasser Egoist, der sich nur um sich selbst drehte und rücksichtslos gegen andere war.

Ich gab ihm strenge Anweisungen zur nötigen Diät und verschrieb ihm Medikamente.

Er war entrüstet. „Auf meine acht Flaschen Bier kann ich unmöglich verzichten, und meinen Speck und Butter muß ich auch haben, sonst werde ich schwach. Sie wollen mich wohl aushungern?"

Ich sah ihn entgeistert an. „Wofür gehen Sie überhaupt zum Arzt, wenn Sie nicht tun wollen, was er Ihnen verordnet. Kurieren Sie sich doch selber!"

Ich stand auf und deutete damit an, daß die Konsultation beendet sei. Ich gab ihm nicht die Hand. Er stapfte mit hochrotem Gesicht hinaus. Zu meiner Frau sagte ich erleichtert: „Na, der kommt Gott sei Dank nicht wieder."

Aber nach einigen Tagen war er doch wieder da. Er sah etwas verlegen aus und verlangte diesmal nicht, sofort hereingelassen zu werden. Nach der Begrüßung meinte er: „Die Medizin, die Sie mir verordnet haben, ist gut, darf ich sie wieder haben?"

„Ja, aber wie ist es denn mit dem anderen, mit der Diät?"

Er wurde verlegen: „Na ja, ich hab' nur noch vier Flaschen Bier getrunken und weniger Fett gegessen und auch weniger geraucht. Meine Frau sagt: »Endlich hast du einen gefunden, der dir nicht nach dem Mund redet und dem dein Augenrollen nicht imponiert!«"

Ich mußte lächeln. Diesmal erzählte er nicht so lang und hastig und verließ mich bald. Er kam öfter. Ich spürte, daß es nicht nur sein schlechtes Gefäßsystem war, das ihm Kummer bereitete. Eines Tages fragte ich ihn: „Sagen Sie, da ist doch etwas, was an Ihnen nagt und Sie nicht zur Ruhe kommen läßt. Was ist es eigentlich?"

Er sah mich erstaunt an und räusperte sich. Erst zögerte er, ob er es erzählen sollte, aber dann packte er aus. „Ja, wissen Sie, wir haben Kummer mit dem einen Sohn. Wir sind nämlich mit ihm entzweit. Der Ältere, der ist in Ordnung, der fährt als Obersteward zur See, ist in Hamburg verheiratet, hat zwei Kinder. Wir fahren einmal im Jahr hin und besuchen sie. Aber der Jüngere, der hat Technik studiert und hat jetzt eine gute Stellung. Der wohnte bei uns. Da hat er beim Tanz ein Mädchen kennengelernt, das uns ganz und gar nicht paßte, so eine blonde Puppe, Petticoats und Pferdeschwanz und frechen Mund und nichts dahinter. Was haben wir geredet! Aber er hatte sie sich in den Kopf gesetzt, und nichts half. Sie heirateten und bewohnten bei uns ein Zimmer. Sie ging auch arbeiten. Meine Frau mußte immer für sie aufräumen. Überall ließ sie ihre Sachen liegen oder hängen."

„Und da haben Sie Ihrem Sohn und Ihrer Schwiegertochter das Leben zur Hölle gemacht!", unterbrach ich ihn.

„Wo denken Sie hin! Aber verstehen Sie doch, Ordnung muß sein, gerade bei jungen Menschen. Und kochen konnte sie auch nicht recht. Wenn, dann machte sie eine Büchse auf. Und schließlich sind mir die Nerven durchgegangen, da hab' ich mit der Faust auf den Tisch geschlagen. Sonst gab es immer Widerreden, aber da war sie plötzlich ganz still.

Na, und was denken Sie, am nächsten Morgen, als wir zum Frühstück kamen, waren die beiden undankbaren Vögel ausgeflogen, haben alles, was sie besaßen, still und heimlich eingepackt und haben sich auf französisch verabschiedet. Das war vor sechs Jahren. Sie können sich denken, wie uns das wurmt. Da zieht man ein Kind auf, macht einen Menschen aus ihm, und das ist nun der Dank!"

„Nun wird aber die Ehe wohl längst geschieden sein, wenn sie eine solche Schlampe ist?"

„Wo denken Sie hin, die hängen wie Pech und Schwefel aneinander. Und zwei süße kleine Enkelchen sind da, vier und fünf Jahre alt, wie aus dem Ei gepellt. Ein einziges Mal haben wir sie auf der Straße gesehen. Die Nachbarn haben sie uns gezeigt, sonst hätten wir es gar nicht gewußt. Da wird man seines Lebens nicht mehr froh! Nun verzeihen Sie, ich hab' schon viel zu viel geredet. Da kann doch keiner helfen." Er erhob sich schwerfällig und ging.

Beim nächsten Mal fragte ich ihn: „Sie haben aber doch dem Sohn zu Weihnachten und zum Geburtstag eine Karte oder ein Paket geschickt, und Sie gratulieren doch den Buben, wenn sie Geburtstag haben?"

„Wieso denn, wenn die uns keine Karten schreiben! Wir sind doch die Eltern, und es steht schon in der Bibel: du sollst deine Eltern ehren."

„Wer ist denn aber älter, Sie oder der Sohn?"

„Was für eine Frage, wir natürlich!"

„Da muß ich an das Sprichwort denken, das lautet: der Klügere gibt nach."

„Nein, Herr Doktor, ich merke, worauf Sie hinauswollen. Nie und nimmer! Ich habe doch schließlich meinen Stolz!"

„Ja, den haben Sie, und sogar einen falschen Stolz. Denn schließlich haben Sie Ihre Kinder beschimpft und beleidigt, und vielleicht nicht einmal, weil sie schlecht waren, nur weil sie anders waren als Sie. Und die haben auch ihren Stolz, der verletzt wurde. Wissen Sie, die Kinder haben den längeren Atem, denn sie haben ihre Familie, ihre Kinder, an denen sie sich freuen. Sie leben in Harmonie miteinander, und sie wollen keinen Ärger haben durch Eltern, die an ihnen herumnörgeln, sie beschimpfen und herumkommandieren. Aber Sie beide sind alt und allein, und Sie wissen ganz genau, wie unnatürlich es ist, daß Sie am Leben Ihrer Kinder und Kindeskinder nicht teilhaben. Denken Sie doch mal zurück, Sie waren als junger Mensch auch nicht immer mit Ihrem Vater einverstanden."

„O, der war aus hartem Holz, was der wollte, das mußte geschehen, das war ein wahrer Tyrann! Er hatte auch im Alter seine Strafe weg, keiner von seinen Kindern wollte etwas von ihm wissen."

„Also genau die gleiche Geschichte wie mit Ihrem Sohn. Er will auch nichts mehr von Ihnen wissen."

„Wie können Sie nur so etwas sagen! Ich bin doch nicht solch ein Egoist und Rabenvater. Ich habe immer gearbeitet, um meiner Familie ein gutes Leben zu ermöglichen. Nein, Herr Doktor, da tun Sie mir aber bitter unrecht. Das läßt sich nicht vergleichen."

„Doch, doch, es läßt sich sehr gut vergleichen. Auch Ihr Vater hat gearbeitet und für seine Familie gesorgt, nur wehe, wenn etwas nicht so ging, wie er wollte. Auch Sie wollen Ihrem Sohn Ihren Willen aufzwingen. Das Mädchen paßte Ihnen nicht, und Sie haben beide mit Ihrer ewigen Nörgelei und Unfreundlichkeit aus dem Hause getrieben."

„Niemand hat sie getrieben, sie hätten bleiben können; sie sind von selbst in Nacht und Nebel wie Diebe davongeschlichen!"

„Wir verstehen uns nicht. Sie sind ein Gerechter, und Ihr Sohn ist ein anderer Gerechter, und auf diese Weise werden Sie nie wieder zusammenfinden. Aber seien Sie ehrlich, Sie und Ihre Frau verzehren sich vor Gram. Und da ist noch etwas. Wenn Sie nicht starrköpfig und egoistisch wären, Ihre Frau wäre doch schon längst zu Kreuze gekrochen, wäre mit Blümchen, Schokolade und Geschenken für die Enkelchen hingegangen und hätte gesagt: »Verzeiht uns das von damals, wir wollen uns wieder vertragen! Es war unrecht von uns, aber wir verzehren uns in Sehnsucht nach euch«. Aber das hat sie sicherlich nicht gewagt."

Der Mann sprang auf. „Das würde ihr gerade so passen! Wer ist schließlich der Herr im Hause? Ich weiß nicht, was passieren würde, wenn sie hinter meinem Rücken so etwas täte!" Er schlug mit der Faust auf den Tisch.

„Nun, lassen Sie schon meinen Tisch in Frieden, der hat Ihnen nichts getan. Aber so, wie ich Sie hier sehe, begreife ich einfach nicht, wo da der Unterschied zu Ihrem Vater sein soll? Der gleiche Starrsinn, die gleiche Unbeherrschtheit, nur Ihre Meinung und Ihr Wille gilt, alles andere wird einfach niedergetrampelt. Sie sind ein ausgemachter Tyrann und trotz Ihres Alters ein ganz unreifer, kindischer Mensch mit kindischen Reaktionen. Sie haben, genau wie Ihr Vater, noch nie versucht, die Meinung anderer anzuhören, Rücksicht auf andere Menschen zu nehmen. Sie strotzen nur so von Selbstgerechtigkeit. Dabei nennen Sie sich auch noch Christ und gehen Weihnachten und Karfreitag in die Kirche und weinen gerührt bei den schönen Weihnachtsliedern. Aber die christliche Lehre des Liebens, der Güte und des Verzeihens, davon wissen Sie nichts, da haben Sie wohl in der Schule gefehlt!"

Er sah mich entgeistert an. „Wirklich Herr Doktor, das hätte ich von Ihnen nicht erwartet. Das habe ich nicht verdient. Sie sehen mich ganz falsch", sagte er weinerlich und hatte das Gesicht eines beleidigten kleinen Jungen.

„Hören Sie, wir wollen nicht Katze und Maus spielen. Sie sind jetzt alt und verbraucht. Mit Ihrem Blutdruck können Sie jeden Augenblick einen Schlaganfall erleiden. Der ständig nagende Gram, der Verdruß und die Aufregungen beschleunigen den Prozeß, dazu Ihre acht bis vier Bierchen und Ihre Unbeherrschtheit! Und doch wissen Sie, daß uns gelehrt wird, wir sollten Frieden schließen mit aller Kreatur, ehe der Tag sich neigt. Darüber wird von Ihnen Rechenschaft verlangt. Und wenn Sie dort vor dem großen Richter stehen, und Er fragt Sie: »Und was war mit deinem Sohn?«, dann können Sie nicht antworten: »Seine Frau war eine Schlampe, darum haben wir uns entzweit.« Denn Er wird Ihnen sagen: »Die Frau war ein Geschöpf Gottes wie du, und vielleicht hättest du sie in Güte und Umsicht erziehen können, das aber hast du nicht getan!«

Denken Sie mal in Ruhe über alles nach, sprechen Sie auch ehrlich mit Ihrer Frau darüber, hören Sie auch ihre Meinung. Gönnen Sie sich eine letzte schöne Freude im Leben. Schreiben Sie Ihrem Sohn und Ihrer Schwiegertochter, daß Sie Ihr Verhalten bereuen, und ob Sie sie besuchen dürften. Und wenn Sie hingehen, beherrschen Sie sich, seien Sie freundlich und tischen Sie nicht den alten Kram wieder auf, zerschlagen Sie nicht neues Porzellan. Denken Sie nicht nur immer an Ihr Recht, denken Sie auch an das Recht der anderen. Und seien Sie vollendeter Kavalier gegenüber der Schwiegertochter. Es liegt ganz in Ihrer Hand, ob alles wieder gut wird."

Ich stand auf und reichte ihm die Hand. „Ich kann es nicht", keuchte er, „Sie verstehen mich nicht, ich bin nicht so, wie Sie mich sehen. Leben Sie wohl!"

Er ging. Ich sah ihm durchs Fenster nach. Er war ein gebrochener Mann.

Einige Wochen vergingen, ohne daß er wiederkam. „Er ist bestimmt entweder schwer krank oder gestorben oder zu einem anderen Arzt gegangen, weil er sich von mir nicht verstanden fühlt", sagte ich zu meiner Frau.

Aber eines Tages saß er wieder im Wartezimmer, flankiert von zwei entzückenden blonden Bürschchen, die sich zärtlich an ihn schmiegten.

„Meine Enkelchen", sagte er stolz und strahlte. „Alles wieder in Ordnung!"

EIN PERFEKTER GENTLEMAN

Wenn ein Mensch glaubt, ausgelernt zu haben, dann bleibt er stehen, er schließt sich ab und versteinert. Man hört aber nie auf zu lernen, auch nicht als Arzt, wenn man mit bereitem Herzen und offenen Augen durchs Leben geht. Auf Grund seiner Erfahrungen mit den Menschen wird der Arzt manchem Hilfesuchenden zum Lehrer, zum Wegweiser, aber auch ihm bringt jeder Tag neue Erkenntnisse und neue Lehren.

Eine uns befreundete Frau eines englischen Diplomaten bat mich um Untersuchung und Behandlung ihres dreizehnjährigen Jungen. Er war hoch aufgeschossen, und wären nicht sein kindlicher Gesichtsausdruck und die unbeholfenen Bewegungen gewesen — man hatte das Gefühl, er habe viel zu viele Arme, die er nicht unterzubringen wisse — so hätte man ihn für siebzehn gehalten.

Eigentlich fehlte ihm gar nichts, nur daß er leicht verlegen wurde und bei den kleinsten Anlässen errötete. Ich tröstete ihn, das sei nicht so schlimm. Gesichtsröte mache den Menschen anmutig, und da viele junge Menschen heute ein freches und unverschämtes Wesen an den Tag legten, würde jeder sich über einen bescheidenen und nicht vorlauten jungen Mann freuen.

Tiefe Röte überzog sein Gesicht und den Hals, sogar die Hände wurden rot; diesmal aber aus Freude über meine Bemerkung. Er stotterte leicht und zog manche Worte weit auseinander, wohl um Zeit zu gewinnen und um die Sätze zu formulieren. Es fiel mir auf, daß er ein sehr gewähltes und flüssiges Englisch sprach und ausgezeichnete Manieren hatte.

Ich klopfte ihm auf die Schulter und meinte, er sei gesund wie ein Fisch im Wasser und bedürfe keiner Behandlung; er solle sich seines Errötens nicht mehr schämen, sondern es als eine seltene Gabe dankbar hinnehmen. Er werde diese Eigenschaft leider sowieso bald verlieren. Erleichtert schüttelte er mir die Hand und verabschiedete sich.

Ich bat die Mutter herein und sagte ihr, daß ihr Sprößling keiner ärztlichen Hilfe bedürfe. Zugleich machte ich ihr ein Kompliment über seine auffallende Gewandtheit und seine guten Manieren. Sie errötete vor Freude und berichtete mir, daß der Junge der letzte von drei Kindern sei, ein Nachkömmling, der zehn Jahre nach der zweiten Tochter geboren wurde. Sie habe einige Schwierigkeiten mit ihm gehabt. Und sie erzählte mir, wie sich alles zugetragen hatte:

„Wenn mein Mann nach dem anstrengenden Dienst müde nach Hause kam, gab es beim Essen oft Reibereien. Der lebhafte Junge war manchmal vorlaut, und der Vater nörgelte an ihm herum, wies ihn zurecht, und so brachte fast jede Mahlzeit Verstimmung und Verdruß. Der Junge widersprach und wurde aufsässig, aber auch verängstigt, und der Vater war schlechter Laune und machte mir Vorhaltungen, daß ich das Kind nicht richtig erziehe.

Schließlich äußerte der Junge mir gegenüber den Wunsch, ob er nicht abends allein essen und dann ins Bett gehen könne, es sei doch auch für ihn unerträglich, den Launen des Vaters ausgesetzt zu sein.

Ich war im Augenblick ratlos und erbat mir einen Tag Bedenkzeit. Dann holte ich ihn zu einem Gespräch in mein Zimmer.

»Ich habe es mir überlegt. Du hast recht, der Zustand ist unerfreulich. Vater kommt abends abgespannt und müde heim und möchte beim Essen seine Ruhe haben. Du aber bist lebhaft und undiszipliniert, machst vorlaute Bemerkungen, die Vater ärgern, oder du wartest nicht ab, bis Vater den Teller leergegessen hat, und greifst zuerst nach der Schüssel. Du mußt verstehen, Vater ist nicht böse oder ungerecht, aber man muß Rücksicht auf ihn nehmen und ihn in Ruhe lassen.

Ich möchte dir einen Vorschlag machen: Du nimmst vor dem Abendessen ein heißes Bad, dann ziehst du dein Pyjama an und kommst so zum Essen. Das wird sicher ganz gemütlich sein. Im Bad hast du Zeit nachzudenken. Überlege dir, womit du Vater unterhalten könntest. Du bist nicht dumm und kennst Vaters Interessen. Er schreibt gerade ein Buch über griechische Mythologie. Lies doch etwas darüber und erzähle ihm davon. Glaubst du nicht, daß das netter wäre als deine albernen Bemerkungen, die Vater ärgern?«

Er hörte sich alles schweigend an und verzog sich. Den ganzen Nachmittag sah ich ihn nicht. Später hörte ich das Badewasser rauschen. Er erschien tatsächlich im Pyjama zu Tisch. Als mein Mann das sah, dachte er, es sei wieder eine neue Extravaganz des Jungen, und wollte aufbrausen. Ich legte meine Hand sanft in die seine und sagte, es sei eine Anordnung von mir. Wir aßen schweigend. Da fragte Trevor seinen Vater, was er von der Oedipusgeschichte halte, und wie man es verstehen solle, daß ein König, ein erwachsener und sicherlich auch kluger Mann, bei der Nachricht, daß er seinen Vater getötet und seine eigene Mutter geheiratet habe, ohne beides zu ahnen, so die Nerven verlieren konnte, daß er sich selbst blendete. Hätte er nicht trotz des Schocks, den ihm die Nachricht verursachte, ruhiger und überlegener reagieren können? Das müsse man doch von einem König erwarten.

Mein Mann war sprachlos vor Staunen; dann überlegte er — denn es war wirklich eine berechtigte Frage — und gab seinem Sohn eine ausführliche Antwort. Das eifrige Gespräch zog sich in die Länge. Ich konnte mich nicht erinnern, je eine so interessante Mahlzeit im kleinen Kreise unserer Familie erlebt zu haben.

Ich begriff, welches Wunder sich vollzogen hatte: ein doppeltes Wunder. Mein Mann erlebte plötzlich, daß unser Junge kein Kleinkind und kein Flegel mehr war, sondern ein echter Partner, ein Kamerad. Und mein Sohn verlor die Scheu vor dem Vater, und es wurde ihm bewußt, daß er die Macht hatte, ihn, den Erwachsenen, den Diplomaten, mit seinem Gespräch zu fesseln. Von einem Tag zum anderen entstand eine grundlegende Veränderung in unserer Familie, die uns alle einander näher brachte.

Dieses fesselnde Spiel wurde fortgesetzt. Trevor hatte eine neue Leidenschaft, er begann in seiner und unserer Bibliothek nach interessanten Gesprächsthemen zu suchen. Manchmal legte ich ihm unauffällig ein Buch oder einen Zeitungsausschnitt auf sein Pult. Und jeden Abend fand er ein neues Gesprächsthema, das er fesselnd zu behandeln verstand. Der Vater begegnete ihm mit unverhohlener Hochachtung. Er wagte es sogar, Probleme seines Berufs mit seinem Sohn zu erörtern, und oft wunderte er sich über die Reife seines Urteils. Unsere Abendmahlzeiten wurden zu Höhepunkten des Tages. Der Vater war nicht mehr müde und abgespannt und auch nicht mehr reizbar. Beide Männer benahmen sich wie Gentlemen in einem exklusiven Klub. Diese Gespräche bereiteten ihnen große Freude. Wenn jetzt Gäste zum Abendessen erwartet wurden oder wir eingeladen waren, bedauerte William, daß unsere schöne Gemeinschaft gestört werde. Trevor dagegen entwickelte eine solche Gewandtheit und Versiertheit im Gespräch, daß alle seine Tischpartner von seiner Gesellschaft entzückt waren. Es kam sogar so weit, daß William die Korrekturbögen seiner literarischen Arbeiten heimbrachte und Trevor um seine Meinung fragte.

Und noch etwas Seltsames war geschehen. Trevor war ein schüchterner, begriffsstutziger und mittelmäßiger Schüler gewesen. Seit er sich auf die abendlichen Gespräche vorbereitete, wurde er zusehends sicherer und gewandter. Das Wissen, das er sich unabhängig von der Schule erwarb, konnte er mittelbar auch dort anwenden. Seine Lehrer und Kameraden wurden auf ihn aufmerksam und begannen ihn zu achten.

Wissen Sie, Doktor, ich bin jetzt sehr glücklich und sehr stolz auf meine beiden Männer, auf Trevor und auf William!"

Ich dankte ihr herzlich und drückte ihr die Hand. Ich hatte aus dieser Begegnung viel gelernt.

DER PUTZTEUFEL

Eltern haben oft eine taktlose Art, mit ihren Kindern umzugehen. Sie nörgeln und mäkeln fortwährend an ihnen herum. Sie erzählen den Nachbarn, Gästen und Freunden in Gegenwart der Kinder von ihren Unarten. Sie merken gar nicht, wie sehr sie dabei ihre eigenen Sprößlinge in den Augen der anderen herabsetzen. Aber noch mehr empfinden die Kinder selbst diese Herabsetzung.

Manchen Jugendlichen gelingt es, sich aus der Umklammerung der nicht erlahmenden Zurechtweisungen zu lösen. Sie verlieren die Achtung vor ihren Eltern, die sie in ihren Schwächen, ihrer Dummheit, Borniertheit und ihrer Fehlerhaftigkeit erleben; sie nehmen sie nicht mehr ernst und bauen sich eine eigene Welt auf, sei es im Kreis ihrer Kameraden oder in ihrer Phantasie. Sie verhärten und vereinsamen früh, weil ihnen keine rechte Liebe und Geborgenheit zuteil wird. Die einen wachsen auf der Suche nach einer neuen, selbstgebauten Welt über sich hinaus und reifen früh, die anderen verkümmern und verwahrlosen oder geraten in schlechte Gesellschaft.

Eine Mutter suchte mich wegen ihres Sohnes auf. Sie war korrekt angezogen, ihre Mundwinkel hingen etwas herab und es war keine Freude in ihrem Gesicht. Ich hatte gehört, wie sie im Wartezimmer ihren Sohn leise zurechtwies: „Sitz doch gerade und latsche nicht so herum." Er hatte sie mit dem Ausdruck eines stummen Vorwurfs und eines verbissenen Eigensinns angesehen.

Er war etwa vierzehn, glatt gekämmt und von Kopf bis Fuß adrett angezogen. Man würde gedacht haben: ein echtes Muttersöhnchen. Er verbeugte sich artig und reichte mir die Hand. Sein Händedruck war schwach und er zog seine Hand schnell aus der meinen. „Ängstlich und kontaktarm", dachte ich, „kommt gegen seinen Willen her und versteht nicht, was er hier soll."

Seine Hände und Nägel waren tadellos sauber. Ich nahm seine Hand noch einmal und besah sie mir eingehend. Die Augen der Mutter flackerten aufgeregt.

„Ich sehe, er muß zum Arzt", sagte ich.

„Woran sehen Sie das?", fragte die Mutter scharf.

„An seinen Nägeln, sie sind so verdächtig sauber. Ein gesunder Junge hat selten saubere Nägel. Als ich so alt war, waren meine Nägel mit keinem noch so scharfen Mittel sauber zu kriegen."

„Das wäre noch schöner", empörte sich die Dame, „zum Doktor gehen und nicht sauber sein. Das kommt bei mir nicht in Frage!"

Ich bat sie, Platz zu nehmen. „Soll der Junge dabei sein, oder wollen Sie allein mit mir sprechen?"

„Er kann ruhig dabei sein, er weiß ja, warum er hier ist."

Das Genick des Jungen versteifte sich.

„Wie heißt du?"

„Michael."

„Das ist ein schöner Name, so heißt der Erzengel, der Fürst der Heerscharen. Du kannst dich im Zimmer umsehen. Vielleicht interessieren dich die alten Waffen, dort der persische Handjar, oder der russische Bärenfänger, oder die Bücher?"

„Aber faß ja nichts an!", sagte die Mutter mit scharfer Stimme.

„Ich tu' es ja gar nicht!", gab er gereizt zurück.

Und dann öffneten sich die Schleusen und man hatte den Eindruck, als lasse sie mehrere Worte zugleich über ihre Zähne sprudeln. Es ging darauf hinaus, daß sie eine tadellose, ehrbare Witwe sei. Ihr Mann war im Krieg gefallen. Man könne sich vorstellen, wie schwer es sei, sich durchs Leben zu schlagen und einen Jungen ohne Vater zu einem ehrlichen Menschen zu erziehen. Alles wäre gut, wenn der Junge nur ordentlich wäre, aber das gerade bereite ihr großen Kummer. Er sei widerspenstig, gebe ihr immer grobe Antworten, schimpfe in fürchterlichen Ausdrücken. Gestern noch habe er vor ihr ausgespuckt und geschrien, sie sei das mieseste Stück, das es auf der Welt gebe. Sie könne es mit ihm kaum aushalten, und wenn sie Geld hätte, würde sie ihn in ein Internat stecken. Sie habe schon daran gedacht, ihn beim Jugendamt zu melden, damit er in Fürsorgeerziehung käme.

„Lernt er denn so schlecht?", fragte ich, um den Redestrom zu unterbrechen.

„Nein, das wäre noch schöner! Er ist der Zweitbeste der Klasse."

„Dann treibt er sich in schlechter Gesellschaft herum. Stiehlt er? Ist er mit den Gesetzen in Konflikt gekommen? Ist er Bettnässer oder hat er sonst irgendwelche Gebrechen?"

„Wo denken Sie hin, mein Junge und stehlen, und schlechte Gesellschaft! Er darf ja ohne Erlaubnis gar nicht aus dem Haus!", rief sie empört.

„Aber dann ist er doch ein ganz artiger und ordentlicher Junge. Was wollen Sie denn?"

„Er ist frech und lieblos. Meinen Sie, er sagt mir mal ein liebes Wort, oder ist dankbar und freundlich und lieb zu mir?!"

„Sind Sie den lieb und freundlich zu ihm?"

„Natürlich, ich gebe ihm ein gutes Beispiel. Ich bin sauber und ehrlich und ich erziehe ihn zu einem anständigen Menschen."

„Das glaube ich Ihnen alles. Sie rackern sich buchstäblich ab für ihn. Aber ich meine wirklich: sind Sie lieb zu ihm, sitzen Sie mal gemütlich mit ihm zusammen, unterhalten Sie sich mit ihm, fragen Sie ihn nach seinen Interessen, seinen Freuden und Kümmernissen, nehmen Sie wirklich Teil an seinem Leben? Streicheln Sie ihn manchmal über den Kopf, oder geben Sie ihm einen Gutenachtkuß? Oder erziehen Sie ihn nur?"

Sie wurde verlegen und wandte ihre Augen von mir ab. Ihre Hände spielten nervös mit ihrer Tasche. Der Junge sah sich derweilen die alten Waffen an, die an den Wänden hingen, aber ich spürte, daß kein Wort seiner Aufmerksamkeit entging.

„Mein Gott, Herr Doktor, Sie können aber fragen. Fragen Sie ihn doch, ob ich eine schlechte Mutter bin. Gott, Gemütlichkeit, Unterhaltung! Bei all der Arbeit, wo soll man so viel Kraft hernehmen?"

„Aus der Liebe, liebe Frau, aus der Liebe! Hätten Sie etwas dagegen, wenn ich allein mit Ihrem Sohne spräche?" Sie ging widerwillig hinaus. Sie schaute mich argwöhnisch an. Ich forderte den Jungen auf, mir gegenüber Platz zu nehmen.

„So, du hast das ganze Gespräch mit angehört. Ich weiß, was du denkst: du begreifst nicht, was du hier bei einem Nervenarzt sollst. Du bist gesund; das bist du ja auch. Und du denkst: wenn einer zum Nervenarzt gehört, dann ist es die Mutter und nicht ich."

Er lächelte verlegen. „Das ist auch wahr. Wissen Sie, nie kann man es ihr recht machen. Ich habe kein eigenes Zimmer und muß in der guten Stube schlafen und arbeiten. Sie ist den ganzen Tag am Werk, sie gibt nie Ruhe, immer muß sie Staub wischen; dann erspäht sie irgendwo ein Stäubchen und schimpft los, ich hätte wieder nicht aufgepaßt und die Schuhe nicht gut abgeputzt, sie ergreift einen Lappen oder Besen und säubert. Wenn ich sitze und arbeite, ruft sie: »du knarrst wieder mit dem Stuhl, sitz doch endlich ruhig!« Wenn ich meine Schulbücher und Hefte auf Vaters Schreibtisch ausbreite, kommt sie und legt die Hefte aufeinander, wegen der Ordnung. Wenn ich Kameraden einlade — ich habe eine wunderschöne Eisenbahn —, dann fängt es damit an, daß sie aufpaßt, ob sie auch die Schuhe richtig abgeputzt haben. Wenn wir spielen, kommt sie alle Augenblicke herein, ob die Jungen ihr auch nicht die Tisch- und Stuhlbeine zerkratzen oder den Teppich beschmutzen. Keiner kommt mehr zu mir. Einer hat mal gesagt: »die hat ja einen Vogel!« Ich schäme mich, meine Freunde einzuladen. Und man kann ja auch nicht immer zu anderen gehen, ohne sich zu revanchieren. Sie nörgelt stundenlang an meiner Kleidung herum, wehe wenn ein kleiner Fleck dran ist.

Glauben Sie, daß es eine Freude ist, so zu leben? Beim Kaffee sitzt man ein Weilchen und genießt, sie ist natürlich schon fertig und nimmt mir die Tasse unter dem Mund weg: »Iß schnell und träume nicht!« Und so geht es den ganzen Tag, keine Minute Ruhe, als ob ein Motor in ihr drin wäre. Sie hat auch keine Freundinnen und sie läßt sich von keinem etwas sagen. Sie allein hat immer recht. Verwandte kommen nicht zu uns, sie bringen zu viel Dreck herein. Daß mir dann die Galle überläuft, ist doch wohl kein Wunder. Immer droht sie mir mit dem Jugendamt und der Fürsorge. Bald glaube ich, es könne dort nicht schlimmer sein als zu Hause. Soll sie mich doch fortbringen, wenn sie will!"

„Hör zu, Michael, du bist halb erwachsen und wirst verstehen, was ich dir jetzt sage. Du weißt so genau wie ich, daß wir deine Mutter nicht werden ändern können. Sie ist in einer Weise krank, die wir Neurose nennen. Sie hat zu früh, vielleicht ehe sie selbst reif war, ihren Mann, deinen Vater verloren, und sie, die sicherlich schutz- und liebebedürftig war, mußte plötzlich Frau und Mann, Mutter und Vater zugleich sein. Sie hat sich ehrlich abgerackert und ist anständig durchs Leben gegangen, sie hat dich ordentlich erzogen. Nur hat sie durch das harte Leben das Lieben, das Ausruhen, die Gemütlichkeit, die Gelassenheit verlernt. Sie ist innerlich erstarrt, sie glaubt sich fehlerlos, sie ist selbstgerecht und unerbittlich. Sie verurteilt alle Menschen, außer sich selbst. Und sie hat keine Ruhe, weil sie vor der Stille und vor ihrer inneren Armut und Leere erschrecken würde. Sie läuft jedem Staubkörnchen nach und beschäftigt sich mit lauter unwichtigen Dingen, weil sie Wichtiges von Unwichtigem nicht mehr zu unterscheiden vermag. Erwachsene sind leider oft so. Da sie nicht einsehen, daß in ihnen etwas nicht in Ordnung ist, kann man ihnen auch nicht helfen, weil ihre Selbstgerechtigkeit wie ein schweres eisernes Tor ihr Herz verschließt.

Was ich von dir erwarte, ist, daß du begreifst, daß deine Mutter kein schlechter und kein böser Mensch ist, aber sie ist seelisch nicht in Ordnung. Du allein könntest vielleicht etwas an ihr ändern, ihr helfen, wenn du gleichmäßig freundlich zu ihr wärest, auch wenn es dich wurmt, daß sie an dir herumnörgelt. Versuch doch, außerhalb des Hauses eine Erfüllung zu finden, besuche Bibliotheken, lies gute Bücher, geh in einen Verein, such dir kluge und nette Freunde, versuch deine eigene Neurose, die durch den Umgang mit der Mutter entstanden ist, abzustreifen, ehe sie dich ganz in der Klammer hat. Biete der Mutter als Kavalier den Schutz, dessen sie bedarf, fang an, den Vater zu vertreten, und du wirst sehen, sie wird einen Teil ihrer Spannung, die auf dich bezogen ist, verlieren. Vielleicht schaffst du es, daß sie doch etwas gelassener wird. Lade sie einmal von deinem ersparten Taschengeld ins Kino oder in ein Café oder zu einer Dampferpartie ein, damit sie freudig erlebt, daß du nicht nur an dich denkst, sondern auch sie in dein Dasein hineinnimmst. Und sag ihr auch manchmal Danke. Ich wette, sie hat dieses Wort von dir noch nie gehört. Und jedes gute Wort löst die Erstarrung des Herzens.

In deiner Verblendung und deinem Haß siehst du nur das Negative, das Störende. Aber versuch auch dich selbst zu sehen, mit deiner Wut, in der du ihr böse Worte gibst, mit der Verstimmung. Ihr steigert euch ja gegenseitig in die Lieblosigkeit hinein!

Weißt du, wir wollen jetzt nicht mehr viel Worte machen und die Dinge noch mehr komplizieren. Ich mache dir einen Vorschlag, lehne ihn nicht gleich ab! Wenn Ihr mich jetzt verlaßt, lauf nicht ein paar Schritte voraus, nimm deine Mutter unter dem Arm und sei lieb zu ihr. Wieviel Geld hast du bei dir?"

„Fünf Mark."

„Dann bittest du sie, ob sie nicht zu einer Tasse Kaffee mit dir in ein Café gehen möchte. Sie wird empört ablehnen, bestehe aber darauf, du wollest sie einladen und eine gemütliche Stunde mit ihr zusammensein. Und gestalte auch diese Stunde, erzähl ihr etwas. Gib ihr einen Kuß und danke ihr für alles, was sie für dich getan hat. Und bleib konsequent dabei. Schließ dich nicht verbittert ab, laß sie an deinem Leben, deinen Interessen teilnehmen. Glaubst du, daß du den Mut hättest, dich soweit zu überwinden? Denk an deinen wunderbaren Schutzengel, Michael. Er ist ein mutiger Engel, und du trägst seinen Namen, mach diesem Namen Ehre."

Seine Stimme klang rauh: „Ich will es versuchen."

Ich verabschiedete mich von ihm. Ich ließ keinen neuen Patienten herein. Ich spähte durchs Fenster. Michael hielt Wort. Er hakte sich bei der Mutter ein. Ihr Gang war steif und verspannt, aber sie wehrte sich nicht.

„Der Heilungsprozeß beginnt", sagte ich zu meiner Frau.

DER HÖLZERNE TROG

Vor einigen Jahren wurde er mit einem frischen Schlaganfall in unsere Klinik eingewiesen. Er hatte eine rechtsseitige Lähmung erlitten und die Sprache verloren. Nachdem die Gehirnblutung zum Stillstand gekommen war, mühten wir uns, seinen Kreislauf wieder in Ordnung zu bringen, dann gingen wir dazu über, die gelähmten Gliedmaßen wieder beweglich zu machen, und schließlich übten wir mit ihm den Gebrauch der Sprache. Seine Frau und seine einzige Tochter besuchten ihn regelmäßig und waren sehr um ihn besorgt. Die Frau war ungeduldig und erwartete schnellere Resultate. Wir deuteten ihr an, daß wir schon sehr froh seien, daß der Zustand sich soweit gebessert hätte.

Einige Monate später konnte er den Arm und das Bein wieder richtig bewegen. Er konnte auch wieder sprechen, wenn auch langsam und umständlich, es fehlten ihm die Worte und er brauchte längere Zeit, ehe er verstand, was man zu ihm sagte. Wir übten auch das Schreiben mit ihm, das ging sehr holperig, aber schließlich lernte er, seinen Namen zu schreiben. Er schaute sehr mißtrauisch auf seine Unterschrift, die so ganz anders ausfiel als vordem.

Nachdem er aus der Klinik entlassen worden war, blieb er in meiner Behandlung. Inzwischen war die Lähmung fast ganz zurückgegangen und er konnte sich auch fließend ausdrücken. Nur über seine Schrift war er sehr unglücklich.

Er spielte wieder Skat mit einigen alten Kameraden und freute sich des Lebens. Eines Tages trug er eine schwarze Krawatte und eine Binde um den Arm.

„Sind Sie in Trauer, wer ist denn gestorben?"

„Mutti", und er weinte bitterlich. Seine Frau war eine gesunde, kräftige und gütige Frau gewesen. Sie hatte auf der Straße einen Herzschlag erlitten.

„Wer sorgt denn jetzt für Sie?"

„Die Tochter. Aber sie ist den ganzen Tag nicht da, sie ist berufstätig, und da bin ich allein. Ich vermisse die Mutti. Sie hat doch alles für mich getan."

„Wer kocht denn?"

„Ich gehe mittags im Restaurant essen, und abends kommt meine

Tochter, sie bringt die Wohnung in Ordnung und kocht das Abendessen. Aber sie ist so wortkarg. Ich verstehe ja, daß sie abgespannt und müde ist, aber man möchte doch auch ein freundliches Wort hören, wenn man den ganzen Tag allein war. Ich bezahle die Wohnung und Licht und Heizung und den Haushalt, sie kann ihr ganzes verdientes Geld für sich behalten. Sie hat einen Bräutigam, der ist Stadtoberinspektor, der meint wunders wie fein er sei. Der kommt mehrmals die Woche, aber daß er mal mit mir spräche, — kein Wort. Ich bin in der eigenen Wohnung wie ein Fremder."

Einige Zeit später erzählte er, daß die Tochter nun heiraten wolle, sie habe ihn gebeten, zu dem Zweck die Wohnung zu renovieren. Er wolle alles machen lassen, der Tochter sein großes Schlafzimmer abtreten und in ein kleineres Zimmer ziehen. Es werde alles sehr hübsch werden, er habe mit ihr auch schöne moderne Möbel ausgesucht. Er besäße einiges erspartes Geld, alles in allem werde es achttausend Mark kosten. Ich freute mich mit ihm. Er bekam durch die Beschäftigung neuen Auftrieb.

Dann sahen wir ihn längere Zeit nicht. Als er wiederkam, begann er gleich zu weinen. Er schluchzte so heftig, daß man aus ihm nichts herausbekommen konnte. Nach einer Weile beruhigte er sich.

„Abgeschoben! Abgeschoben haben sie mich! Als die Wohnung ganz in Ordnung war und die Handwerker sie verlassen hatten, da kam der Schwiegersohn und sagte hämisch: »So, Vater, nun hast du hier nichts mehr zu suchen. Die Wohnung ist mein. Du hast eine gute Pension, nun zieh aus, geh in ein Heim, dort wirst du gut versorgt, aber geh weit weg von hier, du sollst uns nicht immer unter die Augen kommen. Ein Heim habe ich für dich schon ausgesucht. Pack deine sieben Sachen, du darfst auch einige deiner Möbel mitnehmen, und verschwinde!« Die Tochter stand dabei, als ob es sie gar nichts anginge. Sie wissen, Herr Doktor, ich kann nach dem Schlaganfall nicht mehr so schnell denken. Ich stand da wie tot. Was sollte ich sagen? Ich fragte die Tochter, ob sie das mit angehört habe, ob sie der gleichen Meinung sei. Sie nickte, so von oben herab. Kein gutes Wort hatte sie für mich. Vierzig Jahre hat sie bei uns gelebt, mit ihrem ersten Mann, der gefallen ist, mit dem Enkelchen, bis er geheiratet hat und weggezogen ist. Alles hat sie von uns gehabt, kein böses Wort brauchte sie zu hören. Und nun jagt sie ihren eigenen Vater wie einen Hund hinaus. Kein Herz! Und vorher hatten sie mich noch um meine Ersparnisse erleichtert. Was sollte ich denn da sagen? Er ist Stadtoberinspektor, er hat die Macht, er kann mich ja entmündigen lassen. Ich bin dagegen völlig machtlos. Sollte ich betteln, sollte ich sie bitten, mich in meiner alten Wohnung zu belassen? Das konnte ich nicht, dazu bin ich zu stolz. Ich hätte sie ja hinausschmeißen können. Aber sie hatten vorher alles so gut eingefädelt. Sie hatten gebeten, ich möchte die Tochter als Mitinhaberin der Wohnung erklären lassen, damit, falls mir etwas passiert, man sie nicht aus der Wohnung weisen könne. Natürlich habe ich es bereitwilligst getan, wer hätte ahnen können, daß sie so etwas im Schilde führten?

Nun sitze ich da, abgeschoben haben sie mich in ein Heim in den entferntesten Bezirk, bloß damit ich ihnen nicht unter die Augen komme!"

„Werden Sie dort gut versorgt?"

„Was soll ich sagen? Ich habe ein schönes Zimmer für mich allein, das Essen ist gut und reichlich, die Bedienung ist gut. Ich kann mich frei bewegen. Aber ich bin doch in der Fremde. Ich kenne keinen einzigen Menschen, die Straße, die Geschäfte sind mir fremd. Nicht eine menschliche Seele, mit der ich sprechen könnte!"

„Es wohnen doch viele Menschen im Heim, unterhalten Sie sich gar nicht mit ihnen?"

„Was soll ich denn mit denen reden? Über meinen Kummer, daß meine einzige Tochter mich aus dem Haus geworfen hat? So etwas kann ich doch nicht erzählen. Da schweige ich lieber und gehe aller Unterhaltung aus dem Wege. Abends sitze ich beim Fernsehen. Aber das freut mich nicht. Immer geht mir das Schreckliche, das mir die Tochter angetan hat, durch den Kopf. Es ist zum Verzweifeln. — Wozu haben Sie sich all die Mühe gegeben, um mich damals gesund zu machen? Und dann mußte die Mutti vor mir gehen, wer hätte das gedacht! Wär' ich damals gestorben, dann brauchte ich in meinem hohen Alter keine solche Schmach zu erleben."

„Hat denn Ihre Tochter Sie im Heim besucht oder Sie am Sonntag zu sich eingeladen?"

„Nein, nichts. Einmal war ich in meine alte Gegend gefahren, um einige Bekannte zu besuchen. Da habe ich die beiden auf der Straße angetroffen. Sie haben mich erblickt, aber sie taten so, als ob sie mich nicht sähen. Ich ging auf sie zu. Da hat die Tochter mit der Hand nur so eine abweisende Bewegung gemacht. Ich sagte zu ihr: »Du bist doch meine Tochter!« Sie gab mir keine Antwort, sah nur weg. Wenn ich ihr noch etwas Böses zugefügt hätte! Aber nichts, ich war nur gut und freundlich zu ihr. Doch jetzt, wo sie Frau

Stadtoberinspektor ist, schämt sie sich meiner, ich bin ja nur ein alter dummer Mann, da bin ich ihr nicht mehr gut genug." Er weinte.

„Haben Sie denn niemanden, zu dem Sie gehen können?"

„Doch, der Klaus, der Enkel, der Sohn der Tochter aus ihrer ersten Ehe, der ist jetzt verheiratet und hat ein kleines Kind. Der ist immer lieb zu mir, den besuche ich sonntags manchmal. Der begreift ihr Verhalten nicht. »Opa, was haben sie bloß mit dir gemacht!«, sagt er. Aber helfen kann er auch nicht. Wenn er mit der Mutter darüber sprechen will, gibt sie ihm keine Antwort, das sei ihre Sache, sagt sie."

„Sie haben doch genug Geld, wie wäre es, wenn Sie in ein Heim in Ihrem Bezirk zögen? Dort kennen Sie noch eine Menge Menschen und haben Ihre Skatbrüder und die vertrauten Geschäfte. Sie würden sich doch nicht so verlassen fühlen!"

„Ich habe Angst, wenn sie das merken, werden sie mich vielleicht entmündigen lassen und in eine geschlossene Anstalt verbringen, dann nehmen sie mir auch den letzten Rest meiner Ersparnisse weg. Nach alledem traue ich ihnen jede Gemeinheit zu. Aber so, wie es jetzt ist, ist es kein Leben!"

„Wir wollen folgende Verabredung treffen: Sie bitten Ihren Enkel Klaus, mich anzurufen, ich werde mit ihm sprechen und sein Einverständnis einholen. Und die anderen bestelle ich her und werde mit ihnen deutsch reden."

Er schüttelte bekümmert den Kopf. Er glaubte nicht, daß ich ihm helfen könnte.

Klaus rief mich an und war mit meinem Plan einverstanden. Ich schrieb einen Brief an die Tochter und bat sie, mich mit ihrem Mann in der Angelegenheit ihres Vaters aufzusuchen.

Sie kamen. „Wie haben Sie Ihren Vater behandelt?"

„Was sollten wir bloß machen, Sie wissen doch, wie verblödet er ist, es war kein Auskommen mit ihm."

„Das können Sie mir nicht erzählen, da ich ihn zufällig jahrelang kenne und behandle. Er ist ein friedlicher Mensch, und wenn er nicht flüssig sprechen kann, so ist er doch vollständig in Ordnung. Er pflegt sich, tut nichts Dummes und verhält sich gesittet. Sie brauchten sich seiner nicht zu schämen. Das war ein ganz großes Unrecht, daß Sie ihn heimtückisch aus der Wohnung, aus seiner alten Wohnung hinausgejagt und ihm vorher das Geld für die Renovierung abgeluchst haben. Das wird sich rächen!"

„Ja, das rächt sich schon, er sät jetzt überall Zwietracht. Mein Sohn, für den ich alles geopfert habe, der sieht mich gar nicht mehr an; er besucht uns nicht und wir bekommen das Enkelchen nicht zu Gesicht. Da sehen Sie, wie bösartig er ist! Auch manche Nachbarn wenden sich von uns ab und grüßen uns nicht mehr, alles wegen dem!"

„Nein, meine Dame, nicht alles wegen dem. Denn er war immer ein ehrenwerter Mann, und alle hatten ihn gern wegen seiner Güte und Rechtschaffenheit. Aber die Menschen haben ein feines Gefühl für Unrecht und sie wissen alle, daß Sie Unrecht tun. Und nun ist trotz der Renovierung der alte gute Geist Ihres Vaters und Ihrer Mutter noch drin, und der ist ein lebender Vorwurf gegen Sie. Sie werden doch nicht mehr froh in der gestohlenen Wohnung."

„Wieso gestohlen, es ist doch genauso meine Wohnung, ich bin dort geboren!"

„Das sind Sie, aber Ihren Vater haben Sie auf heimtückische Weise dort herausmanövriert! Man hat Ihnen wohl in der Kindheit nicht genug Märchen erzählt. Sonst würden Sie die Geschichte von dem hölzernen Trog kennen: Wie die Bauersleute ihrem alten Vater, der sie aufgezogen hatte, die Suppe in einen Holztrog schütteten, und wie eines Tages der fünfjährige Sohn an einem Holz mit dem Messer schnitzte. Als sie ihn fragten, was er da tue, antwortete er, er schnitze für sie einen Holztrog, aus dem sie, wenn sie alt seien, essen sollten. Diesen Trog schnitzt Klaus und sein Söhnchen jetzt schon für Sie, und mit Recht."

Die Frau begann zu weinen, der Herr Stadtoberinspektor rutschte verlegen und unruhig auf seinem Stuhl.

„Ich habe Ihrem Vater versprochen, daß er in seinen alten Bezirk zurückziehen kann, wir werden für ihn ein ordentliches Heim suchen. Ich weiß nicht, wie Sie das Unrecht, das Sie an ihm begangen haben, wieder gutmachen können. Sie können es leider nicht ungeschehen machen; aber Sie werden mit Rücksicht auf Ihre Nachbarn und Ihren erschütterten Ruf alles versuchen müssen. Ich würde Ihnen empfehlen, ihn um Verzeihung zu bitten, und überwinden Sie sich wenigstens so weit, daß Sie ihn jeden zweiten Sonntag zum Essen einladen, den anderen Sonntag ist er bei Klaus. Vielleicht wird dann auch Klaus Ihnen verzeihen. Aber tun Sie es sehr bald, solange Sie dieses schlimme Unrecht noch gutmachen können!"

„Wir werden es uns überlegen", meinte der Herr Stadtoberinspektor.

„Dann beeilen Sie sich aber sehr!", sagte ich gereizt.

Die Frau gab mir die Hand und nickte mir zu, darin lag ein stummes Versprechen.

WOVON DIE MENSCHEN LEBEN

MARTHA WOHLMANN

„Können Sie mich begreifen, Doktor, mitten in der Arbeit, in einem Vortrag, in der gemütlichsten Unterhaltung, bekomme ich Anfälle. Ich merke noch, wie sie auf mich zukommen, ich höre noch, wie ich aufschreie oder lalle oder summe; was dann geschieht, weiß ich nicht mehr. Wenn ich allmählich zu mir komme, finde ich mich auf einer Pritsche oder in einem Krankenhaus, oder auch zu Hause im Bett. Wenn Gäste zu Hause waren, sind sie alle längst über alle Berge. Nur mein altes Muttchen ist bei mir, sie ist immer bei mir, und sie allein hält zu mir, mag kommen, was will. Ich weiß, wie schwer sie es hat —, daß sie vor Angst vergeht und daß sie sich fürchterlich geniert, wenn es mir während eines Vortrags oder einer Theatervorstellung passiert. Ich soll mich umherwerfen und unartikuliert lallen. Die Menschen erschrecken, und manche denken, ich sei betrunken, und machen meiner Mutter Vorwürfe. Wie schrecklich muß es für sie sein, aber sie verbirgt es alles in ihrem Herzen und läßt mich nichts merken."

„Ich mache mir Sorgen um Ihre Mutter, sie ist jetzt fast achtzig, ich bewundere ihre Seelenkraft. Aber diese steten Aufregungen müssen sie doch zermürben. Dazu kommt, daß sie sich auch körperlich sehr anstrengen muß, wenn Sie einen Anfall bekommen und hinfallen; sie schleppt Sie ins Bett, sie zieht Sie aus, sie pflegt Sie. Und Sie wissen doch, ehe ein Anfall kommt, sind Sie sehr gereizt und aufgeregt, und ohne es zu wissen, kränken Sie sie in diesem Zustand."

„Das ist wahr! Aber Sie wissen auch, daß ich sie später immer frage, ob ich etwas Unbedachtes getan hätte, ob ich sie beleidigt oder gekränkt hätte, und ich bitte sie immer um Verzeihung. Sie begreift es auch und verzeiht mir immer, und dann sind wir uns wieder gut.

Ich habe doch keinen Menschen außer ihr. Meine alten Bekannten und Freunde haben sich alle von mir abgewandt, weil ihnen meine Anfälle peinlich sind. Ich kann mir auch keine neuen Freunde suchen, es ist doch jedesmal das gleiche. Es geht so lange gut, bis ein Anfall kommt, dann sind sie weg. Unter fadenscheinigen Gründen sagen sie Verabredungen ab, ich weiß natürlich, warum.

Was ist das für ein Leben! Es geht einem schlimmer als einem Schwerverbrecher, niemand will mit einem etwas zu tun haben. Ich sage Ihnen ganz ehrlich, wenn ich die Mutter nicht hätte, ich möchte nicht weiterleben. Wozu? Für das bißchen Arbeit, die ich noch leiste auf dem Abstellgleis, für meine Malerei, für meine Weiterbildung? Nein, das ist es nicht wert. Ich fühle mich auf dieser Welt wie ein Ausgestoßener, wie ein Lepröser.

Aber ich muß leben, ich muß leben, solange sie noch lebt, ich muß für sie sorgen. Sie ist alt und gebrechlich und ich muß ihr danken für all die Liebe, die sie mir schenkt. Ich muß alles tun, um ihr Dasein zu verschönern. Wenn ich zur Kur oder zur Erholung fahre, es geschieht alles ihretwegen, damit sie andere Gegenden und neue Menschen kennen lernt und damit sie vom Haushalt entlastet ist. Ich weiß doch ganz genau, daß meine Anfälle durch keine Kur gebessert werden."

Man konnte ihm nicht viel Trost geben, er kannte seinen Zustand genau und machte sich keine Illusionen. Er war sehr selbstkritisch und sehr mißtrauisch. Leere Worte des Mitleids würden ihn beleidigt haben. Ich schwieg und nickte mit dem Kopf.

Er war Diplompsychologe, sehr begabt, hatte alle Examina mit „Sehr gut" absolviert, hatte eine interessante Laufbahn als Jugendpsychologe und als Universitätsdozent vor sich. Im Kriege erlitt er eine schwere Gehirnverletzung, die epileptische Anfälle zur Folge hatten. Zunächst versuchte er verbissen, eine Stelle als Psychologe zu bekommen. Er verschwieg die Anfälle, aber sie traten unvermittelt auf, und er flog hinaus.

Anläßlich eines Vortrags, den ich vor Jugendpsychologen hielt, war er zugegen. Ich sah, wie er seine alten Kollegen jovial begrüßte und versuchte, mit ihnen in ein Gespräch zu kommen; aber unter irgend einem Vorwand verließen sie ihn bald. Er stand allein und suchte neue Partner, und das Spiel wiederholte sich. Ich beobachtete, ob irgendeiner auf ihn zugegangen und ihn freudig begrüßt hätte. Alle, die ich sah, versuchten in eine andere Richtung zu blicken, um ihm nicht zu begegnen. Ostentativ bat ich ihn daraufhin, sich in meine Nähe zu setzen. Er drückte mir dankbar die Hand. Seine alte Mutter nickte mir freundlich zu. Ich wußte, daß auch ihr das Verhalten seiner einstigen Kameraden nicht entgangen war. Während meines Vortrags erlitt er einen Anfall, er warf sich mit dem Oberkörper nach vorn über das Pult, wiegte sich hin und her, arbeitete mit den Händen und murmelte unartikulierte Sätze. Für den Uneingeweihten sah es aus, als ob er betrunken wäre. Wir trugen ihn hinaus und betteten ihn auf eine Bank. Seine Mutter blieb bei ihm. Sie ergriff mich am Ärmel und flehte mich an: „Seien Sie uns bitte nicht böse, aber er wollte doch so gerne gerade diesen Vortrag, bei dem sein Doktor sprach, hören." Ich drückte ihr die Hand.

Im Saal war Unruhe entstanden, viele Zuhörer waren über den Vorfall ungehalten. Eine jüngere Dame, die in meiner Nähe saß, schimpfte: „Soll er doch zu Hause bleiben, wenn er Anfälle bekommt, er stört doch nur die anderen!" Ich beugte mich zu ihr und erwiderte: „Seien Sie nicht so hart. Er weiß doch nicht, wann er vom Anfall überrascht wird, soll er darum sein ganzes Leben lang zu Hause bleiben?!"

Es gab Zeiten, da er tagelang gereizt und aufgeregt war, meist ehe die Anfälle auftraten. Dann bezog sich die Reizbarkeit auf seine Mutter. Er fühlte sich durch sie beengt und behindert, er schimpfte, und man konnte ihm nichts recht machen; er drohte, sie in ein Heim zu stecken, er wolle frei sein, nicht immer gegängelt und beobachtet werden.

In dieser Situation kam seine Mutter zu mir und suchte Rat und Trost. Ich wußte, daß er für diese Gereiztheit nicht verantwortlich war, daß sie nicht Ausdruck eines bösen Charakters war, daß der epileptische Anfall vor dem Ausbruch in ihm rumorte, und ich tröstete sie und bat sie auszuharren.

„Das tue ich ja auch, ich bin doch seine Mutter. Aber wenn ich sehe, daß alle Menschen sich von ihm abwenden, dann blutet mir das Herz. Warum muß er durch die Verwundung so unsagbar leiden? Doch Sie wissen, ich trage mein und sein Los ohne zu murren und zu verzweifeln und bete zu Gott um die Kraft, es zu ertragen."

Die Mutter litt an Kreislaufschwäche. Meine Frau und ich waren sehr besorgt. „Was wird aus dem Sohn werden, wenn die Mutter stirbt? Es ist niemand da, der ihn betreuen wird, und wir kennen keinen, der diese schwere Aufgabe auf sich nehmen würde. Es ist auch kaum vorstellbar, den intelligenten, noch jungen Menschen in eine Anstalt einzuweisen." Wir standen vor einem unlösbaren Problem.

Der Patient war auch beunruhigt, aber er dachte weniger an sich.

„So oft denke ich, ich könnte aus dem Anfall nicht mehr aufwachen. Was wird dann aus meiner armen Mutter? Ich habe nur eine einzige Idee: ich muß sie überleben. Können Sie das verstehen: sie ist alt und schwach, sie lebt mit von meiner Rente und meinem Gehalt; sie selbst hat nur eine winzige Rente, sie hat ihr ganzes Leben auf mich eingestellt. Sie ist allein doch gar nicht lebensfähig!"

Es kam anders. Eines Tages läutete die Mutter uns an und berichtete, daß ihr Sohn diese Nacht in einem Anfall gestorben sei. Sie war ganz ruhig und gefaßt. Sie habe eine Ärztin kommen lassen, sie hätten ihn mit vereinten Kräften ins Bett gebracht. Er habe etwas Unverständliches gemurmelt, die Krämpfe hätten bald aufgehört, er sei eingeschlafen. Sie sei beruhigt zu Bett gegangen. Als sie am nächsten Morgen in sein Zimmer gegangen sei, sei er noch genau so dagelegen, wie sie ihn hingelegt hatten. Er lebte nicht mehr.

Wenige Tage später kam sie in die Sprechstunde. Sie war seelisch ausgeglichen und heiter. „Ich kam, um Ihnen zu danken für alles, was Sie für meinen armen Jungen getan haben. Ich bin Gott dankbar, daß er vor mir gestorben ist. Was wäre aus ihm geworden, wenn ich nicht da wäre? Diese Vorstellung hat mich immer sehr bedrückt."

„Was wird nun aber aus Ihnen, wie kommen Sie allein zurecht? Sie bekommen doch als Mutter keine Rente mehr von Ihrem Sohn."

„Seien Sie nur unbesorgt, Doktor, ich habe meine Rente von 200 Mark und damit komme ich glänzend aus. Was brauche ich denn mit meinen fast achtzig Jahren? Zum Anziehen habe ich genug, im Haushalt ist alles da, dafür hat mein Sohn immer gesorgt, und das bißchen Essen und was man sonst braucht, das ist gar nicht so wichtig."

„Sie waren doch all die Jahre niemals allein. Können Sie denn das Alleinsein ertragen?"

„Ich war nie allein, und doch sehnte ich mich oft, allein zu sein; aber es ging nicht, wie Sie wissen, nun habe ich viel nachzuholen. Ich war aber auch nie ohne Angst und Kummer um den Sohn, und jetzt ist diese Angst von mir genommen. Und das macht mich frei."

Wir bewunderten die Haltung dieser großartigen Mutter. Wir machten uns Sorgen, daß sie nach einer Weile, wenn alle Aufregungen und Anstrengungen vorbei sein würden, gesundheitlich und seelisch zusammenbrechen könnte. Wir hielten Kontakt mit ihr.

Viele Wochen später kam sie wieder und war fröhlich und strahlend. „Sie können sich gar nicht vorstellen, wie gut es mir geht und wie dankbar ich bin! Solange mein Sohn lebte, hatte ich immer mit ihm und seinen Anfällen zu tun und ich sah, daß viele Menschen vor ihm zurückschreckten und seine Gesellschaft mieden. Er war dadurch mißtrauisch und menschenscheu geworden, und das hatte auch auf mich abgefärbt.

Aber jetzt, die Menschen sind ja so lieb, jeder ist lieb zu mir und trachtet mir zu helfen. Viele Menschen laden mich zum Mittagessen oder zum Tee oder abends ein, alle sind freundlich zu mir. Ich habe jetzt noch weniger Zeit als früher: zu dem einen soll ich als Babysitter kommen; dann lese ich einer alten blinden Dame vor; eine andere, die einen Schlaganfall erlitt, führe ich spazieren. Ich weiß gar nicht, wie ich mit meiner Zeit zurechtkommen soll.

Ich hatte früher nicht geahnt, daß die Welt voll lieber und guter Menschen ist, und ich kann nur danken. Einen Sohn hat mir der Herrgott genommen, und so viele, die meine Betreuung und Liebe brauchen, hat er mir stattdessen gegeben. Ich habe es an mir erfahren, daß man nicht Angst und Sorge haben soll, was später wird; es wird für einen schon gesorgt, wenn man seine Sinne offen hält. Man kann, wenn man noch so alt ist, so viele Wunden heilen und so viel Freude bereiten, und man bekommt alles, was man verschenkt, doppelt und dreifach wieder."

Als sie ging, hinterließ sie in unseren Herzen eine Lichtspur.

WOVON DIE MENSCHEN LEBEN

Seit es Krankheit und Gebrechen gibt, verstummt die Parole vom „lebensunwerten Leben" nicht. Manche Naturvölker töten ihre gebrechlichen Alten, und manche Alten gehen in heroischer und unpathetischer Weise aus dem Leben, wenn sie wissen, daß ihr tätiges Dasein abgelaufen ist.

Die furchtbarste und brutalste Form der „Vernichtung lebensunwerten Lebens" fand aber zweifellos im zwanzigsten Jahrhundert, in einer kurzen Spanne der glorreichen „Tausend Jahre" des Nationalsozialismus statt. Hunderttausende von Geisteskranken, Schwachen, Alten, Gebrechlichen, Kriegsbeschädigten und rassisch oder politisch Unerwünschten wurden kaltblütig und in Massen vergast oder erschossen.

Ich erinnere mich noch eines mongoloiden Schwachsinnigen, eines fröhlichen Jungen aus Tegel, der immer nett und munter war, aber natürlich durch sein mongoloides Aussehen und läppisches Benehmen auffiel. Seine Leidenschaft war, den ganzen Tag in der Straßenbahn zu fahren. Einmal bemerkte ich, wie ein SA-Mann ihn argwöhnisch ansah und laut sagte: „Na, dir haben sie wohl verjessen zu vergasen?" Keiner der Fahrgäste widersprach ihm, manche lachten.

Sehr beunruhigt suchte ich seine Eltern auf, erzählte ihnen den Vorfall und bat sie, besser auf den Jungen aufzupassen. Wie durch ein Wunder überlebte er die „Tausend Jahre".

Wir atmeten auf, als der vernichtende Krieg zu Ende war. Endlich durften die Menschen ihrer Beschäftigung nachgehen und beschützt in ihrer familiären Häuslichkeit leben. Aber die gehäuften Verkehrs- und Arbeitsunfälle verursachten wieder Tote und Krüppel. Hinzu kamen gehäufte Mißbildungen von Säuglingen durch vermehrte radioaktive Einstrahlung und durch chemische Stoffe. Die Tragik der Contergankinder und ihrer Eltern berührte jedermann. Angesichts der furchtbaren entstellenden Verkrüppelungen vermag man sich nicht vorzustellen, wie solche Menschen im Leben, in der Gesellschaft bestehen können. Dennoch haben diese Geschöpfe Gottes das gleiche Recht auf Leben, auf Freude, auf Arbeit und auf Liebe, und man staunt immer wieder, wieviel Kräfte ihnen zuwachsen und sie befähigen, das Leben zu meistern.

Tief beeindruckt wurde ich durch den unpathetischen Bericht unserer alten Freundin, Doktor K. Sie ist der ideale Typ einer Hausärztin alten Stils. Sie ist nicht nur vorbildliche Mutter ihrer drei Kinder, von denen zwei wieder den Arztberuf ergriffen, sie ist auch die Mutter ihrer zahlreichen Patienten. Bei Wind und Wetter, Tag und Nacht wird sie zu Kranken gerufen. Sie radelt oder fährt in ihrem alten Wagen durch holperige Straßen und Pfützen und Schneewehen zu den Patienten. Drei Generationen von Kranken stehen in ihrer Behandlung und tragen alle ihre kleinen und großen Sorgen zu ihr. Und wenn sie auch manchmal überfordert und übermüdet ist, das freundliche, gütige Lächeln schwindet nie von ihrem strahlenden Gesicht. Jeder weiß sich in ihrer Gegenwart behütet.

Anläßlich einer Diskussion über mißgebildete Kinder — gerade hatten die Zeitungen den Bericht von einer Mutter und einer Ärztin gebracht, die aus Verzweiflung ihr Kind töteten —, sagte Frau Doktor K. ganz streng und entschieden: „Das darf man nicht tun. Kein Mensch darf sich vermessen, über das Leben eines anderen Menschen zu bestimmen! Wir wissen nicht, warum Gott einen Menschen mit geringem Verstand oder ohne Arme oder ohne Beine oder mit anderen Entstellungen in diese Welt schickt. Aber sicherlich hat Er damit eine bestimmte Absicht, sei es für den Menschen selbst, sei es für seine Umgebung.

In der Nazizeit betreute ich ein sehr nettes, sauberes Ehepaar, die ein Kind erwarteten. Die Geburt verlief ohne Komplikationen und die Eltern waren selig über das Mädchen. Als ich das Kind sah, bemerkte ich sofort, daß es nicht normal war. Ich konnte es den Eltern nicht sagen, das wäre ein fürchterlicher Schock für sie gewesen. Nach Monaten weihte ich den Vater behutsam ein, bat ihn aber, das furchtbare Wissen für sich zu behalten und seine Frau zu schonen.

Nach einer Weile zog das Ehepaar in einen anderen Bezirk. Ich befürchtete, der dortige Arzt, der die Leute nicht kannte, könnte, wenn er das Kind sah, der Mutter sagen, daß das Kind nicht normal sei. Und noch Schlimmeres, wer weiß, ob er das Kind nicht beim Erbgesundheitsamt melden würde. Was dann erfolgte, wußte man. Also beschloß ich, trotz wahrhaftig schwerster Arbeitsbelastung die Familie an jenem Ort weiterzubetreuen. Schließlich merkte die Mutter selbst, daß das Kind nicht normal war. Ich tröstete sie, so gut ich konnte. Und sie war tapfer. Inzwischen war sie wieder schwanger und hatte fürchterliche Angst, das zweite

Kind könnte auch nicht normal werden. Es war ja die Zeit, in der man ständig von Erbkrankheiten und Erbanlagen faselte.

Das zweite Kind gedieh prächtig und war ganz normal. Beim ersten Mädchen entwickelte sich ein Wasserkopf, es konnte schlecht laufen, es hatte unkoordinierte Bewegungen und sprach sehr mühsam; aber es hatte einen sanften und freundlichen Charakter und lächelte die Menschen zutraulich an, so daß man das drollige Geschöpf lieb haben mußte.

Der Mann wurde in den Krieg eingezogen, und die Frau entschloß sich, auf ein Dorf im Badischen, wo sie entfernte Verwandte hatte, zu ziehen. Und da wurde ihr dieses unnormale Kind zum Segen. Mit seinem großen Kopf und seinen krummen Beinchen trippelte es in die Geschäfte und zu den Bauern, mit einem Körbchen, in dem ein Wunschzettel und abgezähltes Geld lagen. Alle Dorfbewohner liebten und bemitleideten dieses Kind. Sie verwöhnten es und steckten ihm und seiner Mutter Lebensmittel und Kleidungsstücke zu. Einige Frauen kamen ins Haus und halfen ihr putzen und flicken. Das Kind und seine Mutter wurden zu einem Mittelpunkt im Dorf. Die Leute wurden demütiger. Wenn jemand sich über sein Schicksal beklagte, sagten sie: »Sei still, denk an das kleine Elschen und an seine Mutter, dagegen geht es dir noch gut!« Und die Leute gingen in sich und wurden still.

Als der Mann nach langer russischer Kriegsgefangenschaft zurückkam und schließlich seine Familie wiederfand, war es wieder das Kind, das sein Schicksal bestimmte. Der Gemeinderat trat zusammen und beschloß, der Mann müsse vordringlich Arbeit bekommen. Er wurde als Schreiber angestellt.

Vor zwei Jahren starb das Kind an Lungenentzündung, betrauert von den Eltern und dem ganzen Dorf. Die Beerdigung gestaltete sich zu einer Art Staatsbegräbnis. Alle spendeten das Geld für den Sarg und den Grabstein. Bewohner anderer Dörfer kamen zur Beisetzung, um dem Kind die letzte Ehre zu erweisen. Das Kind, das dem Dorf gehörte, das alle liebten und verwöhnten, es fehlte ihnen. Plötzlich war eine Lücke da, niemand war da, dem sie vorbehaltlos ihre Liebe schenken konnten und der diese Liebe mit so viel Charme und Freundlichkeit entgegennahm.

Als ich anläßlich einer Urlaubsfahrt meine Schützlinge besuchte, ging ich auf den Dorffriedhof, um Elschens Grab zu sehen. Frische Blumen lagen darauf. Der Grabstein ragte über die anderen hinaus, man hätte denken können, es sei das Grab des Bürgermeisters.

»Wissen Sie, Frau Doktor«, sagte die Frau, »wenn ich daran denke: als ich merkte und dann von Ihnen bestätigt bekam, daß das Kind unnormal sei und nie gesund werden würde, da packte mich die Verzweiflung und das Grauen. Nachts schlich ich mich an das Bettchen und schaute es an. Und glauben Sie mir, oft kam mir der Gedanke: wenn es doch bloß nicht mehr lebte! — Und wissen Sie, daß wir so heil durch den Krieg und die Not hindurch gekommen sind, daß es uns so gut geht und wir so liebe Menschen hier gefunden haben, das verdanken wir alles unserem Elschen. Wir haben ihr alles zu danken! Wer hätte das damals gedacht!«"

TANTE NINA

Die Soziologen und Psychologen schreiben und beklagen sich darüber, daß in der heutigen Zeit der Egoismus Trumpf sei und die Menschen viel zu wenig einander helfen und dienen. Tatsächlich stellt man mit Bedauern fest, daß in dienenden und helfenden Berufen ein starker Mangel an Schwestern, Pflegern, Diakonen, Hausgehilfinnen zu verzeichnen ist.

Wenn man die Zeitung aufschlägt und über politische Unzulänglichkeiten, die Unreife vieler Politiker, die kalten und heißen Kriege, Parteienhader, Korruptionen und tägliche Morde, Raubüberfälle, sexuelle Delikte und Diebstähle liest, denkt man unwillkürlich: Wie ist die Welt doch schlecht und böse geworden!

Die guten Taten stehen nur selten, meist am Rande, in den Zeitungen. Und doch sind wir bei Katastrophen und Unglücksfällen von der großen Hilfsbereitschaft der Menschen überrascht. Denken wir an das Unglück von Lengede, an die heldenhaften, gefährlichen und mühsamen Rettungsaktionen für die Verschütteten. Bangend und betend stand die Bevölkerung tagelang an der Unglücksstätte, Millionen saßen erregt vor den Bildschirmen und verfolgten die Bergung der Verunglückten. Ein unversieglicher Strom von Hilfeleistungen ergoß sich. Jeder half, so gut er konnte. Das gleiche wiederholte sich bei der Katastrophe des Vayonetales oder bei Erdbeben.

Aber auch in einem Häuserblock oder in einem Dorf regen sich sofort helfende Hände, wenn einer in Not ist. Vergessen sind die alten Streitigkeiten und Entzweiungen. Not bringt Menschen näher zueinander. Wenn der Heilige Augustinus sagt, die menschliche Seele sei von Natur christlich, dann meint er gerade jene Kräfte der Liebe und des Dienens, die im Menschen immer lebendig sind. Das Gleiche schreibt Johannes, der Lieblingsjünger Christi: „Meine Kindlein, laßt uns nicht lieben mit Worten noch mit der Zunge, sondern mit der Tat und mit der Wahrheit."

Was ist es anderes als Liebe, das uns am Leben erhält! Die Mutter, die sich für ihre Kinder aufopfert, der Vater, der mühsam den Lebensunterhalt für die Familie verdient, die Geschwister, die — mögen sie sich auch zanken — in Gefahr füreinander einstehen, der Arzt, die Krankenschwester, der Pfleger, deren Leben ständige Fürsorge für die ihnen fremden und doch dem Herzen nahen Kranken ist: Sie alle wirken aus Liebe. Kein Bäcker könnte nachts die Brötchen kneten und backen, wenn er es nicht in dem Bewußtsein tun würde, daß er damit anderen die Nahrung bereitet.

Es gibt wohl kaum Menschen auf dieser Erde, deren Leben und Wirken nicht auf andere Wesen ausgerichtet wäre, auch wenn sie selbst nicht daran denken und diesen ständigen hin- und rückflutenden Strom von Hilfs- und Liebesleistung nicht realisieren. Trotzdem bedeutet diese den wesentlichsten Kern ihres Seins. Doch dann und wann erheben sich einige über den Kreis ihrer Familie, ihrer Aufgaben und gestalten sich selbst aus christlicher Gesinnung zu großen Liebenden und Helfenden. Sie machen das Wort wahr, daß der Mensch die Krone der Schöpfung ist.

Wir begegneten der Baronin Nina von der O. im Hause eines lieben Verwandten, des Fürsten David Chavchavadze. Es war Karnevalsdienstag, und es wurden nach russischer Sitte Bliny (Buchweizenfladen) mit Smetana und Kaviar serviert. Eine purpurne Damastdecke schmückte den langen Tisch, auf dem grüne Kerzen leuchteten. An dem einen Ende saß die schöne junge Fürstin, am anderen eine alte Dame. Wir wurden ihr vorgestellt. Schon bei der Begrüßung kam uns eine Welle von Freundlichkeit und Liebe entgegen. Später setzten wir uns zu ihr und unterhielten uns mit ihr. Aus dieser Begegnung wurde eine dauernde Freundschaft.

Tante Nina stammt von der Insel Ösel, wo ihre Familie ein Gut hatte. Sie lebte in Petersburg, ihr Mann hatte eine hohe Stellung bei Hofe. Bei der Revolution floh sie mit ihrem Mann und ihrer alten Mutter nach Deutschland. Sie vegetierten kümmerlich in einer kleinen dunklen Wohnung. Die Mutter und der Mann starben, und sie blieb allein. Sie bezog eine winzige Rente, von der sie sehr dürftig leben konnte. Sie konnte von dem herrlichen Leben am Hofe in Petersburg lebendig und farbig erzählen, man tauschte Erinnerungen aus. Aber sie erzählte die Vergangenheit wie ein altes Märchen, wie eine Legende, sie verglich sie nie mit der Dürftigkeit der Gegenwart. Wir haben nie einen Laut der Klage aus ihrem Munde vernommen. Sie war, wann immer wir ihr begegneten, heiter, fröhlich und dankbar.

Mit ihren jetzt sechsundachtzig Jahren hat sie viele Gebrechen, die Beine sind voll Wasser und sie muß beim Treppensteigen keuchen, die Augen sind seit Jahren entzündet, und sie leidet an allergischem Juckreiz, der sie nicht schlafen läßt. Tante Nina hat aber nie Zeit. Wenn man sie einladen will, muß sie lange in ihrem Terminkalender suchen. Alle ihre Tage sind ausgefüllt mit Besuchen alter und kranker Menschen; sie liest blinden und gebrechlichen Damen vor, obwohl sie zum Lesen selbst eine Lupe braucht, sie tröstet Bettlägerige und Sterbende, sie schreibt unzählige Briefe an Verwandte und Freunde. Nie spricht sie von ihren Gebrechen, aber sie ist immer voll Teilnahme für alles, was um sie geschieht, und wo Trost zu spenden ist, da ist sie zugegen. Jede Woche korrespondiert sie mit ihrem geliebten neunzigjährigen Bruder, Onkel Edi, der in Westdeutschland in einem Stift wohnt, sie spricht ihm Mut zu und verbringt einige Sommermonate in seiner Nähe.

Vor einiger Zeit war sie genötigt, aus ihrem kleinen Zimmer in ein Altersheim umzuziehen. Das war eine harte Prüfung für sie, zumal das Heim von ihrem bisherigen Wohnbezirk weit entfernt liegt und die Verkehrsverbindungen recht ungünstig sind. Ihre Kirche, ihre Freunde und ihre Schutzbefohlenen wurden ihr nahezu unerreichbar. Das machte sie sehr traurig, aber sie klagte auch dann nicht. Schon nach kurzer Zeit stellte sie sich um und begann sich im Heim nützlich zu machen: sie besuchte die Kranken, die Schwachen und Blinden und heiterte sie auf, las ihnen vor, sprach mit ihnen und tröstete sie. Aber sie unternahm auch weite Fahrten, um ihre alten Freunde und Pfleglinge zu besuchen. Einmal an einem Winterabend stolperte sie, fiel gegen eine Hecke und verrenkte sich die Hüfte. Wir waren sehr in Sorge um sie und machten ihr Vorwürfe. „Du wirst dir noch einen Schenkelhalsbruch zuziehen, wenn du so weitermachst, warum gehst du auch zu so später Abendstunde noch auf die Straße!"

In ihrem herrlichen singenden Baltisch erwiderte sie: „Laßt mich doch, ich mußte einige arme Alte in einem anderen Altersheim besuchen, sie freuten sich so und wollten mich nicht gleich gehen lassen. Das ist doch verständlich! Und es ist ja auch fast gar nichts passiert, die kleine Verrenkung und die Kratzer und blauen Flecken! Wichtig ist doch nur, daß ich anderen eine Freude bereitet habe!"

„Dein Doktor hat dir aber empfohlen, große Anstrengungen zu vermeiden, du weißt doch wegen des Herzens und der dicken Beine, schau doch nur, sie sehen aus wie kleine romanische Säulen!"

Sie lachte. „Laß mal die Säulen, schön sind sie nicht, das weiß ich, das ist das Alter. Und laß den Doktor reden, der will mich in

Watte packen. Er kann mein Leben doch nicht verlängern; wenn es Gott gefällt, mich abzurufen, dann wird Er es tun, mit oder ohne Doktor. Aber solange ich hier bin, will ich anderen nützlich sein, und da hört das Gehorchen auf!"

Eines Tages rief das Altersheim an und berichtete, daß Tante Nina an einer akuten Blinddarmentzündung leide, ich möchte sie besuchen. Wir fuhren sofort hin. Sie war stark abgemagert und sehr schwach, sie hatte Fieber und heftige Schmerzen auf der rechten Seite. Ich sagte vorwurfsvoll zu ihr: „Warum bist du nicht im Krankenhaus, du mußt doch sofort operiert werden!"

Sie sah mich schelmisch an. „Denkste, die meisten alten Menschen sterben im Krankenhaus! Operation in meinem Alter und bei dem Herzen, wozu? Wenn ich daran sterben soll, so tue ich es hier und in diesem Zimmer inmitten meiner gewohnten Gegenstände. Das ist doch viel einfacher und schöner!"

„Aber das geht doch nicht, das wäre ein Kunstfehler, du mußt operiert werden! Ich kann es als Arzt nicht zulassen, daß man dich hier einfach zugrunde gehen läßt!"

„Hör mal, was erlaubst du dir, du bist doch nicht mein behandelnder Arzt! Den habe ich mit Mühe und List herumgekriegt, nun kommst du her, um mich zu besuchen, und schimpfst! Ich bleibe hier, und wir wollen mal sehen, wer recht hat! Ich will ja noch gar nicht sterben, ich habe meinen alten Edi und all die hilflosen Freunde, die mich noch brauchen, und weil ich nicht sterben möchte, gerade deswegen gehe ich nicht ins Krankenhaus! Basta! So und nun reden wir von etwas anderem, der olle Blinddarm langweilt mich, schließlich bin ich auch noch da! Erzähl mir lieber von euch, was ihr treibt und wie es euch geht." So lenkte sie mich ab. Das Wunder geschah, die Entzündung ging vorüber und sie erholte sich schnell. Später schlug sie mich auf die Backe und sagte: „Wie gut, daß ich Charakter bewiesen habe; du und der Doktor hättet mich mit vereinten Kräften ins Jenseits befördert, und ich wollte doch noch gar nicht!" Ich küßte ihre Hand.

„Ich bin dir ja so dankbar, daß du mir damals widersprochen hast. Wer weiß, ob du die Operation überstanden hättest. Aber es ging dennoch gegen mein ärztliches Gewissen, dich so liegen zu lassen. Man sollte den alten Menschen mehr vertrauen, sie wissen eben doch manches besser als wir!"

KRAFT DES GEBETS

WARUM ERHÖRT GOTT MICH NICHT?

Eine Frau rief an und bat, ob sie mich aufsuchen dürfe. Sie sei nicht eigentlich krank und wolle auch nicht behandelt werden, aber sie hätte mein Buch „Die Menschheit betet" gelesen, und da beschäftigten sie einige Fragen, die sie allein nicht zu lösen vermöchte.

Sie war eine Frau mittleren Alters, verhärmt, gehemmt, etwas ängstlich. Sie schaute sich ratlos im Raum um und brauchte Zeit, ehe sie sich in einen Sessel niederließ. Sie war wie jemand, der sich in einer völlig fremden Umgebung zurecht finden muß und vorerst den Sinn und die Bestimmung der sie umgebenden Dinge nicht zu deuten weiß. Es dauerte auch entsprechend lange, bis sie das Wort ergriff. Man spürte, daß sie hart mit sich kämpfte. Es wäre so viel, sagte sie, daß sie nicht wisse, wo sie anfangen solle.

„Fangen Sie irgendwo an", sagte ich, „es wird dann schon gehen."

Sie erzählte schwerfällig, weit ausholend, abschweifend, stockend. Sie komme aus einem behüteten, religiösen Hause und habe zwei Kinder. Der Mann sei in den Krieg eingezogen und später nach Rußland verschleppt worden, wo er umkam. Ihre Witwenrente sei zu klein, um davon leben zu können, so sehe sie sich gezwungen, Geld zu verdienen. Sie arbeite in einem Institut als Sekretärin. Die Arbeitsatmosphäre sei gut, aber sie werde überfordert. Anstrengende Achtstundenarbeit, danach Einkauf, Hausarbeit, Erziehung der Kinder, Schularbeit. Seit Jahren leide sie an schweren Bandscheibenschäden mit heftigen Schmerzen in Rücken, Genick, Schultern, Armen und an Migräne. Die beiden Kinder, die jahrelang sich selbst überlassen waren, bereiteten ihr viel Kummer, sie seien frech und ungezogen, etwas verwildert, zu selbständig und egoistisch. Sie mache sich Vorwürfe, daß sie sie nicht richtig erzogen habe, aber sie wisse einfach nicht, wie sie es hätte anders machen sollen. Außerdem habe sie auch nicht mehr die Kraft, gegen die Kinder aufzukommen, wenn sie auch wisse, daß das falsch sei. Sie weinte. Ich ließ ihr Zeit.

„Sie haben so schön über das Beten geschrieben, und da möchte ich Sie etwas fragen. Wenn das Gebet wirklich eine Kraft ist, so müßte, wenn man immer und immer inbrünstig betet, das Gebet doch schließlich erhört werden. Gott muß es doch hören und muß begreifen, daß es aus brennendem Herzen kommt."

„Worum beten Sie denn?", fragte ich.

„Ich bete immer um Genesung. Daß diese schrecklichen Schmerzen und die Erschöpfungszustände von mir genommen werden. Die Arbeit und den Haushalt würde ich schon schaffen, wenn nicht immer diese quälenden Schmerzen wären. Ich bin dann oft verstimmt und mürrisch, einsilbig oder sogar abweisend und stoße meine Mitarbeiter und meine Kinder dadurch zurück. Aber Gott muß mich doch erhören!", schrie sie fast. Dann wartete sie auf meine Antwort. Ich spürte die Spannung, die in ihr war, sie war wie in einer Verkrampfung erstarrt. Ich sah, daß sie mit ihrem drängenden, fordernden Beten sich in eine Sackgasse hineinmanövriert hatte. Sie war wie in einer Mausefalle und konnte allein nicht mehr heraus.

„Du mußt diesen Sack jetzt aufschlitzen," dachte ich. Zu ihr sprach ich in strengem Ton: „Sie haben eine etwas seltsame Vorstellung von Gott und vom Gebet. Sie stellen sich Ihn wohl so etwa wie einen Kutscher oder einen Taxifahrer vor; Sie rufen ihm die Straße zu und er fährt Sie dorthin. Das Gebet aber darf nicht immer Bitte und Forderung sein, es ist auch ein Gewährenlassen, ein demütiges Sich-Beugen unter das Kreuz, und es sollte auch immer, in guten und noch mehr in bösen Zeiten, ein Danken sein.

Ihr Gebet ist aber nichts als ein Krampf, ein Aufschreien zu Gott, eine Forderung! »Tu das, Du mußt es tun, weil ich inständig Dich darum bitte.« Schließlich könnte Er auch sagen, wenn Sie zu horchen vermöchten: »Wer ist hier der Herr, und wer hat hier etwas zu verlangen?!«

Sehen Sie, Sie haben sich in die Forderung hineinverkrampft. Sie gehen nicht froh und gelöst, dankbar und demütig aus dem Gebet hervor, Sie warten nur, wann Ihnen der Lohn dafür bezahlt wird. Und Gott läßt sich nicht erpressen. Haben Sie sich nie Gedanken darüber gemacht, daß Gott Ihnen vielleicht all die Schwierigkeiten und Krankheit auferlegt, damit Sie mit alldem fertig werden, so wie die Dinge sind, und daß Er Ihnen damit eine Aufgabe stellt, eine schwere Aufgabe sicherlich! Und Sie stehen da und horchen nicht auf Seine leise Stimme, weil Ihr Gebet in seiner Lautheit sie übertönt, weil Sie etwas fordern, was Sie für Ihr Recht halten, und glauben, daß es Ihnen so und nicht anders geschehen muß. Es ist die gleiche Situation, die wir heute in allen Familien kennen: die Menschen reden alle zu gleicher Zeit und reden dadurch aneinander vorbei, weil jeder nur sich selbst hört.

Ich möchte Ihnen empfehlen: lernen Sie erst einmal richtig beten. Schieben Sie nicht, sogar im Gebet, Ihre Person vor Gott in den Vordergrund. Machen Sie sich ganz klein und demütig und weich vor Gott, und reden Sie nicht immer in Worten zu Ihm. Lauschen Sie, werden Sie erst einmal still, und Sie werden sich wundern, wieviel Antwort Sie bekommen, und es wird Ihnen aufgehen, was Gott Ihnen wirklich zu sagen hat. Werfen Sie alles, was Sie bisher für Gebet hielten, über Bord und fangen Sie von vorne an."

Die Frau erhob sich, sie weinte heftig. Es trieb sie aus dem Raum. Sie winkte mir zu, sie gab mir nicht die Hand.

Ich war sehr bekümmert. Vielleicht hatte ich sie zu scharf angepackt und sie beleidigt. „Ich weiß nicht, wahrscheinlich habe ich alles falsch gemacht", sagte ich zu meiner Frau. „Aber wie hätte ich es anders machen sollen? Ich wollte sie aus ihrer Verkrampfung gewaltsam herausreißen. Sie war völlig verrannt und verhärtet."

„Du hättest sie aber nicht so hart und unsanft behandeln sollen. Du bist doch sonst nicht so gewalttätig. Und die Frau war in schwerer Not", sagte meine Frau.

„Aber man kann doch nicht immer den Menschen nach dem Mund reden, und die harten Schalen, die sie um sich gebaut hatte, mußten gesprengt werden."

Ich konnte den ganzen Tag nicht froh werden, weil ich das Gefühl hatte, ich sei zu weit gegangen und hätte einen leidenden Menschen verletzt.

Einige Zeit später kam ein dicker Brief, der ihren Namen als Absender trug. Ich öffnete ihn zögernd, weil ich heftige Vorwürfe und Selbstrechtfertigungen vermutete. Wie war ich erstaunt, als ich erfuhr, daß der Brief ein Dank war. Sie schrieb, sie sei zunächst ganz verzweifelt nach Hause gekommen, sie hätte gedacht, daß ich sie nicht verstanden habe. Das wäre bei meiner Überbeanspruchung nicht verwunderlich gewesen, auch habe sie meine scharfe Zurechtweisung schockiert. Als sie zu mir ging, hätte sie alles andere erwartet, nur das nicht. Aber dann, abends habe sie immer intensiver über den Sinn meiner Worte nachgedacht, und plötzlich habe sie, wie durch Eingebung, begriffen, daß sie sich hineingesteigert habe in etwas, das gar kein Gebet mehr war. Und danach sei die Verkrampfung von ihr abgefallen, und nun bete sie anders, sie lasse Gott gewähren.

Und noch etwas anderes, Seltsames sei geschehen. Natürlich habe sie immer noch ihren Bandscheibenschaden und ihre Schmerzen; da sie aber nun nicht immerfort auf die ersehnte Genesung warte, spüre sie die Schmerzen gar nicht mehr so intensiv. Sie könne wieder lachen und fröhlich sein, und sogar ihre Kinder seien wieder nett und freundlich zu ihr.

Alles sei geblieben, wie es war, die Arbeit und der Haushalt, und doch sei alles völlig verändert; es sei ihr, als wäre sie aus einem dumpfen Keller an die frische Luft gekommen und erlebe jetzt das Wunder von Gottes Natur. Und darum dränge es sie, mir dies mitzuteilen und mir zu danken, daß ich die verschlossene Tür aufgebrochen habe.

DAS WUNDER DER ÜBERWINDUNG

Es gibt kein allgemein gültiges Maß für Leid und Schmerz. Jede Krankheit, jede Verkrüppelung, jeder Zellzerfall und jede Abbauerscheinung haben mannigfache Beschwerden und Störungen des Selbstgefühls zur Folge. Unterschiedlich ist jeweils die Art, wie das Gebrechen von den verschiedenen Menschen erlebt wird. Die einen zerbrechen daran, die anderen gehen stoisch darüber hinweg, dritte beugen sich in Demut davor als vor einer Schickung Gottes, und andere wieder überwinden das Leid und verwandeln es in strahlende Kraft. Dem Arzt sind oft sehr enge Grenzen des Helfens gesetzt. Kommt der Patient zum Doktor in dem festen Vorsatz, die Krankheit zu überwinden, und hilft er an dem Heilungsprozeß aktiv mit, dann ist viel gewonnen und es wird so oder so zu einer Heilung kommen, auch wenn das Leiden unheilbar ist; der Mensch selbst wird heil in seiner Substanz, und welch schönere Heilung gibt es auf dieser Welt?

Die meisten, die zum Arzt kommen, haben keine Vorstellung davon, daß Krankheit nicht nur ein Befallensein von Bazillen oder Entzündungsvorgängen, daß sie auch eine Prüfung und ein Auftrag sein kann. Sie werden im eigentlichen Sinn des Wortes von der Krankheit befallen, sie spielen eine ganz passive Rolle, und der Doktor ist es, der durch Pillen, Injektionen und Kuren die Heilung herbeiführen soll. Sie selbst sind gar nicht gewillt mitzuarbeiten. Sie glauben allen Ernstes, daß die Heilung allein aus den Röhrchen und Ampullen kommt. Glücklicherweise gelingt es oft, mit Hilfe von Medikamenten die eine oder andere Krankheit zu heilen. Der Patient preist die Kunst des Arztes, und der Arzt ist froh und stolz, daß er die richtigen Mittel angewandt und die richtige Diagnose gestellt hat. Das ist eine große Kunst.

Aber die weitaus größere Kunst ist es, dem Patienten Schicksalsgefährte zu werden und ihn unmerklich zur Genesung zu führen. Dann erlebt er das Wunder, daß dem Kranken Kräfte zuwachsen, die zur Überwindung des Gebrechens führen. Der Kranke und der Arzt erfahren so geradezu die Macht der biblischen Heilungswunder, und beide verneigen sich vor der größeren Kraft, die das Wunder bewirkte.

Eines Tages gab es einen ziemlichen Lärm im Wartezimmer. Da ich befürchtete, einer meiner hirnverletzten Patienten könnte einen epileptischen Anfall erlitten haben, ging ich hinaus. Drei Menschen schoben ein unglückliches Menschlein, es wurde von zwei Seiten unter den Armen gestützt, der dritte stützte es von hinten. Es war eine Frau von vierzig Jahren. Alles an ihr war falsch eingehängt. Der Kopf war zur Seite gedreht und wackelte. Die Arme und Beine vollführten unwillkürliche Bewegungen. Sie stieß unartikulierte Laute aus. Ich nahm sie gleich daran, schon um den Patienten den schrecklichen Anblick zu ersparen.

Sie hatte die Littlesche Krankheit, ein unheilbares Leiden, das meist in der frühesten Kindheit durch Entzündungsvorgänge im Gehirn entsteht.

Ich fragte sie und ihre Eltern, was sie denn von mir erwarteten.

„Ich will gesund werden!", blökte Erna mit einer tiefen, unartikulierten Stimme.

„Aber, Ernachen, du hast doch diese Krankheit von Kindheit an, wie soll ich dich denn gesund machen? Das kann ich gar nicht!"

„Ich will aber!", sagte sie eigensinnig und drehte den Kopf ganz weit zur Seite, daß er fast nach hinten stand. Derweilen bewegten sich ihre Arme, Hände und Beine wie Schlangen. Ich untersuchte sie, und ich fand keine Möglichkeit ihr zu helfen. Ich sagte es leise ihrer Mutter.

„Sie hat es sich aber in den Kopf gesetzt. Sie sah, daß Sie dem Klaus K. so gut geholfen haben, und nun gibt sie keine Ruhe und will von Ihnen kuriert werden. Was sollen wir denn machen, wir haben für teures Geld eine Taxe genommen, es war eine Mühe, sie dort hineinzubekommen. Sie müssen schon etwas für sie tun!"

Ich erfuhr, daß sie weder allein gehen noch stehen könne, sie werde angezogen, gefüttert, gewaschen, es gebe keine Verrichtung, die sie allein zu tun vermöge.

Ich überlegte lange. „Wenn ich dir, Erna, eine ganze Reihe von Übungen vormache, würdest du sie fünfmal am Tage verrichten?" Heftiges Kopfnicken.

„Du erwartest von mir, daß ich dir helfe?" Kopfnicken.

„Ich bin doch nur Arzt, glaubst du nicht, daß noch jemand anderer dir dabei helfen könnte?"

Sie nickte. „Gott."

„Ja, den meinte ich. Hast du an Ihn schon gedacht? Verstehst du zu beten?"

„Ja, ich bete! Ich will gesund werden!", und sie versuchte ihren Arm nach mir auszustrecken.

Ich zeigte ihr eine Reihe von Lockerungs-, Spannungs- und Entspannungsübungen, von denen ich annahm, daß sie sie bei konsequentem Üben beherrschen würde, und trug ihr und ihren Eltern auf, sich alles genau zu merken. Dann schrieb ich ihr eine ganze Reihe von Mitteln auf, die die Muskelspannung und die gestörte Koordination der Bewegungen milderten, und solche, die sie seelisch entspannten. Ich entließ sie mit guten Worten und Wünschen. Ich selbst konnte mir nicht vorstellen, daß bei dieser weit vorgeschrittenen Krankheit noch irgend ein Erfolg zu erwarten wäre. Abgesehen davon wohnte sie dreißig Kilometer von mir entfernt, so daß eine häufige Kontrolle gar nicht möglich war.

Aber nach einigen Wochen war Erna wieder da, begleitet von ihrer Mutter. Sie stützte sie und Erna ging allein, zwar tanzten noch die Beine nach verschiedenen Richtungen, doch konnte sie sie soweit beherrschen, daß sie ausschreiten konnte.

„Na, wie geht es dir denn, Erna? Ich sehe, du kannst ja schon gehen?"

„Guuut!" sagte sie und wackelte mit dem Kopf. „Ich habe die Übungen gemacht. Ich will mehr machen!"

Die Mutter berichtete, daß sie wie besessen übe, jede freie Minute, und daß es ihr schon gelinge, in der Stube allein zu gehen, wenn sie sich an den Wänden und am Tisch festhalte. Sie könne schon ein Butterbrot allein zum Munde führen und versuche sich zu kämmen. Die Sprache sei besser geworden, und da sie sehr musikalisch sei, versuche sie einige Lieder zu singen; das gehe aber ihrem Vater sehr auf die Nerven, er meine, sie brülle wie eine Kuh. Erna lachte bei dieser Bemerkung. Sie bat um neue, schwierigere Übungen und um die Medizin, die ihr gut getan habe. Und übrigens singe sie sehr schön, denn sie singe immer den Psalm: Lobe den Herrn, meine Seele, und der Vater könne ja mitsingen.

Ich zeigte ihr einige schwierigere Übungen, sie paßte genau auf.

Das nächste Mal ging sie schon ohne Begleitung und stieß die Mutter zur Seite, als sie sie stützen wollte. Sie hatte neue Fortschritte gemacht, sie konnte allein gehen, sie aß jetzt mit dem Löffel, sie machte ihr Bett selbst und lernte mit dem Staubsauger umzugehen. Ihre Mutter war glücklich und Erna strahlte über das ganze Gesicht.

„Siehst du, Erna, nun hast du doch recht behalten, du wolltest gesund werden, und mit Gottes Hilfe und deiner zähen und unermüdlichen Geduld und Selbstüberwindung hast du es geschafft, und du wirst noch mehr schaffen. Das Schönste aber ist, daß du dich nicht von der Krankheit unterkriegen läßt und daß du so heiter und fröhlich bist. Andere, die viel weniger krank sind, jammern und klagen."

„Ich habe es auch gut. Immer habe ich mir gewünscht, gesund zu werden, ich wußte nur nicht wie, und von allein konnte ich es nicht. Ich war es auch satt, daß die Eltern und die Verwandten und die Nachbarn mich immer bedauerten und sagten, es würde alles nur noch schlimmer werden. Ich habe aber immer gewußt, in mir sind noch so viele Kräfte lebendig, und nun haben Sie mich gelehrt, wie ich sie anwenden soll, und da danke ich Ihnen."

„Und ich danke dir, Erna, du hast wie kaum einer mir und meinen vielen Patienten gezeigt, was der Mensch aus sich zu schaffen vermag, wenn er den rechten Glauben an Gott hat und an seine eigenen Kräfte, die Gott ihm verlieh."

DER MENSCH
IM MACHTBEREICH DES TIERES

DIE MAUS

Julie Schlosser, die große Freundin und Beschützerin der Tiere, schrieb ein bedeutungsvolles und warmherziges Buch: „Das Tier im Machtbereich des Menschen." In Abwandlung dieses Titels möchte ich ihr zu Ehren die vier folgenden Geschichten „Der Mensch im Machtbereich des Tieres" nennen. Denn auch das Tier hat eine große und segensreiche Macht über uns. Was wir auf dem Wege zur Zivilisation verloren haben, das ist in den Tieren noch lebendig geblieben, die Naivität, die Natürlichkeit und die Unmittelbarkeit. In ihnen erleben wir noch die Gelassenheit, die auch uns im paradiesischen Zustand eigen war, und wir sehnen uns nach dieser verlorengegangenen Eigenschaft.

In der Begegnung mit dem Tier erleben wir, daß wir alle aus der gleichen Schöpferhand hervorgegangen sind und daß Er seine Liebe über alle Kreatur ausgebreitet hat; und wir erfahren, daß die Liebe und Zuneigung eine Brücke schlägt über die Verschiedenartigkeit der Sprache. Das Tier versteht uns sehr schnell, und wir lernen es, seiner Sprache zu lauschen.

Im Zusammenleben von Mensch und Tier gibt es weniger Aggressionen, Zank und gegenseitiges Nichtverstehen, um so mehr Achtung und Rücksicht. Für die Pflege, die der Mensch dem Tier angedeihen läßt, erntet er uneingeschränkte Anerkennung, Treue und Dankbarkeit. Wieviele Vereinsamungen, Neurosen, Egoismen ließen sich vermeiden, wenn der Betroffene sich einem Tier zuwenden würde. Wie wichtig ist es für seelisch oder körperlich gestörte Kinder, wenn ihnen ein Tier zur Pflege anvertraut wird. Die mütterlichen Gefühle werden in ihnen geweckt, sie reifen an dem Umgang mit der Kreatur und lernen lieben und dienen.

Meister Eckehart spricht es aus: „In allen Kreaturen ist Gott uns gleich nahe. Der weise Mann sagt: Gott hat seine Netze und Stricke auf alle Kreaturen ausgebreitet, so daß man ihn in jeder finden und erkennen kann, wenn man es nur wahrnehmen will."

Ein altes Ehepaar wohnte in unserer Nähe. Der über siebzigjährige Mann war Kunstmaler. Jeden Morgen nahm er seine Staffelei und zog für den ganzen Tag in die Landschaft, um zu malen. Er ließ sich weder von Nebel noch von Regen oder Schnee abhalten. Seine Frau war krank und suchte mich oft in der Sprechstunde auf. Sie hatte Rheuma, hohen Blutdruck, Migräne und Kreislaufstörungen. Sie klagte viel.

„Im Grunde bin ich zu Hause nur geduldetes Dienstmädchen. Ich koche für ihn und putze. Er ist immer brummig, er zeigt mir nie, was er malt, er erzählt nichts. Er sucht nur nach einem Grund zum Meckern, dann tut er es mit Genuß und Ausdauer. Da soll einer nicht krank werden! Der Mensch braucht doch hin und wieder eine Aussprache. Ich erzähle ihm nun auch nichts, ich bin total gehemmt; er hört ja gar nicht zu. So leben wir in einer Wohnung, schlafen nebeneinander; wir sind schon über fünfzig Jahre verheiratet, aber wir sind uns völlig fremd."

Eines Tages kam sie sehr aufgeregt herein, sie bat im Wartezimmer, man möge sie vorlassen. Ihre Hände zitterten. Sie nestelte an einem Wattebausch. Ich dachte, sie hätte einige Nierensteine verloren; manche Patienten pflegen diese wie Reliquien mit sich zu tragen und sie stolz ihrem Arzt und in der Nachbarschaft herumzuzeigen. Dergleichen geschieht auch mit gezogenen Weisheitszähnen, Gallen- und Nierensteinen und abgerissenen ganzen Nägeln. Ich erinnere mich, daß ich als Junge monatelang einen selbst gezogenen Zahn in der Tasche herumtrug und bei passenden Gelegenheiten vorzeigte, bis er mir zu meinem Leidwesen beim Herausziehen des Taschentuchs verlorenging.

„Was haben Sie denn da, haben Sie Nierensteinkoliken gehabt?"

„Nein, etwas viel Schrecklicheres! Da ist eine weiße Maus drin, eine ganz junge, ich fand sie im Garten. Was soll ich bloß tun, ich ekle mich ja schrecklich vor Mäusen. Aber dieses Tier ist so niedlich und so zutraulich, ich kann es doch nicht sich selbst überlassen, es stirbt ja!"

„Dann nehmen Sie es mit nach Hause und ziehen Sie es auf!"

„Das kann ich nicht, mein Mann schmeißt mich samt dem Tier aus dem Hause!"

„Das wird er nicht tun, er ist auch ein Mensch und hat ein Herz, wenn es auch etwas verkalkt ist. Er wird sich bestimmt des Tierchens erbarmen."

„Könnten Sie denn nicht, Herr Doktor, das Tier zu sich nehmen, ich weiß doch, Sie sind tierlieb."

„Ich könnte es schon, aber ich will es des Tierchens wegen nicht tun."

„Warum denn nicht, ich bitte Sie sehr darum!"

„Es ist nicht meinetwegen, aber Sie kennen doch unseren Kater Micki, den die Kinder den »Berber« nennen, weil er so mächtig ist. Wenn er die Maus sieht, schaut er mich dankerfüllt an und denkt: »Das liebe Herrchen hat mir eine wunderbare Delikatesse mitgebracht, was ist das doch für ein lieber Mensch!« Und sehen Sie, ich möchte ihn nicht enttäuschen, denn er betrachtet die Mäuse doch nur nach ihrem kulinarischen Wert. Gehen Sie getrost nach Hause und überraschen Sie Ihren Mann mit dem Familienzuwachs."

Nach einer Weile kam sie wieder. „Sie hatten recht, er sah das Mäuslein und war ganz selig. Wir peppeln es zusammen auf, jetzt zanken wir uns nur, wer dem Tierchen das Futter geben und wer es zuerst auf die Hand nehmen darf. Und das kleine Ding ist gewachsen und hat ein schönes weißes seidiges Fellchen bekommen. Es läuft an uns herauf und setzt sich auf unsere Schultern und ist ganz zahm. Das ist ein Wonne, ich sitze den ganzen Tag und spiele mit dem Gottesgeschöpf.

Und denken Sie, der Alte kommt jetzt einige Stunden früher nach Hause, um sich mit dem Tierchen zu beschäftigen. Er spricht wieder mit mir, wir erzählen uns immer von der Maus. Er bringt ihr kleine Kunststückchen bei und enfaltet dabei eine Engelsgeduld. Wir sind alle drei ganz glücklich.

Sagt er doch neulich zu mir: »Weißt du, Mutter, so eine Maus hat uns viele Jahre lang gefehlt, man wird ein ganz anderer Mensch, wenn man das erlebt. Man wird sogar wieder gläubig. Wenn man denkt, solch ein winziges Geschöpf, Äugelchen wie Stecknadelköpfe und das Gehirn so groß wie der kleine Fingernagel. Aber wieviel Verstand, wieviel Liebesfähigkeit und Anhänglichkeit und wieviel Gelehrigkeit doch darin ist, ist das nicht ein Wunder!

Da malt man die schönen Dinge in der Natur, das ist alles Stückwerk, Maya ist das! Aber hier ist ein lebendiges Wesen, das einfach lebt, und man darf an dem Wunder des Lebens teilnehmen!« — Ja, das hat er gesagt und noch vieles mehr, er fängt an zu philosophieren und spricht mit mir, und alles ist wieder wie in der Zeit, als wir uns liebten."

Immer wenn sie kam, gab es ein langes und ausführliches Gespräch über die Maus, und sie erzählte, wie sie am Fenster sitze und den Spatzen auf dem Fensterbrett draußen zusehe; wenn sie piepten, piepe sie zur Antwort mit, und viele andere schöne Geschichten. Über die Krankheit wurde ganz zum Schluß mit wenigen Worten gesprochen, das war nicht mehr wichtig.

So ging es mehrere Jahre hindurch. Manchmal kam auch der Maler, um ein Rezept für seine Frau zu holen, dann wurde wieder und sehr ausgiebig über die Maus gesprochen. Aber eines Tages kam die Frau ganz verzweifelt und weinte bitter. Die Maus war tot. Beim Schließen der Tür hatte sie sie eingeklemmt, sie war sofort tot.

„Wie werden wir bloß ohne dieses kleine Gottesgeschöpf weiterleben, es wird alles leer um uns werden, und es hat doch unsere gestörte Ehe wieder geheilt."

„Seien Sie dankbar, Gott hat Ihnen dieses Geschöpf gesandt, um Sie beide wieder zueinander zu führen; es hat die Aufgabe tadellos gelöst, nun wurde es abberufen. Es schmerzt, wie immer, wenn ein geliebtes Wesen von einem geht. Aber tun Sie mir den Gefallen und schaffen Sie sich bald ein neues Geschöpf an!"

„Nie und nimmer. Wie könnte ich der Maus untreu werden und ein anderes Tier lieb gewinnen? Das ist ganz unmöglich. Ich kann die kleine Maus nie vergessen!"

„Sie sollen sie auch nicht vergessen und sollen ihr immer dankbar sein. Aber denken Sie daran, Gott sandte Ihnen die Maus ins Haus, und Sie haben sich ihrer angenommen. Überlegen Sie aber, wieviele kleine schöne Vögel in Vogelhandlungen lieblos in kleinen Käfigen auf Warteliste sitzen und sich freuen würden, ein so liebendes und sorgendes Ehepaar als Eltern zu bekommen. Sie haben doch ein gutes Herz, ein Mäuseherz, nun tun Sie jetzt etwas für einen Vogel, das ist bestimmt das Vermächtnis Ihrer kleinen Maus."

Sie nickte stumm, sie ging weinend hinaus.

VERTRAG AUF GEGENSEITIGKEIT WEGEN EINES HUNDES

Mit schweren Schritten stapfte er ins Sprechzimmer, ein älterer, schwerer, gebückter Mann mit bekümmertem Gesichtsausdruck. Er schleppte eine volle Mappe und einen bepackten Rucksack. An der Leine führte er einen mittelgroßen Bastardhund mit großen ausdrucksvollen braunen Augen. Er setzte sich ächzend. Ich bot dem Hund ein Stück Schokolade an, das er artig entgegennahm. Man sprach eine Weile über den Hund. Die Augen des Mannes bekamen Glanz. „Er ist mein Einundalles, ein treuer Freund, wir beide gehen füreinander durchs Feuer." Der Hund schaute ihn aus treuen Augen an, sie hätten die Augen eines Engels sein können. Er setzte sich still zu Füßen seines Herrn und verfolgte aufmerksam das Gespräch. Ich hatte den Eindruck, daß er den Sinn der Unterhaltung begriff.

Der Mann litt wie so viele ältere Menschen, die einsam sind, an Halluzinationen. Er glaubte, daß man ihn verfolge. Mit Elektromaschinen versuche man, besonders nachts, seine Gedanken zu beeinflussen; er spüre es ganz deutlich, wie völlig fremde Gedanken an ihn herankröchen und in ihn eindrängen. Er sei dagegen völlig machtlos. Er liege da wie hypnotisiert und könne sich dann gar nicht rühren. Wenn das geschehen sei, pusteten sie giftige Gase in sein Zimmer. Er röche den scharfen Geruch, zuerst sei der Boden mit diesen Gasen, die sich wie Nebel ausbreiteten, angefüllt, dann stiegen sie immer höher und höher. Mit Mühe könne er sich erheben und mit dem Hund aus dem Zimmer fliehen; entweder er reiße ein Fenster auf und rufe nach der Polizei, oder er laufe zum nächsten Feuermelder, schlage ihn ein und benachrichtige den Funkwagen."

„Und dann kommt jedesmal der Funkwagen?"
„Ja. Ich zeige ihnen das Zimmer, aber die scheinen in den Komplott mit verwickelt zu sein, denn sie behaupten immer, sie merkten nichts. Manchmal nehmen sie mich mit ins Revier über Nacht. Im Revier passiert es nie, das mit den Gedanken und Gasen, nur bei mir zu Hause. Schauen Sie das Hundel an, es ist schon ganz krank." Er packte das Tier an den Pfoten und zeigte mir die ver-

meintliche Krankheit. Der Hund ließ es geduldig mit sich geschehen. Er sah pumperlgesund aus. „Sehen Sie, alles ist krank von den Gasen, die er zuerst einatmet, die ganzen Knochen sind schon zerstört, alles voll Rheuma."

„Ist denn die Wohnung feucht? Sind Pilze an den Wänden?"

„Nein, die Wohnung ist trocken und sauber, ein schönes, helles Zimmer."

Ich schaute ihn genauer an, er war sauber gekleidet und sah gepflegt aus. Auch der Hund war wohl genährt, nicht überfüttert, und hatte ein weiches, glänzendes Fell.

„Warum schleppen Sie denn die volle Mappe und den schweren Rucksack mit sich herum?"

„Ja wissen Sie, da sind meine wichtigen Papiere drin und sonst Dinge, an denen mein Herz hängt. Man weiß doch nie, ob die nicht einmal in mein Zimmer einbrechen. Es ist schon oft passiert, daß ich merke, es ist jemand drin gewesen und hat den Schrank oder die Schubladen durchwühlt. Die suchen immer etwas, ich weiß nur nicht was, ich habe nichts zu verbergen."

„Was sagt denn die Polizei, wenn Sie sie alle paar Nächte herausrufen. Die werden sich doch auch nicht freuen!"

„Na ja, die wollen mich einsperren. Die haben doch beim Gesundheitsamt einen Antrag gestellt und mich unter Pflegschaft gesetzt. Und das Gericht hat verfügt, daß ich in eine Anstalt muß. Was soll ich denn da, ich bin vollkommen gesund und tu doch keinem etwas."

„Doch, der Polizei, daß Sie sie alle Augenblicke in Anspruch nehmen."

„Dafür ist sie doch da, dein Freund und Helfer!"

„Vielleicht überziehen Sie ihre Hilfsbereitschaft. Sie schaffen Ärgernis. Hat sie Ihnen denn geholfen in der Gedanken- und Giftgas-Angelegenheit?"

„Nein, noch nie. Die hören, wenn andere kommen, sofort mit ihren Maschinen auf."

„Sehen Sie, dann brauchten Sie doch die Polizei gar nicht zu holen, wenn sie nicht helfen kann. Das hat Ihnen jetzt die Verfügung eingebracht, daß Sie in die Irrenanstalt müssen."

„Deshalb komme ich gerade her. Ich bin doch nicht verrückt. Sie sollen nur ihre verdammten Maschinen stoppen, dann ist alles in Ordnung. Ich weiß schon gar nicht mehr, an wen ich mich noch wenden soll. An den Bürgermeister, an den Bundeskanzler, an die

Liga für Menschenrechte habe ich schon geschrieben, aber niemand hilft mir. Können Sie mir nicht helfen, daß das abgestellt wird?"

„Wie soll ich denn das? Ich kenne doch auch nicht die Auftraggeber, die Sie ärgern wollen. Und finden Sie es nicht seltsam, daß sie gerade Sie ausgesucht haben. Sie sagen doch selbst, daß Sie niemandem etwas zuleide tun. Sie sind kein berühmter Politiker, Millionär oder Spion. Sie leben ordentlich von Ihrer kleinen Rente, Sie haben keine Feinde. Wer soll denn immer hinter Ihnen her sein? Und wie soll die Polizei diese Maschinen finden, von denen niemand weiß? Wissen Sie, es gibt in uns selbst sehr oft Empfindungen, von denen wir glauben, daß sie von außen kämen, Geräusche, Stimmen, Gerüche, Musik, Lichterscheinungen. Sie entstehen in unserem eigenen Gehirn, sie sind aber so wirklich, daß wir glauben, sie zu hören, zu sehen und zu riechen. Und dagegen kann keine Polizei helfen. Oft kann man durch eine klinische Behandlung diese Dinge loswerden, aber man muß etwas dagegen tun."

„Nein, Herr Doktor, diese Dinge kommen nicht von innen, sie kommen von außen. Glauben Sie mir, wenn sie von innen kämen, würde ich es schon merken. Und wenn ich in die Anstalt muß, was soll denn aus meinem Hund werden? Sie nehmen ihn mir weg, bringen ihn ins Tierheim und töten ihn. Das könnte ich nicht überleben, wir beide leben doch nur füreinander!"

„Gut, ich möchte Ihnen gerne helfen, aber dann müssen Sie gewaltig mithelfen. Wenn Sie weiter die Polizei anrufen, werden Sie unweigerlich, und zwar sehr bald, in der Irrenanstalt landen, und wer weiß, wann Sie da wieder herauskommen. Ob jemand Ihren Hund während dieser Zeit nimmt, ist sehr fraglich. Natürlich wird das liebe Tier dann getötet. Ich schlage Ihnen vor, wir machen einen Vertrag auf Gegenseitigkeit. Ich gebe Ihnen Tabletten, die Sie gegen diese fremden Gedanken und die Gerüche weitgehend unempfindlich machen. Sie werden sie zwar noch riechen, aber es wird Sie nicht so beunruhigen, und Sie werden größere Abwehrkräfte dagegen haben. Sie müssen mir aber in die Hand versprechen, daß Sie, was auch kommen mag, die Polizei in Ruhe lassen, auch den regierenden Bürgermeister und den Bundeskanzler und alle anderen Instanzen. Wenn etwas Besonderes ist, kommen Sie zu mir. Wenn Sie dieses Versprechen eisern halten, verspreche ich Ihnen meinerseits, daß ich eine Einweisung in die Anstalt verhindern werde."

Er schaute seinen Hund zärtlich an. Es sah so aus, als ob er aus seinen Augen die Zustimmung lese. Dann streichelte er ihn. Er schaute zu mir auf: „Ich verspreche es Ihnen."

„Gut. Hier sind die Tabletten. Sie nehmen zunächst zweimal am Tage zwei und zur Nacht drei Tabletten ein und kommen jede Woche mich besuchen, und wenn Sie Ihr Versprechen halten, wird noch alles gut werden."

Bald darauf kam ein Schreiben seines Pflegers, er sei gerichtlich verpflichtet, den Mann in die Irrenanstalt einzuweisen. Ich rief ihn an und bat um Aufschub, ich wollte es zuerst ambulant mit Medikamenten versuchen, vielleicht kämen wir so zum Ziel. Er ließ sich besänftigen.

Der Mann kam jede Woche, er war ruhiger, und tatsächlich war es ihm gelungen, die Polizei nicht zu rufen. Aber nach einer Weile erkrankte er an einer sehr schmerzhaften Neuritis des rechten Arms, so daß eine Einweisung in eine Nervenklinik erforderlich wurde, allerdings konnte ich ihn ohne Bedenken in eine offene Abteilung legen. Er selbst bat um die Einweisung. Was sollte aber mit dem Hund geschehen? Ich fragte im Wartezimmer, ob jemand sich des Hundes für vier Wochen annehmen wolle. Ein Mann meldete sich. Aber während wir noch verhandelten, erschien seine Frau und lehnte es kategorisch ab. Sofort stand eine ältliche Frau auf und sagte: „Dann nehme ich ihn." Sie streichelte das Tier, und es schaute sie zutraulich an. Die Frau fühlte, wie eine Flut von Dank und Anerkennung von seiten der anderen Patienten auf sie zuströmte.

Vier Wochen später kam der Mann gebessert und beruhigt aus dem Krankenhaus. Sein Hund ging wieder an seiner Seite.

„Wie weit ist doch unser Weg bis zu der Seelenhaltung eines Hundes", sagte ich zu meiner Frau. „Er fragt nicht, ob man gebildet und gut, freundlich und gepflegt ist, er ist einfach bereit zu lieben und anzuerkennen, er ist immer dienend und freundlich gesinnt und treu."

DAS KARNICKEL ALS FRIEDENSSTIFTER

Charlie war trotz seines englisch klingenden Namens kein Gentleman. Er war mein Patient, gleichzeitig mußte ich als psychiatrischer Gutachter ihn zu Gerichtsverhandlungen begleiten. Er hatte im Kriege eine Hirnverletzung erlitten und führte alle seine Beschwerden und auch die sehr häufigen Abweichungen von einem rechten Lebenspfad auf diese Verletzung zurück. Aber schon vor der Hirnverletzung war er beim Jugendgericht kein Unbekannter gewesen. Seine Frau betrieb eine elegante Schneiderei, sie verdiente gut und bewohnte mit Charlie eine kleine, sehr gepflegte Villa. Charlie verrichtete Haushaltsarbeiten, wenn er sich dazu fähig fühlte. Oft fehlte ihm dazu die Lust, dann flanierte er durch die Kaufhäuser. Weil seine Frau ihn mit Geld kurz hielt, geschah es nicht selten, daß er kleinere Gegenstände, die ihm gefielen, unauffällig in die Tasche steckte. Er tat es aber nicht so unauffällig, daß andere dieser heimlichen Beschäftigung nicht zusehen konnten. Das brachte ihn vor die Schranken des Gerichts. Mit dem Segen des Paragraphen 51,2 erhielt er kürzere Strafen und kehrte heiter, aber ungebessert in die gepflegte Villa heim.

Eines Tages erschien er etwas verdattert bei mir und weihte mich in seine neuste Untat ein. Plötzlich hatten ihm die hübschen Spindelbäume, die seine Frau im Garten vor Jahren pflanzen ließ, nicht mehr gefallen. Kurz entschlossen hatte er eine Säge ergriffen und die Hälfte der Apfelbäume geköpft. Als sie traurig und tot am Boden lagen, hatte ihn ein Grausen vor seiner Tat und vor den bevorstehenden Auseinandersetzungen mit seiner Ehehälfte befallen. Er war zum Eisenwarenhändler gerannt und hatte sich die längsten Nägel gekauft. Dann hatte er versucht, die Bäume wieder an ihrem Stumpf zu befestigen.

„Doktor, glauben Sie, werden sie halten?"

„Nein, Charlie, ganz bestimmt nicht, ich bin sicher, daß jetzt schon die Hälfte am Boden liegt."

Er griff mit einer dramatischen Geste an den schwächsten Teil seines Körpers, an den Kopf. „Was mache ich bloß, sie bringt mich um! Ich kann nicht mehr nach Hause. Ob Sie mich vielleicht in Ihr Krankenhaus einweisen könnten?"

„Lieber Charlie, das Krankenhaus ist für Kranke da, aber Sie sind doch gar nicht krank, Sie sind nur unnütz und haben einen Blitz im Hirn. Sie müssen immer alles sofort ausführen, was Ihnen einfällt, und nachher ist großes Heulen und Zähneklappern. Sie gehen jetzt heim und bitten Ihre Frau flehentlich um Verzeihung."

„Davon werden aber die Bäume nicht wieder lebendig!"

„Nein, das glaube ich auch."

„Könnten Sie denn nicht vielleicht in der Schneiderei anrufen und sie vorbereiten, daß ich wiedermal in den Paragraphen hineingeraten bin?"

Ich rief an und bereitete die Frau auf die neuen Extravaganzen Charlies vor. Ich hörte lautes, unbeherrschtes Schluchzen am anderen Ende des Drahtes. Natürlich taten die abgesägten eigenen Bäume mehr weh als die gestohlenen Gegenstände im Kaufhaus. —

Immer wenn Charlie im Wartezimmer erschien, gab es ein großes Hallo. Viele Patienten kannten ihn von häufigen Aufenthalten in meinem Krankenhaus, außerdem brachte er immer gute Laune mit und unterhielt die Wartenden mit seinen ulkigen Erlebnissen. Es gab laute Lachsalven, so daß ich um größere Ruhe bitten mußte. Diesmal schleppte Charlie an einem schweren Koffer.

„Was soll denn das nun schon wieder, seit wann schleppt man einen Koffer zum Arzt!?"

„Ruhig Blut, Doktor, nicht so neugierig sein! Sie werden staunen! Meine Frau gab mir heute 250 Mark, ich sollte mir einen Anzug kaufen. Und da bin ich gerannt und habe mir eine elektrische Eisenbahn gekauft, die habe ich mir schon immer gewünscht!" Er packte umständlich und behutsam den Koffer aus, es kamen eine elektrische Lokomotive und einige Wagen zum Vorschein, er wollte gerade die Schienen auseinanderwickeln und zusammensetzen. Ich ermahnte ihn streng, alles sofort wieder einzupacken.

„Das gibt doch wieder ein Donnerwetter!"

„Und ob! Aber schließlich habe ich die Eisenbahn, und die wird sie mir nicht abnehmen. Ich habe im Keller viel Platz, nun werde ich damit spielen. Werden Sie mich besuchen und das ansehen?"

Abends rief die Frau an. Sie war verzweifelt. Sie könne es mit Charlie nicht mehr aushalten. Sie lasse sich scheiden. Sie lebe in ständiger Unruhe und Angst, ihre Nerven seien zerrüttet. Abends, wenn sie heimkomme, gebe es auch keine Ruhe. Er mache zwar meist den Haushalt ganz ordentlich, auch koche er recht gut, aber jeden

Abend lasse er sein Lieblingshuhn mit am Tisch essen. Das Huhn stehe auf dem Tisch und picke von seinem Teller, und er sei nicht dazu zu bewegen, es wegzunehmen; dann drohe er, daß er das Kaninchen aus dem Zimmer schaffen werde.

Ich wurde durch die blumenreiche und ungereimte Erzählung ungeduldig. „Was denn für ein Kaninchen, habt Ihr denn einen ganzen Tiergarten im Haus?!"

„Nein, wir haben nur viele Hühner und ein Kaninchen. Eigentlich wollten wir es mästen und schlachten, aber es ist uns so ans Herz gewachsen, daß wir es nicht konnten. Nun wohnt es im Hause, es ist sogar sauber und so anhänglich. Ein liebes Tier, mein ganzer Trost. Und wenn ich mit dem Huhn anfange, wirft er mir das Kaninchen vor. Aber scheiden lasse ich mich doch, ich habe es satt. Nur will ich unschuldig geschieden werden. Schuld nehme ich nicht auf mich, ich bin unschuldig!"

„Sind Sie auch. Aber Charlie würde nie die Schuld bekommen, denn er ist doch nicht richtig im Kopf, und dafür kann er nichts." Sie legte den Hörer auf.

Sie reichte die Scheidung ein. Ich fragte Charlie, was denn aus ihm werde. Er zwinkerte schalkhaft mit einem Auge. „Ich werde schon nicht verkommen. Ich habe da eine Freundin, eine jüngere Witwe mit einer schönen Wohnung. Ich ziehe zu der. Aber meine wird Augen machen. Wer besorgt ihr denn das Haus, wer kocht, wer füttert die Hühner und pflückt das Obst? Die wird sich wundern. Und das Huhn und das Kaninchen, die nehme ich natürlich mit!"

Ich wurde als Sachverständiger zum Scheidungstermin zitiert. Die Frau brachte ihre Klagen über Charlie vor, sie führte Nachweis über seine Gerichtsstrafen und polizeilichen Strafmandate. Der Richter schmunzelte. Sie wollte, daß Charlie allein die Schuld bei der Scheidung bekomme. Ich schilderte dagegen seine Hirnverletzung und seine anlagebedingte Debilität, die durch die Hirnverletzung noch gesteigert worden sei, so daß es zu häufigen sozialen Entgleisungen oder zu kindischen und grotesk anmutenden Spontanhandlungen komme. Der Richter entschloß sich, die Ehe auf Grund beiderseitiger Schuld zu scheiden.

Die feindlichen Parteien standen eine Weile unschlüssig da. Der Richter belehrte sie freundlich, daß sie nun rechtsgültig geschieden seien und die Verhandlung beendet sei.

Da sagte Charlie: „Und das Kaninchen? Das nehme ich!"

„Das kommt gar nicht in Frage!", schrie die Frau erregt. „Das

Kaninchen ist mein, das bleibt im Haus! Meinetwegen kannst du dein Huhn mitnehmen! Das Kaninchen bleibt bei mir!"
Der Richter schaute verdutzt in die Runde. „Was ist nun das schon wieder, das Kaninchen?" Beide versuchten zugleich zu reden, der Frau gelang es Charlie zu übertönen.
„Das Kaninchen ist nämlich zahm, und es liebt mich wie ein Kind, und ich gebe es nicht her!"
Der Richter schüttelte den Kopf. „Das gehört nicht hierher, darüber können Sie sich andernorts gerichtlich auseinandersetzen. Die Sitzung ist geschlossen!", und er winkte den Hauptwachtmeister heran, er möge die Parteien aus dem Gerichtssaal entfernen. —
Charlie erschien in der Sprechstunde. Er war nicht mehr so fröhlich und gelassen wie früher. Etwas bedrückte ihn. „Na, was macht die neue Freundin, ist sie netter als Ihre frühere Frau?"
Er schüttelte bekümmert den Kopf. „Ach wo, sie ist noch schlimmer. Ich muß die ganze Arbeit machen und sie schimpft nur herum. Meine Verflossene kam wenigstens nur abends heim und schimpfte, diese aber ist den ganzen Tag zu Hause und stänkert auch den ganzen Tag."
„Und was macht das liebe Huhn, pickt es noch immer von Ihrem Teller?"
Tränen traten in seine Augen, er schluckte, dann zeigte er auf seinen Bauch. „Hier ist es. In den Topf ist es gewandert. Und denken Sie, wie heimtückisch! Nachts hat sie es abgemurkst und es gekocht und mir vorgesetzt. Ich esse es ahnungslos, und da sagt sie ganz hämisch: »Na, wie schmeckt es dir denn?« Ich nickte. Da sagt sie: »Muß auch schmecken, du hast es doch gepflegt wie ein Juwel.« Ich wollte es nicht glauben, ich suchte das Huhn, weg war es. Den Kopf fand ich im Mülleimer. Geheult habe ich wie ein Schloßhund. Die hat kein Herz. Am liebsten möchte ich weg von ihr. Aber wohin? Und immer muß ich an das Kaninchen denken. Ob meine Verflossene es nicht auch in die Bratpfanne befördert hat? Zuzutrauen wäre ihr das auch. Wer läßt sich denn mir nichts dir nichts scheiden!"
„Na, Charlie, Sie haben sich auch nicht immer wie ein Gentleman benommen. Die Frau hat doch nichts als Kummer mit Ihnen gehabt. Ist es da ein Wunder, daß sie die ewigen Kindereien satt hatte?"
Eines Tages saß Charlies Geschiedene im Wartezimmer. Sie schaute weder rechts noch links. Sie war schwarz gekleidet. Vom Hütchen hing ein kleiner Schleier ihr ins Gesicht.

„Hatten Sie einen Todesfall?", fragte ich teilnehmend.
„Nein. Warum? Ach so, ja wissen Sie, wegen der Scheidung!"
Ich nickte verstehend. Das Schwarz stand ihr gut zu Gesicht, es verlieh ihr eine gewisse Würde.
„Wie geht es denn?"
„Schlecht. Seit er sich hat scheiden lassen, komme ich gar nicht zur Ruhe, die Arbeit im Geschäft und im großen Haus und im Garten, ich schaffe es einfach nicht. Und wissen Sie, die Schritte hallen, wenn man allein durch die Räume geht. Man kommt sich ganz fremd vor. Und das Schlimmste ist das Kaninchen, es kommt um vor Sehnsucht nach ihm, es frißt nicht mehr, läßt den Kopf hängen, spielt nicht, hat zu nichts Lust. Ich kann es nicht mehr mit ansehen. Wenn es so weitergeht, gebe ich es lieber ihm. Nur daß das Tier es gut hat, er hat es doch immer gut gepflegt."
„Ich weiß nicht, ob Sie es tun sollten, es wandert bestimmt in den Topf."
„Nie und nimmer wird er das tun; wenn er auch ein Taugenichts ist, aber bös ist er nicht, er tut keinem Tier etwas zuleide!"
„Das Huhn ist aber schon im Topf!"
Sie sah mich entsetzt und ungläubig an. „Das ist nicht wahr, das kann er gar nicht getan haben. Er muß ja verrückt geworden sein. Sein Lieblingshuhn!"
„Er nicht, aber sie, hinter seinem Rücken hat sie es geschlachtet und ihm zum Essen vorgesetzt. Er ist ganz krank davon."
„Diese Bestie! Ein herzloses Weib! Mein armer Charlie! Das hat er nicht verdient! Gott, heute denke ich, wenn er auch Blödsinn machte, aber es war doch ein lebendiger Mensch im Hause. Und manchmal, wenn er nicht gerade seine Touren hatte, war er auch ganz lieb und freundlich, und immer sorgte er für mich. Im Keller steht die Eisenbahn und keiner spielt damit. Und unser armes Kaninchen, das leidet am meisten."
„Würden Sie ihn denn in Gnaden aufnehmen? Ohne Vorwürfe und böse Worte? Er ist doch im Grunde ein gutartiger Kerl, er ist nicht gewalttätig, er trinkt nicht, er raucht nicht, er ist häuslich, und verrückt spielt er doch auch nur, wenn es über ihn kommt. Versuchen Sie es doch noch einmal mit ihm, aber diesmal besser, daß auch Sie ihm mal danke sagen, wenn er gut gekocht hat und das Haus in Ordnung hält. Hand aufs Herz, wenn Sie abgespannt nach Hause kamen, haben Sie nur geschnüffelt, ob er wohl etwas falsch gemacht hat, und dann ging die Schimpferei und Nörgelei

los. Und er hielt still, er wollte seine Ruhe haben. Überwinden Sie sich und denken Sie daran, wie es ist, wenn er nicht da ist!"

„Ich würde ihn ja gerne wieder zurückhaben. Aber ich weiß nicht einmal, wo er wohnt."

„Hören Sie zu. Ich bestelle Charlie per Postkarte am Dienstag um neun. Und Sie kommen einige Minuten später. Meine Frau führt Sie herein. Aber merken Sie sich eins, fangen Sie keinen Krach an, keine Vorwürfe, das Alte wird nicht mehr aufgetischt. Sie kommen mit dem Vorsatz, sich zu versöhnen und Charlie mit nach Hause zu nehmen!"

Sie holte ihr Taschentuch und schneuzte sich. Sie bedankte sich und ging hinaus.

Charlie war am Dienstag pünktlich da. Er war blaß und mager geworden. Er machte keine Späßchen mehr.

„Herr Doktor, nehmen Sie mich ins Krankenhaus! Ich halte es nicht mehr aus. Das Weib bringt mich noch um. Meine Alte war einfach Gold dagegen. Wenn ich nicht so Bange hätte, ich würde ja zu ihr gehen und sie um Verzeihung bitten, nur daß ich wieder bei ihr und bei meinem Kaninchen sein könnte."

„Warten Sie, Charlie, ich bringe Sie in ein Sanatorium."

„Ich will in kein Sanatorium, wenn ich nur zu Ihnen und zu Schwester Klara kommen dürfte!"

Inzwischen ging die Tür auf und Charlies Frau erschien, sie trug eine große Einkaufstasche. Er blieb wie versteinert sitzen, wie wenn er ein Gespenst erblickt hätte. Dann sprang er auf und umarmte sie. Nach den ersten enthusiastischen Begrüßungen öffnete sie die Tasche.

„Schau mal, Charlie, wer da ist!" Das Kaninchen sprang heraus und schnupperte aufgeregt an Charlies Beinen.

„Das Kaninchen, unser Kaninchen!", rief er erfreut und hob das Tier wie ein Kind in die Höhe.

DER TOTE HUND

Sie kam außerhalb der Sprechstunde und klagte über unerträgliche Kopfschmerzen. Ich untersuchte sie nur kurz und gab ihr eine Spritze. Ich bestellte sie zur Sprechstunde und veranlaßte, daß ihr Kopf und ihre Halswirbelsäule geröntgt wurden. Sie hatte einen schweren Bandscheibenschaden, der als Ursache der Kopfschmerzen angesehen werden konnte. Ich behandelte sie mit Spritzen und Massagen. Es trat jedoch keine Besserung ein, sie war sehr empfindlich und schien hochgradig deprimiert zu sein. Ich begann zu ahnen, daß die Kopfschmerzen nur ein vordergründiges Symptom seien, daß sich dahinter aber irgend ein nicht lösbares Leid verbarg.

Ich nahm mir Zeit und begann sie vorsichtig nach ihren Lebensumständen zu fragen. Sie war eine ältere, stille und geduldige Frau. Sie kleidete sich sehr sorgfältig und altmodisch, man hätte sie für eine Angehörige der Heilsarmee halten können. Ihr Kopf wurde von einer schwarzen Haube umrahmt, um den Hals hatte sie einen dunklen Fuchspelz, der Mantel war auf Taille geschnitten, man wurde an Modeblätter aus den sechziger Jahren des vorigen Jahrhunderts erinnert. Sie sprach mit matter, leiser Stimme einen singenden norddeutschen Dialekt.

Sie erzählte, daß sie keine Angehörige habe. Sie sei seit Kriegsende Haushälterin bei einem im Kriege erblindeten Mann. Sie opfere sich ganz für ihn auf. Die Arbeit und Pflege sei schwierig, da er sehr ungeduldig und heftig sei und sie gelegentlich schlage. Sie müsse sich ganz still verhalten und dürfe ihn nicht reizen. Sie habe an ihm keinen Halt, im Gegenteil, sie müsse all ihre Kraft und Freundlichkeit an ihn wenden, und oft sei sie völlig ausgelaugt und wisse nicht weiter, so verzweifelt sei sie. Wenn er das merke, dann schimpfe er, und das verschlimmere nur ihren Zustand.

„Haben Sie denn Freundinnen oder Bekannte, mit denen Sie sich aussprechen können? Kommen mal Gäste zu Ihnen?"

„Ich habe niemanden. Ich gehe nur einkaufen, und dann nehme ich ihn mit, er muß ja auch an die Luft. Er erlaubt nicht, daß ich mich eine Minute von ihm entferne. Ich muß immer bei ihm sein. Und dann ist er so häßlich zu mir und gebraucht fürchterliche Ausdrücke, ich kann sie gar nicht wiedergeben, so unfein sind sie."

„Stehen Sie mit irgendjemandem in Briefwechsel? Oder haben Sie wenigstens nette Kaufleute, mit denen Sie ein Schwätzchen halten?"

„Nein, er ist immer grob und ungeduldig und drängt mich, ich möchte schnell machen. Er mag mit keinem sprechen.

„War denn das immer so, daß Sie niemanden hatten?"

Sie begann heftig zu weinen. Sie schämte sich dessen und wendete ihren Kopf zur Wand. Ich wartete ab. Sie schüttelte den Kopf.

„Doch es war anders, als ich den Karo noch hatte."

„Wer ist denn Karo?"

„Karo war unser Hund, ein Schäferhund. Vierzehn Jahre hatte ich ihn. Er war treu. Als ich ihn hatte, da habe ich meine Einsamkeit und Verlassenheit gar nicht bemerkt. Und wenn der Blinde mich schikanierte und brüllte, dann fletschte Karo die Zähne, kam ganz nahe an ihn heran und knurrte gefährlich; dann wußte er, er durfte nicht weiter gehen, Karo hätte ihn gebissen. Dann hörte er mit Schimpfen auf. Karo war mein Einundalles. Allen Kummer konnte ich mir von der Seele reden, er saß still da und schaute mich an, er verstand alles. Er brauchte auch nicht zu antworten, ich wußte, daß er mich liebte und mein Seelenleid mitfühlte. Den Blinden mochte er nicht, der war nie gut zu ihm. Er hätte ihn nie gestreichelt oder ein gutes Wort zu ihm gesagt. Er war eifersüchtig auf den Hund, er wollte mich ganz allein für sich haben. Karo wurde alt und schwach, wir mußten ihn töten. Die Tierärztin kam und gab ihm eine Spritze. Er muß gewußt haben, daß er stirbt. Ich hielt ihn fest und er kuschelte sich mit dem ganzen Körper an mich. Dann zuckte er ein paarmal und war tot. Ich kann es nicht mehr vergessen. Nicht, daß er tot war, das mußte sein, sonst hätte das Tier vielleicht noch leiden müssen. Aber daß ich nun allein blieb. Das ist fürchterlich. Und glauben Sie, der Blinde hätte auch nur ein gutes Wort zu mir gesagt wegen Karo? Nichts! Er war ja so froh, daß Karo nicht mehr da war und er mich noch mehr schikanieren konnte. Nun ist es ganz leer um mich geworden, und ich muß immer an meinen Karo denken." Sie weinte wieder.

„Wie lange ist es denn her, daß Ihr Karo tot ist?"

„Acht Monate. Seitdem habe ich auch die fürchterlichen Kopfschmerzen."

„Warum schaffen Sie sich nicht einen neuen Hund an?"

„Wo denken Sie hin, Herr Doktor. Ich kann doch Karo nicht vergessen, das wäre eine Untreue gegen Karo!"

„Das wäre gar keine Untreue. Karo ist nun tot. Wenn Sie sich einen neuen Hund nehmen würden, dann hätten Sie wieder einen Freund, ein Wesen, das Ihnen treu ergeben ist, das Ihnen zuhört und dem Sie Ihre Liebe schenken könnten. Und wissen Sie, Sie täten dazu noch ein gutes Werk, Sie nähmen sich einer Kreatur Gottes an und betreuten sie. Allen wäre gedient."

„Wenn er das hört, erlaubt er es niemals, er ist froh, daß er den Karo los ist. Ich würde es gar nicht wagen, ihm das zu sagen. Was meinen Sie, wie er toben würde!"

„Sie sind doch nicht mit ihm verheiratet. Warum lassen Sie es sich denn gefallen, daß er tobt? Gehen Sie weg von ihm, als Haushälterin bekommen Sie doch jederzeit eine neue Stelle!"

„Kann ich nicht, Doktor. Ich bin doch ein Christ, wie soll ich ihn denn verlassen, er hat ja niemanden, und er ist durch den Krieg und durch die Blindheit so verbittert. Seine eigene Frau ist von ihm weggelaufen. So wie er ist, findet er niemand anderen."

„Sie haben recht, aber dann sollte er sich auch anders benehmen. Auch wenn er blind und unglücklich ist, darf er das nicht an anderen Menschen auslassen."

„Er ist ja ein armer Kerl, er tut mir auch leid. Vielleicht ist er nicht so böse, wie er tut. Und ich bin ja nun auch arg empfindlich und fange gleich an zu weinen, und da wird er noch böser, das regt ihn auf. Aber was soll ich machen, ich habe nun mal ein weiches Gemüt!"

„Wissen Sie was: bringen Sie ihn her, und ich werde ihm die Leviten lesen."

„O Gott, da bin ich bange vor. Er wird doch gleich merken, daß ich Ihnen etwas erzählt habe, und dann ist er nicht mehr zu halten, er wird mich schlagen."

„Gut, dann machen wir es anders. Bisher hat die Behandlung keinen Erfolg gehabt und ich sehe mich genötigt, Sie in ein Krankenhaus einzuweisen. Er muß kommen, damit ich es mit ihm bespreche, man muß doch überlegen, was mit ihm in der Zeit geschieht. Verstehen Sie? Das müssen Sie ihm sagen und dann wird er kommen!"

Sie überlegte. „Ich möchte aber um Himmels Willen nicht in ein Krankenhaus! Behalten Sie mich in Ihrer Behandlung, Herr Doktor!"

„Das ist doch nur ein Vorwand, damit Sie ihn herbringen."

Sie ging bekümmert weg.

Sie führte den Blinden an der Hand, in der anderen hielt er einen Stock und tastete den Boden ab. Sein durch Pulvereinsprengungen blau getöntes Gesicht hatte einen leeren Ausdruck. Die Augen hatte er durch die Verletzung verloren. Ich faßte ihn behutsam und führte ihn zum Stuhl. Ich erklärte ihm, daß ich seine Betreuerin in ein Krankenhaus legen müsse, da sie an Schwermut leide. Er war darüber sehr bestürzt.

„Ist Ihnen eigentlich klar, daß Sie an dem Zustand von Frau X schuld sind?"

Er tat empört. „Wieso ich, was tue ich denn?"

„Sie nehmen sie ganz und gar in Anspruch, Sie sind unbeherrscht und schimpfen und sind jähzornig. Sie hat ein zartes Gemüt, und das macht sie ganz krank. — Sie darf keine anderen Menschen sehen. Nie sagen Sie ihr ein liebes oder dankbares Wort; dabei opfert sie sich für Sie auf. Wie denken Sie sich das eigentlich?"

„Haben Sie nicht gesehen, daß ich blind bin, wie sie mich zugerichtet haben? Glauben Sie, daß ich da noch viel Freude am Leben haben kann? Mir ist alles zuwider!"

„Ich weiß, daß Sie blind sind, und ich kenne Ihr tragisches Schicksal. Ich habe noch viele andere Blinde in Behandlung, die in der gleichen Situation sind wie Sie. Aber was berechtigt Sie denn, Ihr Unglück und Ihre schlechte Stimmung auf andere zu übertragen? Sie sollten der Frau dankbar sein, daß sie Sie fast zwanzig Jahre gepflegt hat, ohne ein Wort des Dankes, eine kleine Anerkennung, ein Geschenk zu erhalten. Was wird denn aus Ihnen, wenn sie ins Krankenhaus kommt?"

Er ließ den Kopf hängen. „Ich weiß es nicht, ich werde wohl solange in ein Blindenheim gehen müssen. Wie lange wird denn das dauern? Muß es denn unbedingt sein?"

„Von mir aus, ja. Frau X hat Bedenken, weil sie Sie nicht allein lassen will, aber ich weiß nicht, wie ihr Zustand sich sonst bessern soll. Sie hatte doch einen Hund, den sie sehr liebte."

„Ja, der olle Köter, ein Glück, daß der weg ist!"

„Haben Sie Tiere nicht gern?"

„Nicht in der Wohnung. Und sie tut auch ganz verrückt mit ihm, geht damit um wie mit einem Kind."

„Sie hat doch niemand außer dem Tier!"

„Mich hat sie!"

„Wenn Sie freundlicher zu ihr wären, hätte sie sicher das Gefühl haben können, daß sie Sie hat. Aber Sie sind ihr keine Hilfe. Ich habe ihr vorgeschlagen, daß sie sich wenigstens wieder einen Hund anschafft. Was halten Sie davon?"

„Schon wieder einen Köter in der Wohnung! Na meinetwegen, wenn sie ohne nicht auskommen kann", brummte er.

Ich bat sie ins Zimmer und erklärte ihr, daß ich darauf bestehe, daß sie sich wieder einen Hund anschaffe. Ich entließ beide.

Als sie wiederkam, war sie still und verängstigt. „Er hat ja so getobt", flüsterte sie.

„Sie müssen sich auch nicht alles gefallen lassen! Gehen Sie doch einfach weg, wenn er tobt."

„Das kann ich unmöglich, er bringt mich um."

„Aber der Hund wird angeschafft, darauf bestehe ich."

„Wie soll ich mich nach einem umsehen, ich habe doch gar keine Zeit dazu."

In unserer Nachbarschaft hatte eine Hündin drei kleine Promenadenmischlinge geworfen, reizende kleine schwanzwedelnde Wesen. Man fragte herum, wer an den Hunden Interesse hätte, sonst müßten sie getötet werden. Meine Frau war darüber entsetzt. „Das geht doch nicht, daß sie die Hunde töten. Könnte man nicht einen wenigstens der Frau X geben, wegen der anderen werde ich überall herumtelefonieren, vielleicht gelingt es, sie unterzubringen."

Meine Frau führte Frau X zu den Nachbarn und zeigte ihr das Hündchen. Sie war entzückt. „Nein, wie niedlich!", rief sie immerzu. Sie nahm das Tier mit sich.

Sie war glücklich, es zu pflegen und zu verwöhnen, aber die Schikanen des Mannes, der das Tier nicht leiden mochte, wurden intensiver.

„Ich gebe das »Lütte« für nichts in der Welt her, es ist meins und es ist im Charakter genau wie Karo, als ob er wiedergeboren wäre. So hab' ich doch wenigstens ein Wesen, das lieb zu mir ist."

Wir fuhren für mehrere Wochen in Urlaub. Als wir wiederkamen, fiel uns auf, daß Frau X nicht mehr kam. Wir waren beunruhigt und fragten uns oft, was passiert sein könnte.

Eines Tages fragte mich eine Patientin: „Frau X stand doch in Ihrer Behandlung?"

„Ja, wissen Sie etwas von ihr? Wir haben so lange nichts mehr von ihr gehört."

„Wie sollen Sie auch. Sie ist tot, hat sich das Leben genommen. Der Mann, der war doch immer so bösartig, der war auf das kleine Tier eifersüchtig, und eines Tages hat er es so getreten, daß es winselnd verendete. Das hat die arme Frau nicht ausgehalten. In der Nacht hat sie sich erhängt. Nun hat sie Ruhe. Was war das für ein Leben, und alles für einen undankbaren Kerl!"

KRANKHEITSERZEUGER ANGST

ASTHMA UND LEBENSANGST

Er war ein erfolgreicher Schriftsteller, und sie versorgte den Haushalt. In den freien Stunden musizierten sie gemeinsam; sie malte, er war oft auf Vortragstournee unterwegs. Sie hatten einen Jungen, sie hofften auf mehr Kinder, aber dieser Wunsch wurde ihnen versagt. Die beiden waren moderne Eltern, sie waren nicht ängstlich und erzogen den Knaben frei und ohne Zwang. Sie beantworteten ernsthaft alle seine Fragen, und sie glaubten nicht nur seine Eltern, sondern auch seine Freunde zu sein.

Als Einzelkind befand er sich in Gesellschaft von Erwachsenen. Die meisten ihrer Freunde hatten keine Kinder, die Alf hätten Gespielen sein können. Die Siedlung, in der sie wohnten, war überaltert, auch dort gab es für ihn keine passenden Kameraden. Durch den Umgang mit den Erwachsenen bekam er etwas Unkindliches und Altkluges. Er sprach sehr gewählt, machte sehr kluge und passende Bemerkungen. Einmal zeigte der Fünfjährige mir eine schöne alte Ikone, sie war vom Ruß der Kerzen und des Weihrauchs fast schwarz, man konnte kaum etwas erkennen. Er kletterte auf einen Stuhl und sagte: „Ist sie nicht schön, die Ikone? Ist Novgorod, siebzehntes Jahrhundert!" Natürlich hatte er das, wie alles, von seinen Eltern oder ihren Freunden aufgeschnappt, aus dem Munde eines Kindes klang eine solche Bemerkung absurd.

Im Kreise der Familie war man es gewohnt, ihn als einen kleinen Erwachsenen zu behandeln. Man konnte sich mit ihm angeregt unterhalten, aber man wurde dabei das Gefühl nicht los, als spreche man mit einem künstlichen Wesen, mit einem Homunkulus.

Weil er gesundheitlich schwach und hoch aufgeschossen war, stellten die Ärzte ihn von der Schule zurück. Ich fand, es wäre höchste Zeit, ihn in die Schule zu schicken, damit er endlich das nachholte, was anderen Kindern naturgemäß zuteil wurde, den Umgang mit Gleichaltrigen. Er selbst freute sich nicht auf die Schule.

Schließlich kam der große Tag. Seine Mutter begleitete ihn hin. Man hatte ihm keine Tüte gekauft, weil man diese Sitte albern fand und sich genierte, mit einem solchen Monstrum anzutanzen. Auch er wollte keine Tüte, weil er es ebenfalls albern fand. Aber nun war er in der Schule, er war ein Jahr älter und größer als seine Leidensgenossen. Und er hatte keine Tüte. Plötzlich fühlte er sich elend, verlassen und abgesondert. Natürlich gafften alle Kinder und Eltern auf das Kind ohne Tüte wie auf einen nackten Affen. Er kam sich vor wie ein Marsbewohner, der unversehens in die Klasse hereingeplatzt war. Er klammerte sich an seine Mutter. Er fühlte sich übel, er mußte erbrechen. Man legte ihn auf eine Bank. Dann wurde eine Taxe gerufen und er wurde nach Hause gefahren. Der Hausarzt wurde geholt. Er fand, daß sein Kreislauf zu schwach sei. Er mußte einige Tage das Bett hüten.

Als er wieder zur Schule gehen sollte, klagte er über Kopfschmerzen und Atemnot. Sein Atem ging pfeifend, er bekam keine Luft. Er wurde zu einem Lungenspezialisten gebracht. Er stellte beginnendes, wahrscheinlich allergisches Asthma fest. Vom Schulbesuch war keine Rede mehr. Die Mutter lehrte ihn Lesen und Schreiben und Rechnen. Er ging nicht von ihrer Seite. Bei jeder Aufregung traten Asthmaanfälle auf. Die Eltern wurden verängstigt, alles drehte sich nur noch um das kranke Kind. Sie saßen nachts an seinem Bett. Keine Mittel halfen. Es wurden Reisen gemacht, an die See, ins Gebirge. Sobald der Junge von zu Hause weg war, war das Asthma wie weggeblasen. Man nahm an, daß in der Wohnung Reizstoffe seien, die die allergische Reaktion auslösten. Sie bezogen eine neue Wohnung. Das Asthma blieb.

Er bekam Unterricht durch einen Privatlehrer, er war ein guter und intelligenter Schüler, er lernte leicht. Der Lehrer war ein junger sportlicher Mann, der Alf imponierte. Im Beisein des Lehrers waren Asthmaanfälle nie aufgetreten. Der Lehrer wollte Alf überreden, Sport zu treiben. Die Mutter konsultierte den Hausarzt, er hatte Bedenken.

Die Eheleute wurden durch die ständige Angst um die Gesundheit des Sohnes nervös und gereizt. Sie zankten sich in Gegenwart des Jungen wegen Nichtigkeiten. Der Vater nahm jede Gelegenheit wahr, auf Vortragsreisen zu gehen. Zwar telefonierte er jeden Abend pflichtschuldigst nach Hause, aber er war froh, dem Milieu von Angst und Sorge zu entfliehen.

Eines Tages gab es beim Mittagessen eine Auseinandersetzung zwischen den Eltern. Der Anlaß war nichtig, aber beide waren so gereizt, daß sie sich gegenseitig anschrien. Der Mann sprang auf, warf die Serviette auf den Tisch und lief aus dem Zimmer. Alf bekam seinen asthmatischen Anfall. Die Mutter stützte ihn und brachte ihn zu Bett. Als er wieder ruhiger atmen konnte, fragte er sie angstvoll: „Ihr werdet euch jetzt scheiden lassen! Und was wird aus mir?"

„Wie kommst du darauf, daß wir uns scheiden lassen?"

„Na ja, ihr zankt euch doch den ganzen Tag, das ist nicht mehr zum Aushalten. Ich sehe das doch immer mit an. Ihr könnt einander nicht leiden. Ihr seid ja erwachsen, aber was wird aus mir? Ich muß dann bei einem von euch bleiben, aber ich will nicht, daß unser Heim und unsere Familie zerstört wird. Ich habe Angst!"

„Aber Alf, begreif doch, das sind manchmal kleine Zänkereien, die nichts auf sich haben. Dein Vater und ich, wir lieben uns doch, und wir sind gute Eheleute, und du weißt, daß wir beide um dich und um deine Gesundheit besorgt sind. Wie kommst du auf solche blöde Ideen von Scheidung?"

„Wenn man sich so jahrelang zankt, wie ihr es tut, kann man sich nicht lieben, das ist unmöglich! Und manchmal denke ich, es wäre vielleicht besser, wenn ihr euch scheiden lassen würdet, dann gäbe es Ruhe!"

Die Mutter fiel aus allen Wolken, sie hatte bisher überhaupt nicht realisiert, daß sie sich mit ihrem Mann zankte. Tief beunruhigt berichtete sie ihm das Gespräch mit dem Sohn. Er schaute sie entgeistert an. „Wer zankt denn hier? Ich nicht! Was fällt dem Jungen ein, er ist empfindlich wie eine Mimose!" Und sie begannen sich wieder zu zanken.

„Nun zanken wir uns ja schon wieder", meinte die Mutter.

„Wenn du das schon zanken nennst. Man kann gar kein Wort mehr sagen, ohne daß es falsch ausgelegt wird."

„Es kommt auf den Ton an, mein Lieber. Du hast dir einen gereizten Ton angewöhnt."

„Wieso ich, glaubst du denn, daß du anders sprichst? Daß ich nicht lache!"

„Ja, ich spreche anders, ganz ruhig und sachlich, du bist immer aufgeregt."

„Ach, hätten wir bloß ein Magnetophon, ich könnte dir beweisen, wie du sprichst. Deine Stimme ist wie das Gekreisch einer Säge!" Die Frau begann zu weinen.

Schließlich beschlossen sie, mich aufzusuchen. Sie zankten sich auch bei mir.

„Ich will euch etwas sagen. Ihr seid beide prachtvolle, kluge und musische Menschen, aber an eurem Jungen habt Ihr ein Verbrechen begangen. Sein Asthma ist kein Asthma, es ist eine Flucht in die Krankheit aus Angst vor euch, vor dem Leben. Ihr habt aus ihm das lebensuntüchtigste Wesen gemacht, das ich überhaupt kenne.

Ihr wart schon nicht mehr jung, als ihr das Kind bekamt, und ihr habt beide zum Unglück zu viel gelesen und Psychologie studiert. Das konnte nicht gut gehen. Ihr habt mit euren klugen Antworten das Kind zu einem intellektuellen Affen gemacht, ihr habt es um seine Kindheit und Jugend betrogen. Ihr habt euch keine Gedanken darüber gemacht, daß ein Kind unter seinesgleichen sein möchte. Wie leicht hättet ihr es in den Kindergarten geben können, aber nein, ihr habt es ein Jahr in der Schule zurückgestellt. Es durfte nie auf der Straße spielen. Ihr wolltet das Kind zum Lieben und zum Verwöhnen um euch haben. Gott schenkt uns aber die Kinder nicht, damit sie unser Spielzeug sind.

Das Kind hat natürlich nichts gesagt, es wußte es nicht anders. Aber als ihr es ohne Tüte in die Schule schicktet, weil eine Tüte natürlich kitschig und eures Kindes unwürdig ist, da geschah der Schock. Unbewußt erlebte das Kind, daß es bis jetzt immer abseits stand, daß ihm die Tür zu der Welt der Kinder verschlossen blieb, und ohne Tüte fühlte es sich wie ein Aussätziger. Es konnte an der Luft, die die anderen atmeten, nicht mehr teilnehmen, und es begann symbolisch zu ersticken.

Bald merkte es, daß es durch die Asthmaanfälle eine ungeheure Macht über euch bekam. Und da es ganz auf euch, ohne einen anderen Menschen, eingestellt war, lebte es in steter Angst, euch zu verlieren. Unbewußt glaubte es, durch die Anfälle euch an sich zu binden und euch miteinander zu versöhnen.

Ihr seid noch der Meinung, daß ihr eine vorbildliche Ehe führt und daß ihr achtenswerte, tadellose Eltern und Eheleute seid. Aber mit eurem ständigen Gezänk, das euch zur zweiten Natur geworden ist, habt ihr dem eigenen Kind die Luft abgedreht."

Sie wußten nicht, ob sie böse werden sollten. Innerlich waren sie über meine offene Rede empört. Sie waren nicht bereit, ihre festgefügte Position der Selbstgerechtigkeit aufzugeben. Es gab nur ein Mittel: diesen Panzer gewaltsam zu zersprengen.

„Ich weiß nicht, ob dem Jungen noch zu helfen ist, wir können die verlorenen Jahre der Kindheit nicht mehr wiederherstellen. Wenn er überhaupt gesunden kann, dann ohne euch. Diese krankhafte, verkrampfte Bindung, die ihr an ihn und er an euch hat, muß gewaltsam zerrissen werden. Hättet ihr den Mut, mit dem

Jungen ein Experiment zu machen, ihn aus eurer Obhut zu geben, und zwar ihn dem Lehrer anzuvertrauen? Er hat ein gutes Verhältnis zu ihm. Der Lehrer geht in den großen Ferien mit einer Gruppe von Jungen an die Ostsee. Sie werden dort zelten."

„Wie kannst du als Arzt so etwas vorschlagen? Du weißt doch, wie krank er ist; wenn etwas passiert, werden wir unseres Lebens nicht mehr froh!"

„Weil ich Arzt bin, mache ich euch diesen Vorschlag. Ihr werdet auch so eures Lebens nicht froh, und er auch nicht. Werdet doch einmal vernünftig!"

„Vielleicht sollten wir vorher doch den Lungenarzt konsultieren?"

„Ihr habt schon viel zu viele Ärzte konsultiert. Entscheidet euch schnell, ehe es zu spät ist, es ist schon reichlich spät. Oder laßt ihn vielleicht selber entscheiden. Laßt mich mit ihm sprechen."

Sie schauten sich gegenseitig zweifelnd an. Ich geleitete sie derweilen aus dem Zimmer und holte Alf herein.

„Sag mal, Alf, findest du, daß du richtig lebst?"

„Wie sollte ich anders leben?"

„Ja, das frage ich mich auch, aber ich dächte, du solltest von Grund auf anders leben. Du hast nicht einen einzigen Freund, keinen Spielgenossen, nur deine Eltern. Das ist doch kein Umgang für dich. Wie stehst du zu deinem Lehrer?"

„Er ist ein prachtvoller Kerl, den mag ich gerne. Er wollte Sport mit mir treiben, aber die Eltern haben es nicht erlaubt. Sie sind immer so ängstlich."

„Du weißt doch, daß er im Sommer ins Zeltlager geht. Würdest du gerne mitgehen?"

Sein Gesicht verdüsterte sich. „Es hat gar keinen Zweck darüber zu sprechen, sie lassen mich ja doch nicht gehen."

„Und gesetzt den Fall, sie würden es tun?"

Er schaute mich forschend an. „Das glaubst du doch selber nicht. Ich denke lieber gar nicht darüber nach."

„Wärst du denn froh, wenn du dürftest?" Er ergriff meine Hand und drückte sie fest. Ein jungenhafter Ausdruck kam in sein Gesicht.

„Paß auf, wir machen ein Komplott. Ich bin fest davon überzeugt, daß dir das Zelten und das Zusammensein mit anderen Jungen und mit dem Lehrer großartig bekommen wird und daß du nicht einen einzigen Asthmaanfall bekommen wirst. Was meinst du dazu?"

„Als ich mit Mutter allein an der Ostsee war, hatte ich auch kein Asthma."

„Natürlich, da hattest du sie auch allein für dich."

Er sprang auf und umarmte mich, dann tanzte er durch den Raum, er sah aus wie Huck der Rabe. Am liebsten hätte er einen Purzelbaum geschlagen, aber er konnte es nicht.

„Na warte, wenn du zurückkommst, dann kannst du es, dann führst du es mir vor. Und was meinst du, wenn wir dich danach nach England in ein Internat schicken würden? Du kannst doch englisch?"

„Das wäre herrlich!"

„Würdest du nicht vor Sehnsucht nach Hause vergehen?"

Er besann sich. „Nein, ich wäre froh. Ich bin doch schließlich immer ganz allein. Die Eltern sind zwei, ich bin einer gegen sie. Natürlich sind sie nicht gegen mich. Aber sie verfolgen angstvoll jede meiner Bewegungen, jeden meiner Schritte. Ich fühle mich manchmal wie in einem Käfig. Und doch sind sie lieb und wollen mein Bestes."

„Alf, ich verspreche dir, daß wir das Zeltlager durchsetzen. Aber vielleicht wäre es gut, wenn du vorher weniger Asthmaanfälle hättest, dann würden die Eltern dich beruhigter reisen lassen. Mir kannst du es ja sagen, die Anfälle bedeuten für dich nicht nur eine Qual, manchmal ist auch ein wenig Genugtuung darin, ein kleiner sadistischer Zug." Er lächelte undurchdringlich.

Wochen vergingen. Eines Nachmittags klopfte jemand an die Tür. Ich öffnete. Ein braungebrannter junger Mann reichte mir stürmisch die Hand, dann schlug er einen klassischen Purzelbaum.

DER SCHULSCHWÄNZER

Die Mutter betrat zuerst den Raum, eine kräftige, massive Frau, der man es ansah, daß sie zu Hause das Kommando führte. Mit ihrem Körper verdeckte sie den blaßen, schmächtigen Jungen von elf Jahren, der ihr folgte. Er hatte ein schmales Gesicht, dünne Lippen und gesenkte Augenlider, die etwas verschlafen aussahen, aber die Augen hinter den Lidern waren hellwach und erfaßten alles, was um ihn vorging.

Die Mutter ließ sich schwer auf den angebotenen Sessel nieder. Der Sohn blieb stehen. Ich gab ihm ein Stück Schokolade, er dankte leise und war mit dem Auswickeln beschäftigt.

„Was mach' ich bloß mit ihm, Herr Doktor, er lernt so schlecht, manchmal denke ich, wir haben es mit einem Idioten zu tun. Dabei sind wir doch streng und passen auf, daß er immer die Aufgaben macht. Aber wenn ich mich nach ihm umschaue, sitzt er da, blickt ins Leere und döst, als ob er nicht normal wäre. Dann hat er angefangen, die Schule zu schwänzen. Er kommt zur Zeit nach Hause. Ich frage ihn nach den Aufgaben, er sagt, er hätte heute keine auf. Später stellt sich heraus, daß er gar nicht in der Schule war. Er ist schon ganze zehn Tage nicht in die Schule gegangen. Durch den Lehrer haben wir es erfahren. Der Junge ist so verstockt; es ist aus ihm nicht herauszubekommen, wo er sich herumtreibt.

Einmal, als ich einkaufen ging, sah ich von weitem ein Kind auf den Stufen der Heilig-Geist-Kirche sitzen. Ich dachte, der sieht doch ganz so aus, als ob es unser Dieter wäre. Ich schleiche mich heran. Wahrhaftig, er war es. Ich habe ihn gepackt und in die Schule geschleppt. Dann haben wir ihn sonntags eingesperrt, er durfte nicht mit ins Kino gehen."

„Wieviel Kinder haben Sie denn?"

„Eine Tochter ist verheiratet, dann kam er, und nun ist noch ein süßes lüttes Mädchen von fünf Jahren da. Aber die macht uns gar keinen Kummer, nur der Dieter. Was soll bloß aus ihm werden? Einmal ist er schon sitzengeblieben."

„Was für einen Beruf hat Ihr Mann?"

„Er ist Werkmeister bei einer großen Firma, ein hoch geachteter Mann."

„Sind Sie sehr streng mit dem Jungen?"

Der Junge nickte mir zu. „Nein. Streng muß man schon sein, und wir versuchen ihn ordentlich zu erziehen. Wir lassen ihm nichts durchgehen. Er muß artig sein, darf nicht widersprechen, und Pünktlichkeit verlangen wir auch."

„Wer ist denn der Strengere, Sie oder Ihr Mann?"

„Wir sind beide gute Eltern, man kann nicht sagen, daß wir streng sind, aber wir halten auf Ordnung."

Der Junge stand etwas hinter der Mutter, so daß sie ihn nicht beobachten konnte. Er schüttelte energisch den Kopf.

„Wird er denn auch geschlagen?"

„Nein, wo denken Sie hin, Herr Doktor! Wir schlagen ihn nie. Nur einmal, als er zehn Tage lang die Schule geschwänzt hatte und wir nicht herausbekommen konnten, wo er sich herumgetrieben hatte, da hat mein Mann ihn verdroschen. Aber sonst rühren wir ihn nicht an." Der Junge schüttelte wieder den Kopf.

„Auch nicht einmal eine Ohrfeige?"

„Nun ja, Gott, manchmal rutscht einem die Hand aus. Man ist doch auch nur ein Mensch."

„Hat er denn Vertrauen zu Ihnen, kommt er mit seinen Kümmernissen zu Ihnen und erzählt er sie Ihnen?"

„Der erzählt nichts. Was soll er auch für Kümmernisse haben? Er ist zu Hause wohl behütet."

„Meinen Sie wirklich, daß, wenn die Kinder zu Hause wohl behütet sind, sie kein Innenleben und somit keine Kümmernisse haben?"

„Ja, das wird wohl so sein. Er muß sich zu Hause den Gepflogenheiten der Familie anpassen, und wenn er das nicht tut, dann gibt's was!"

„Wie ist denn sein Tageslauf?"

„Nun ja, morgens müssen wir ihn mit Gewalt wecken, sonst steht er nicht auf und ist ganz verschlafen. Mein Mann gießt ihm manchmal Wasser über den Kopf. Dann frühstückt er und geht in die Schule. Wenn er aus der Schule kommt, muß er essen. Da gibt es wieder einen Kampf. Er ist mäkelig und stochert im Teller herum und träumt. Und dann geht es an die Schularbeiten. Er ist schwer von Begriff. Er darf aber nicht aufstehen, ehe er alles geschafft hat. Darüber wird es manchmal Abend. Dann kommt der Vater, es wird zu Abend gegessen und dann geht's ins Bett."

„Wann spielt er denn?"

Sie schaute mich ratlos an. „Wann soll er denn spielen? Dazu ist ja gar keine Zeit, die Lehrer geben ihnen so viel auf."
„Ein Kind muß spielen. Hat er denn gar keine Kameraden?"
„Nein, er ist wohl mehr ein Einzelgänger. Seine Schulkameraden verhauen ihn, weil er vorlaut ist. Er spielt lieber mit den Kleinen."
„Verträgt er sich denn mit seinem Schwesterlein?"
„Na, er neckt sie und dann zanken sie sich, er will sie beherrschen und das läßt sie sich nicht gefallen, da gibt es Geschrei und ich muß dazwischenfahren."
„Wer ist denn da der Schuldige?"
„Na, der Dieter natürlich! Er ist doch schließlich der Größere. Die Lütte kann doch nichts dafür."
„Die Lütte wird wohl sehr verwöhnt?"
„Gott, ist doch ein süßes, drolliges Ding, und die Jüngste. Das ist doch natürlich Papas Liebling. Wie soll es denn anders sein?"
„Sagen Sie, liebe Frau, nach allem, was Sie mir da erzählten, kommt der arme Dieter nicht sehr gut weg. Ist er am Ende auch noch Bettnässer?"
„Ach, Herr Doktor, beinahe hätte ich das Wichtigste ganz vergessen. Natürlich ist er Bettnässer. Früher ging alles gut, erst seit er zur Schule geht, hat es angefangen. Fast jede Nacht macht er das Bett naß. Was haben wir schon alles versucht! Mit der Nase haben wir ihn in die stinkenden Laken gestippt, verhauen haben wir ihn, in die Ecke gestellt, gut zugeredet haben wir, nichts hilft. Er macht es weiter. Es gibt Schulverschickungen, wie gerne hätten wir ihn mit verschickt, schon um ihn eine Weile loszuwerden. Aber es geht doch nicht, man blamiert sich bis auf die Knochen. Läßt sich denn da gar nichts machen?"
„Doch natürlich, wenn Sie ihn anders erziehen würden. Er hat doch Angst vor Ihnen." Der Junge nickte.
„Soll er auch, soll er auch, Herr Doktor, die Kinder sollen die Eltern ehren und fürchten. Daher heißt es doch in der Bibel — Ehrfurcht!"
„Ein wenig weniger Furcht und Ehrfurcht wäre wahrscheinlich besser, und etwas mehr Liebe und Verstehen und Zärtlichkeit wäre auch nicht gerade unchristlich. Was ißt er denn zu Abend?"
„Na, was wir alle essen, die Hauptmahlzeit, Suppe, Fleischgericht, dann Kompott, und manchmal ein Gläschen Bier."
„Haben Sie sich nicht überlegt, daß das für einen Bettnässer zu viel Flüssigkeit vor dem Schlafengehen bedeutet?"

„Wieso denn, die Lütte ißt doch das gleiche und näßt nicht. Und wie sollte ich es ändern? Ich kann doch keine Extrawürste braten."

„Wenn es Ihnen um die Gesundheit und das Wohl Ihres Jungen ginge und Sie ihn nicht als einen gut funktionierenden Aufziehautomaten betrachten würden, dann würden Sie auch etwas extra für ihn tun. So zum Beispiel, daß Sie ihm um vier Uhr zum letzten Mal etwas zu trinken geben. Und abends keine Suppe, kein Bier und kein Kompott. Nur Trockenkost und auch keine wassertreibenden Gemüse. Das wäre schon eine wesentliche Hilfe, denn dann braucht die Niere nachts nicht zu arbeiten und die kleine Blase zu füllen. Dann müßten Sie natürlich dafür sorgen, daß er immer vor dem Schlafengehen seine Blase entleert. Und wenn Sie noch ein wenig mehr tun wollten — dazu sind Sie als Mutter verpflichtet —, dann richten Sie ihm vor dem Schlafengehen einen Bottich mit lauwarmem Wasser und lassen Sie ihn darin zehn Minuten nach der Uhr, und keine Minute weniger, Wasser treten. Dann trocknen Sie ihm die Füsse ab und legen ihn ins Bett! Und beim Gutnachtkuß sagen Sie ihm sanft und freundlich, und nicht im Befehls- oder Vorwurfston: »Bete darum, Dieterlein, daß das von dir genommen wird, und denke ein bißchen daran, daß du es doch fühlen mußt, wenn die Blase voll ist.« Und dann streicheln Sie ihm den Kopf und seien Sie lieb zu ihm.

Bis jetzt haben Sie ihn als den Schuldigen an diesem Leiden betrachtet. Schuld aber sind Sie. Sie überfordern ihn und schenken ihm weder Zärtlichkeit noch Liebe. Er sieht, daß Sie das kleine Mädchen verziehen und lieben, und er fühlt ganz genau, daß er in allem zu kurz kommt. Und sein Inneres rebelliert unbewußt, und da möchte er auch wieder Kind sein und verwöhnt werden, und so fällt er in die Unbeholfenheit des Kleinkindes zurück. Aber ich sage es ausdrücklich, ihn trifft keine Schuld. Wenn man schon von Schuld reden will, dann liegt sie bei den Eltern; entweder sind sie zu streng und wollen das Kind so hinbiegen, wie es ihnen paßt, oder sie verwöhnen es und bilden das Kind zu einem egoistischen Tyrannen heran. Begreifen Sie doch, daß Gott Ihnen einen Menschen anvertraut hat, damit Sie ihn formen und gestalten, und wenn er ein geistiger Krüppel wird, dann haben Sie die Aufgabe falsch aufgefaßt, und von Ihnen wird Rechenschaft verlangt."

Sie sah sehr bekümmert aus. Das Gefühl von Selbstgerechtigkeit in ihr bäumte sich gegen meine Worte auf, aber in der Tiefe ihres

Herzens regte sich die Erkenntnis, daß sie etwas falsch gemacht hatte.

„Wollen Sie mir versprechen, daß Sie alles, was ich Ihnen gesagt habe, tun werden, aber auch alles, nicht nur das Technische, auch das Mütterliche? Denn Sie wollen ja nur Gutes für Ihren Jungen, sonst wären Sie nicht zu mir gekommen. Nur haben Sie seit langem sich in das Gefühl eines ständigen Vorwurfs gegen ihn hineingesteigert. Sie müssen dieses ungerechte und unchristliche Gefühl in Ihnen sehr bald zunichte machen, auch Ihr Mann muß es. Es ist Ihr Kind, und es ist ein gutes und gehorsames Kind, es ist nur durch die stete Strenge und Lieblosigkeit, die Vorwürfe und Ohrfeigen so schwierig geworden. Lassen Sie ihn mal in einer Atmosphäre von Liebe und Geborgenheit, Anerkennung und Freundlichkeit atmen, und sie werden sehen, wie schnell er sich ändern wird. Aber ich bitte Sie, kontrollieren Sie sich selbst und fallen Sie nicht gleich beim ersten Verdruß in den Ton des Richters oder Polizisten zurück. Und noch etwas, das Bettnässen ist ein jahrealtes Leiden des Jungen, die Behandlung wird sicherlich nicht am ersten Tage Erfolg haben. Und wenn auch der Erfolg sich bald einstellt, machen Sie das Wassertreten und die Trockenkost mindestens ein Jahr lang, sonst gibt es zu leicht Rückfälle. Wollen Sie mir das aus vollem Herzen versprechen? Und werden Sie mit Ihrem Mann ganz offen und ohne Angst über all das reden, was ich Ihnen gesagt habe? Oder besser schicken Sie ihn her, damit ich mit ihm rede." Der Junge nickte heftig mit dem Kopf.

Sie drückte mir fest die Hand. Ich bat, ob ich mit dem Jungen unter vier Augen sprechen könne. Sie verließ den Ordinationsraum. Der Junge setzte sich in den Sessel.

„Du hast alles gehört, was die Mutter von dir sagte, Dieter. Was meinst du dazu?"

„Nichts", sagte er mit resignierender Stimme, „sie sind sehr streng und hart. Und alles dreht sich um die Lütte, das kann man schon gar nicht mehr aushalten. Wenn ich sie nur anrühre, dann schreit sie, und ich kriege Ohrfeigen."

„Hast du denn Kameraden, mit denen du spielst?"

„Ich hätte schon welche, aber ich komme ja nicht zum Spielen. Immer diese Schulaufgaben."

„Hör mal zu, Dieter, du hast gehört, was ich deiner Mutter gesagt habe. Hältst du dich für sehr dumm?"

„Nein."

„Warum schwänzest du aber die Schule und träumst bei den Hausaufgaben, daß du nie fertig wirst?"

„Weil das so langweilig ist, auch die Schule, und die Lehrer sind alle doof."

„Sind denn wirklich alle doof, oder nur einige? Du meinst wohl, daß sie sich nicht um dich kümmern, und darum interessieren sie dich nicht. Aber es liegt doch auch an dir, du arbeitest einfach nicht mit in der Klasse, du sitzt nur deine Zeit dort ab, wenn du überhaupt hingehst. Weißt du, welches Ende das nimmt? Du wirst weiter schwänzen. Aber Schulbesuch ist Pflicht. Dann werden die Lehrer es der Polizei melden, und man wird dich in Fürsorgeerziehung geben. Glaubst du wirklich, daß das schöner ist als zu Hause? Dir tut es doch weh, daß sie an dir immer nur herumerziehen und lieblos sind, wie du meinst. Dort wird dir nicht mehr Liebe zuteil. Ich möchte dir einen Vorschlag machen. Du bist doch mit der Trockenkost und dem Wassertreten einverstanden. Ich habe es nicht zu meinem Vergnügen, sondern zu deiner Heilung empfohlen.

Nun hör zu. Du kommst mittags nach Hause. Nach dem Essen legst du dich für eine Viertelstunde hin und ruhst. Dann gehst du zwei Stunden mit den Kameraden spielen. Aber ganz pünktlich kommst du dann nach Hause und machst deine Aufgaben. Du hast dich ausgetobt und neue Kräfte für die Arbeit gesammelt. Du mußt aber die Aufgaben ordentlich machen, sonst verbieten dir die Eltern das Spielen. Ich bin dann auch blamiert, und dann mußt du wieder den ganzen Nachmittag an den Hausarbeiten schmoren. Und necke nicht so viel deine kleine Schwester, beneide sie nicht, spiel freundlich mit ihr, dann wird es auch weniger Krach und Ohrfeigen geben."

„Das werden sie nie erlauben, das mit dem Spielen."

„Na, das wollen wir einmal sehen. Ich werde deiner Mutter zureden. Aber es hängt dann von dir allein ab, ob es so bleibt, oder ob du wieder an die Galeere mußt. Ich werde dir Tropfen gegen das Bettnässen geben und auch für den Verstand, dann wird manches leichter für dich werden. Und du wirst doch sicherlich froh sein, wenn das Einnässen aufhört. Es muß dir doch vor dir selbst ekeln. Denke aber jede Nacht beim Schlafengehen: »Liebe Blase, mach mich wach, wenn du mußt!« Wiederhole diese Bitte viele Male, und du wirst sehen, deine Blase wird auf dich hören; du bist doch ihr Herr und nicht umgekehrt. Du weißt, was ein ungezogenes

Kind ist: deine Eltern behaupten das von dir. Deine Blase ist solch ein ungezogenes Kind, sie schwänzt auch und paßt sich nicht an, und deine ganze Person leidet darunter. Und so leidet eine Familie oder eine Klasse an einem ungezogenen Kind. Das kannst du doch begreifen?" Er nickte zustimmend.

„Und dann, versuch die Angst, die du vor den Eltern und den Lehrern hast, los zu werden. Keiner von ihnen ist doof, aber sie haben es nicht leicht mit dir, weil du schwierig und verschlossen bist. Du gibst ihnen die Schuld, und sie geben sie dir. Aber sie sind in der Mehrzahl. Versuch ihnen entgegenzukommen, sei zutraulicher und offener und nicht nur immer frech und ablehnend, dann wird dein eigenes Leben leichter. Was meinst du, wollen wir es versuchen?"

„Ja", sagte er schüchtern. Ich drückte ihm fest die Hand, er erwiderte den Druck.

„Gut. Und komm alle vierzehn Tage zu mir, damit wir miteinander sprechen und überlegen, welche Fortschritte wir gemeinsam erzielen. Zu diesem Zweck darfst du die Schule schwänzen, aber sonst nicht."

Nach vierzehn Tagen war er da, allein. Er war stolz darüber.

„Na, Dieter, wie ging es denn?"

„Ganz gut. Hab' kein einziges Mal geschwänzt und auch keine Sechser nach Hause gebracht."

„Wie war es denn mit der Nacht?"

Er strahlte. „Fast gut. Nur ein einziges Mal. Aber das Wassertreten ist mächtig langweilig. Die zehn Minuten gehen gar nicht vorüber."

„Gab es denn noch viele Ohrfeigen?"

„Keine einzige!"

„Und gibt die Mutter dir einen Gutenachtkuß?"

Heftiges freudiges Kopfnicken. „Jaaa!"

„Wenn Sie dir nächstes Mal den Kuß gibt, umarmst du sie ganz fest, und küßt sie wieder!"

Er nickte.

ANGST, KRANKHEIT UND UNORDNUNG

Als sie zur Tür hereinkam, drehte sich sich unsicher um, als ob sie jemand hinter sich wähnte. Die Hand, die sie mir reichte, war kalt und feucht. Ihre Augen wölbten sich aus dem Gesicht und glänzten, der Gesichtsausdruck war gespannt und ängstlich. Ehe sie zu sprechen begann, hüstelte sie. Sie wisse nicht, womit sie anfangen solle; sie habe so viel zu berichten, ich hätte bestimmt nicht genügend Zeit, um sie anzuhören.

„Vielleicht fangen Sie doch an zu erzählen, Sie verlieren nur noch mehr Zeit durch die Entschuldigungen." Sie weinte.

„Ich schaffe es einfach nicht mehr, alles fällt mir aus den Händen. Meine Familie zerfällt, seit Monaten habe ich von keinem ein gutes oder ruhiges Wort gehört, alle zanken sich miteinander und man kann es niemandem recht machen.

Mein Mann spricht kaum noch mit mir, er strebt aus dem Haus, er hat unzählige Ehrenpöstchen und ist jeden Tag in einer anderen Versammlung. Unter anderen Menschen ist er ein vollendeter Kavalier, zu Hause ist er gereizt, nörgelt und schimpft. Mein Sohn macht es nicht besser, er ist begeisterter Sportler und ist auch nur selten zu Hause. Beim Essen schiebt er wütend den Teller von sich und schimpft, was ich ihm für einen Fraß vorsetze. Er zankt sich mit seiner Schwester, sie sind so böse miteinander und schlagen sich, daß die Nachbarn sogar den Funkwagen holen mußten. Als ich neulich meine Tochter zur Rede stellte und sie aufforderte, ihr Zimmer sauber zu machen, sagte sie mir ganz frech ins Gesicht: »Du hältst ja die Wohnung auch nicht sauber, und übrigens bist du mir unsympathisch!« Das sagt eine Tochter zu ihrer Mutter! Woher sollen sie es besser wissen, wenn der Vater mit schlechtem Beispiel vorangeht? Sie sind eben alle nach dem Vater geraten, alle sind krasse Egoisten."

„Sie selbst halten sich aber nicht für egoistisch?"

„Nein, das bin ich auch nicht, ich schinde mich ja für die Familie ab. Und ich bin wirklich krank: die Bandscheibe, nie bin ich ohne Schmerzen, und der Kopfschmerz, und die Schwindelanfälle, und die Schlaflosigkeit, niedriger Blutdruck und hypochrome Anämie. Ich habe keine Kraft mehr und ich habe Angst; die Familie ist mir über den Kopf gewachsen. Ich wage nichts mehr zu sagen, sie schreien mich einfach an, alle drei sind gegen mich."

„Wie vertragen sich die Kinder mit dem Vater?"

„Sie sehen ihn wenig, aber sie erkennen ihn an, er gibt ihnen auch das Taschengeld und er ist nicht kleinlich. Wenn ich ihnen etwas verbiete, gehen sie zu ihm und er erlaubt es ihnen und lacht noch dazu. Ich denke, er macht es nur, um mich zu kränken."

Ich untersuchte sie, verschrieb ihr Beruhigungs- und Entspannungsmittel und bestellte sie zu einem späteren Zeitpunkt.

Das nächste Mal war sie etwas ruhiger, aber sie klagte weiter. Sie hatte Schrammen und blaue Flecken im Gesicht.

„Was ist geschehen, sind Sie gefallen?"

„Nein, es war schrecklich. Wegen einer Lapalie begannen die Kinder sich zu streiten und schließlich zu schlagen. Der Junge ist furchtbar jähzornig. Ich fuhr dazwischen, da packte er mich in seiner Wut, riß mich zu Boden und versetzte mir Schläge ins Gesicht. Nachher hat er sich entschuldigt, aber gleich mit einem neuen Vorwurf, warum ich dazwischengefahren sei.

Mein Mann ist auch gereizt und spricht seit Tagen nicht mehr mit mir. Ich ahne ja, warum. Ich verweigerte ihm die eheliche Gemeinschaft. Ich konnte es einfach nicht, ich bin zu schwach, zu verbraucht, und er ist mir ein Fremder, ich kann ihn nicht mehr lieben. Außerdem ist auch das nur Egoismus von seiner Seite, er denkt nur an sich!"

„Sie denken nicht an sich?"

„Wie kommen Sie zu dieser Frage, natürlich nicht, ich bin immer nur für die anderen da!"

„Stellen Sie sich vor, ich bin da ganz anderer Meinung. Ich möchte sagen, daß Sie ebenso egoistisch sind wie die anderen, nur in anderer Weise. Sie sind krank, das gebe ich zu. Aber ich kenne ungezählte Menschen, die ähnliche Gebrechen haben und darum doch nicht krank sind. Ich möchte jetzt sehr offen, vielleicht sogar verletzend zu Ihnen sprechen; ich glaube, daß ich es muß, vielleicht kann ich Ihnen damit besser helfen, als wenn ich Ihnen nach dem Mund reden würde. Sie sind egoistisch und Sie wissen es nicht einmal. Ihr Mann und Ihre Kinder würden auch sehr erstaunt sein, wenn man sie als egoistisch bezeichnen würde.

Sie tragen stets Ihre Krankheit wie eine Fahne vor sich her. »Seht, ich bin so schwach und krank!« und das geht Ihren Familienangehörigen schwer auf die Nerven. Die Mutter ist das wahre Zentrum der Familie. Sie haben sich selbst aus diesem geheiligten Zentrum herausbegeben, Sie sind ausgestiegen.

Ich wette, daß Ihr Haushalt nicht ordentlich geführt ist, daß es an manchen Orten Staub und Spinngewebe hat, daß die Kasserollen nicht tadellos sauber und die Schränke nicht aufgeräumt sind. Die Wäsche stapelt sich und wird nicht rechtzeitig gewaschen, und Vater oder Sohn haben plötzlich kein frisches Hemd, wenn sie eines anziehen wollen."

„Aber Sie wissen doch ganz genau, daß ich einfach nicht die Kraft dazu habe!", rief sie verzweifelt.

„Ich weiß es, Sie haben es mir oft genug gesagt. Ich möchte aber noch mehr sagen. Der Vater und die Kinder müssen sich ihr Frühstück allein machen, weil Sie morgens zu schwach sind, um aufzustehen. Also schon beim Frühstück fehlt die sorgende und pflegende Hand der Mutter, sie alle gehen ohne Segen und freundlichen Abschied aus dem Hause. Ich wette, daß Sie sich nicht die Zeit nehmen, Ihren Mann oder die Kinder zu fragen, was sie zu Mittag oder zu Abend essen möchten. Sie bereiten im letzten Moment, weil Sie mit der Zeit nicht zurechtgekommen sind, etwas zu, und es ist oft verbrannt oder nicht gar oder nicht ordentlich gewürzt. So gibt es also auch bei Tisch weder eine echte Gemeinschaft noch eine Gemütlichkeit. Wenn Ihnen die eigene Tochter sagt, Sie seien ihr unsympathisch, dann heißt das so viel, daß sie Sie als Mutter nicht anerkennt und sogar verachtet. Sie wird es Ihnen nicht mit vielen Worten erklären wollen, um Sie nicht noch mehr zu kränken. Aber sie meint etwa: »Du bist eine kranke Frau, die mit ihrer Krankheit und mit ihrem Mißmut und ständigen Beschwerden unsere Familie zerstört hat, die nur an sich denkt und uns vernachlässigt.« Weil Sie selbst kein Zentrum sind, haben Sie Ihre Familie zerstört. Und ist es etwa kein Egoismus, wenn Sie sich Ihrem Mann versagen, weil Sie ihn nicht mehr lieben? Sie versagen sich ja allen Anforderungen, die die Familie an Sie stellt. Wenn das kein Egoismus ist!"

Sie hörte mir entsetzt zu, ihr Nacken versteifte sich, der Kopf war zurückgebogen, sie zuckte mit den Schultern. „Sie lassen nichts Gutes an mir! Das ist ja schrecklich!"

„Es ist gar nicht schrecklich. Ich habe versucht, Sie so zu sehen, wie Ihr Mann und Ihre Kinder Sie sehen. Sie werden doch zugeben, daß es ungefähr so ist, und daß ich leider auch mit der Schilderung Ihrer Häuslichkeit recht hatte, obwohl ich nie dort war."

„Was soll ich denn bloß tun?"

„Hören Sie um Himmels Willen auf, sich dauernd zu bemitleiden und zu bejammern, behalten Sie Ihre Beschwerden für sich, vertrödeln Sie nicht die Zeit mit lauter Nebensächlichkeiten und werden Sie sich Ihrer Mutter- und Gattinnenpflichten bewußt. Und haben Sie nicht vor allem Angst, am wenigsten vor Ihrem Mann und Ihren Kindern. Nehmen Sie sich den Mut, mit ihnen zu sprechen, aber gewinnen Sie erst Ihre Position als Mittelpunkt der Familie zurück, nur von diesem Zentrum aus können Sie die Dinge in Ordnung bringen.

Fangen Sie damit an, daß Sie abends den Tisch für das Frühstück decken. Bezwingen Sie sich und stehen Sie vor der Familie auf und bereiten Sie ihnen eine leckere Mahlzeit, und bleiben Sie bei ihnen sitzen, während sie essen. Fragen Sie sie nach ihren Tagesplänen und erkundigen Sie sich, was sie zu Mittag essen möchten. Sie können sich doch nachher wieder hinlegen. Ich versichere Ihnen, je mehr Sie an das Wohl der Familie denken, um so weniger werden die verschiedenen Krankheitssymptome Sie quälen. Fangen Sie damit an, Ordnung in Ihrem Haushalt zu schaffen, dann geht alles leichter und einfacher.

Lassen Sie sich nicht entmutigen, es wird nicht alles gleich in Ordnung kommen, auch Sie nicht, aber wagen Sie es, den Anfang zu machen. Wo Menschen zusammenwohnen, gibt es immer Konflikte, Aggressionen und Verstimmungen. Wichtig ist nur, daß sie nicht zu einem entfesselten Wasserfall werden, daß man sich wieder fängt und immer von neuem beginnt freundlich zu sein."

„Haben Sie denn wirklich Hoffnung, daß ich es mit meinen geschwächten Kräften noch schaffe?"

„Sie brauchen es nicht allein zu schaffen, ich werde Ihnen helfen. Sie werden jede Woche kommen und mir berichten, und ich werde, wenn nötig, mit Ihren Angehörigen sprechen. Aber Sie müssen den ersten, zweiten und dritten Schritt tun."

„Das mit dem Frühstück, das leuchtet mir ein, ich werde es versuchen, und ich werde Ihnen berichten."

LACHEN ALS THERAPIE

Er wurde auf einer Bahre in unser Krankenhaus gebracht. Er sah mager und blaß aus. Er zitterte. Er war bei vollem Bewußtsein, aber wenn man ihn etwas fragte, dann gab er nur unartikulierte Laute von sich. Die Ehefrau, die mit ihm gekommen war, weinte. Sie behauptete, er habe im Krieg eine schwere Gehirnverletzung erlitten und sei seit jener Zeit total gelähmt und könne nicht sprechen.

Wir fragten sie, ob ihr Mann im Besitze eines Rentenbescheids des Versorgungsamtes sei. Sie verneinte, die Rente sei ihm bisher nicht bewilligt worden, deswegen komme er auch her, um ein Gutachten über seinen Zustand zu erhalten.

Er wurde in ein Zweibettzimmer gelegt. Sein Bettnachbar war sehr freundlich und fürsorglich zu ihm und half ihm bei den kleinen Verrichtungen des Lebens. Als wir ihn untersuchten, zeigte das Nervensystem keinerlei Anzeichen einer Nervenkrankheit oder Lähmung, auch die Sprachstörung paßte in kein organisch bedingtes Krankheitsbild. Immerhin hätte es sich um einen Hirntumor handeln können, der gelegentlich solche seelischen Versagungsbilder erzeugt. Aber der Mann behauptete, schwer hirnverletzt zu sein. Ehe wir die Diagnose der Hysterie oder sogar der bewußten oder unbewußten Simulation stellten, mußten wir alle diagnostischen Mittel ausschöpfen.

Am Morgen des nächsten Tages berichtete uns der Bettnachbar des Kranken, daß dieser sich allein eine Zigarette aus der Nachttischschublade geholt und angezündet habe. Mit vereinten Kräften hoben wir ihn aus dem Bett und gaben ihm seine Krücken, die er zu kurzen Wegen in der Stube benützte. Er machte großen Umstand, ehe er überhaupt stehen konnte, er fiel, wie in Gleichgewichtsstörung, immer wieder auf das Bett zurück; er fiel aber so, daß er sich nicht weh tat, er spannte den Nacken, so daß der Kopf nicht gegen die Wand stoßen konnte. Jedesmal tat er erstaunt und versuchte wieder, sich aufzurichten. Schließlich stand er, aber er wackelte mit dem ganzen Körper hin und her wie ein junger Baum bei Windstärke 12. Wir mußten unwillkürlich lächeln. Endlich ging er einige Schritte, das heißt, er machte hüpfende Bewegungen, als ob er Luftballons unter den Füßen hätte.

„Sie werden diese Gehübungen mehrmals täglich machen", wandte ich mich an ihn, „und dann sollen Sie täglich elektrisiert werden, und da Sie kein Gefühl haben, werden wir stärkere Ströme anwenden müssen." Er hörte sichtlich bekümmert zu. Offenbar hatte er ganz andere Dinge von seinem Krankenhausaufenthalt erwartet, er war enttäuscht.

Die Übungen wurden konsequent durchgeführt. Auch das Elektrisieren. Es wurde der gleiche Strom angewendet wie bei allen Patienten, der gewöhnlich keinerlei Schmerz oder Unbehagen verursachte. Ich sagte aber zu dem Masseur: „Drehen Sie viel weiter auf, mit den geringen Strommengen kommen wir nicht aus." Zum Schein hantierte der Masseur an dem Apparat. Der Mann verzog schmerzhaft sein Gesicht. Schließlich zog er das elektrisierte Bein an. „Sehen Sie", sagten wir erfreut, „das Bein bewegt sich schon, es wird noch viel besser gehen, und in kurzer Zeit werden Sie ganz gut laufen können. Ihr Leiden werden wir heilen! Und eine Zigarette können Sie sich schon allein anzünden, nicht wahr? Bald werden Sie auch allein essen können. Da wird sich aber Ihre Frau freuen!"

Er schüttelte trotzig den Kopf. Dann forderten wir die Schwester auf, ihn nicht zu füttern, er solle das Brot und die Kaffeetasse und den Löffel allein zum Mund führen. Er konnte es nicht, die Hand lag schlaff auf der Bettdecke. „Aber versuchen Sie es doch, die Bewegung ist die gleiche wie das Anstecken der Zigarette", sagte die Schwester und blieb hart. „Der Doktor hat es mir verboten, Sie zu füttern, Sie werden noch verhungern, wenn Sie sich nicht die Mühe geben." Er blieb ohne Essen, sie ging aus dem Zimmer, ließ aber sein Essen vorsorglich dort. Als sie später wiederkam, sah sie, daß der Löffel in anderer Richtung auf dem Teller lag.

Unter den Hirnverletzten in der Abteilung herrschte gute Kameradschaft und Hilfsbereitschaft, jeder nahm am Schicksal des anderen Teil. Nur den Neuankömmling betrachteten sie mit einigem Mißtrauen. Sie hatten ein sehr ausgeprägtes Gefühl für das, was echt und was falsch war. Sie waren alle durch viele Speziallazarette gegangen und hatten viel gesehen. Sie merkten bald, ob einer echte epileptische Anfälle hatte oder ob er simulierte oder nachhalf, und dann waren sie unerbittlich, der Angeber wurde aus dem Kreis der Kameradschaft ausgeschlossen.

Anfänglich betrachteten sie den Neuankömmling mit Mitleid und verhaltener Scheu, als sie aber die Gehversuche sahen, wurden sie mißtrauisch. Einer kam zu uns ins Arztzimmer und meinte: „Herr Chefarzt, ich habe in den Lazaretten so viele Hirnverletzte gesehen, ich habe viele sterben sehen, andere waren schwer gelähmt oder hatten die Sprache verloren, oder sie waren zeitweilig geistesgestört, aber so einen Heini habe ich noch nie gesehen. Der gibt an, glauben Sie mir! Der gehört gar nicht auf unsere Abteilung!"

Wir beruhigten ihn, er möge sich um seine eigenen Angelegenheiten kümmern, für die Diagnose und Behandlung seien wir zuständig, aber wir bestritten nicht seinen Verdacht. Die Übungen wurden fortgesetzt, widerwillig und mit verbissenem Gesicht fügte er sich den Anordnungen, er arbeitete aber nicht mit, er wollte nicht gesund werden. Sein ganzes Streben ging dahin, daß seine Hirnverletzung und Lähmung amtlich anerkannt werde.

An einem Sonntagmorgen, es war kurz nach dem Gottesdienst, saßen unsere Patienten in kleinen Grüppchen in der großen Halle und unterhielten sich. Zu gleicher Zeit übte der Gelähmte, begleitet von zwei Pflegern und dem Assistenzarzt, das Gehen. Es war ein groteskes Bild. Er hielt sich krampfhaft an seinen Krücken fest, der Kopf mit dem verspannten Gesicht war nach vorne gebeugt, der ganze Körper zitterte wie ein Pudding, mit den Beinen machte er hüpfende Bewegungen, es sah aus, als ob sie durch unsichtbare Sprungfedern angetrieben würden. Das Ganze erinnerte an die Clownerien in einem Zirkus.

Die Hirnverletzten sahen dieser Schaustellung zu. Einer begann laut zu lachen, und schließlich lachte die ganze Gesellschaft laut und ausgelassen, die Jüngeren unter ihnen wurden von Lachkrämpfen geschüttelt. Und da geschah das „Wunder", der Gelähmte straffte sich, er warf eine Krücke weg, hob die andere hoch und stürzte, ganz der Unterstützung beraubt, mit wildem, aber tadellos artikuliertem Schrei: „Du Hund, du verdammter, du Drecksack, dir werde ich es zeigen!" auf einen Kameraden los. Er begann auf ihn einzuschlagen, aber die anderen ergriffen ihn und hielten ihn fest.

Der Assistenzarzt kommandierte: „Machen Sie, daß Sie in Ihr Zimmer kommen, aber jetzt ohne Krücken, Sie sehen, daß Sie ausgezeichnet gehen können. Und auf das Wunder, daß Sie die Sprache wiedergewonnen haben, reagierten Sie ja nicht wie die Genesenden im Neuen Testament mit Lobpreisungen, sondern mit ganz derben Flüchen, die in keinem Lexikon stehen!"

Er ging tatsächlich in sein Zimmer und brach dort weinend zusammen. Ich wurde von dem Vorfall unterrichtet und kam ins Krankenhaus.

Er lag in seinem Bett und schämte sich. Ich drückte seine Hand, er erwiderte zum ersten Mal den Druck. „Sehen Sie, nun sind sie wieder gesund, und bald werden Sie wieder wie jeder anständige Mensch arbeiten und für Ihre Familie sorgen können. Vergessen Sie Ihre Hirnverletzung, klammern Sie sich nicht mehr an diese unfruchtbare Idee und werden Sie wieder Mensch. Ich weiß, Sie waren vor dem Kriege ein fleißiger Angestellter und haben nie etwas Unrechtes getan. Aber nach der erlittenen Verschüttung haben Sie sich eingebildet, Sie seien schwer krank, und Sie haben alle Ihre verfügbaren Kräfte dafür eingesetzt, eine kleine Rente zu bekommen und als Schwerhirnverletzter anerkannt zu werden, als ob das die Höhe aller Erfüllungen wäre.

Sie haben sich in eine Lähmung und Sprachstörung hineingesteigert, die organisch gar nicht vorhanden war. Sie haben in Ihrer Verblendung gar nicht gemerkt, daß kein Arzt Ihre Krankheit ernst nahm, weil es solche Krankheitsbilder, wie Sie sie produzierten, gar nicht gibt. Und Sie wollten einfach nicht gesund werden.

Daß Ihre Frau und Kinder unter Ihrer Krankheit unbeschreiblich litten, das war Ihnen nur recht, Sie wollten Mitleid erregen. Sie haben vergessen, daß nicht Krankheit, sondern Gesundheit das größte Glück des Menschen ist. Sie haben sich gegen Gott und Ihre Mitmenschen versündigt. Nun hat die kollektive Verachtung und der Spott der Hirnverletzten Sie aus Ihrer Gelähmtheit herausgerissen. Seien Sie dankbar, daß das geschehen ist, und versuchen Sie, die Achtung, die jeder Mensch zum Leben braucht, wiederzuerlangen.

Ich weiß, daß das alles nicht in wenigen Minuten geschehen kann, wir werden Sie noch hier behalten und mit Ihnen üben, damit Sie in Ihrer Genesung erstarken; und Sie haben auch die Pflicht, den Kameraden und Ihrer Familie zu zeigen, daß Sie wieder ein Kerl und keine Memme sind." Er antwortete nicht, aber er begriff.

Am Nachmittag kam seine Frau, die Kameraden erzählten ihr, daß ihr Mann wieder laufen und sprechen könne. Sie wollte es nicht glauben. Taktvoll verschwiegen sie ihr, wie dieses Wunder geschehen war. Stolz führte er ihr seine Gehversuche vor, und er konnte ganz artikuliert reden. „Es wird schon alles wieder gut, Mutter", sagte er und streichelte ihre Wange. „Warte, wenn ich ganz erstarkt bin, gehe ich wieder arbeiten, dann brauchst du dich nicht mehr so für uns alle zu plagen."

Sie kam zu uns herunter, weinte und küßte uns vor Dankbarkeit die Hände.

Der Hirnverletzte, der als erster gemerkt hatte, daß mit dem Kranken etwas nicht stimmte, war auch der erste, der bereit war, mit ihm Frieden zu schließen. Abends beim gemeinsamen Fernsehen sagte er: „Hört zu, Kameraden, wir haben über den X uns totgelacht, und durch unser Lachen ist er wieder gesund geworden. Nun wollen wir es ihm nicht weiter verargen und nehmen ihn in unsere Kameradschaft auf. Schließlich hat der Krieg ihn zum Simulanten gemacht. Nun wollen wir ihm helfen, den Weg zum Leben wieder zu finden." Alle waren einverstanden. An nächsten Mittag sah ich unser Sorgenkind friedlich mit einem Hirnverletzten Schach spielen. Sie nahmen ihn auf Spaziergänge mit, und sie, die über ihn gespottet hatten, waren jetzt bereit, an seiner Genesung mitzuarbeiten.

Er mußte intensiv behandelt werden, denn natürlich war die Muskulatur durch die jahrelange Demonstration von Lähmungen schlaff geworden. Aber er wurde von Tag zu Tag kräftiger und begann das Leben zu bejahen. Als er entlassen wurde, bedankte er sich bei mir, bei den Schwestern und Pflegern und bei den Kameraden, die versprachen, den Kontakt mit ihm aufrechtzuerhalten.

Am Arm seiner Frau verließ er winkend das Krankenhaus.

Er arbeitet jetzt seit Jahren als Angestellter in einem Amt.

DER BÖSE NACHBAR

In unserer zusammengepferchten Gesellschaft ruft das enge Zusammensein immer häufiger Krankheiten hervor. Unsere Technik vollführt Wunder an tollkühnen Erfindungen, bald wird uns kein Planet mehr unerreichbar sein, Satelliten im Weltraum strahlen Bilder in unsere Fernsehröhren, aber auf einem der wichtigsten Sektoren des Daseins, im Wohnungsbau, herrschen unvorstellbare Zustände. Es wird zu schnell und unüberlegt gebaut. Wenn kein neuer zerstörerischer Krieg kommt, bleiben die Häuser während mehrerer Jahrhunderte stehen und werden Jahrhunderte lang Krankheitserreger sein. Es ist der Fluch des schnellen und leichten Bauens, daß die Häuser zu dünne Wände haben. Die modernen Räume sind an sich schon klein, sie umhüllen die Person, aber sie gestatten ihr keine Weite, sie engen sie ein; sie sind zum Sitzen und Liegen geeignet, doch geben sie keine Bewegungsmöglichkeit, die motorischen Kräfte des Menschen werden durch sie gehemmt.

Das Schrecklichste aber ist, daß die Nachbarn durch die mangelnde Schalldichtung sich allzu nahe rücken und sich gegenseitig stören. Man möchte begreiflicherweise in seiner Wohnung allein sein; der Mensch bedarf der Geborgenheit in seiner Behausung, er bedarf der Intimität, der Gemütlichkeit, der bergenden Wärme. Den größten Teil des Tages steht er im Beruf, in der Spannung und Anstrengung, er ist dort nicht immer er selbst. In seinen vier Wänden möchte er sich entspannen, er möchte seine private Sphäre ganz für sich auskosten. Er braucht auch Stille und Ruhe.

In der Regel beabsichtigt man, viele Jahre in einer Wohnung zu bleiben. Es handelt sich nicht nur darum, Möbel zu kaufen und die Wohnung einzurichten; eine Wohnung wächst mit dem Menschen, sie nimmt seine Eigenschaften, seine Gerüche, seine Atmosphäre an. Das ist der Unterschied zwischen einer Wohnung und einem Hotel. Dieses mag noch so komfortabel sein, es ersetzt niemals die eigene Behausung.

Aber dann tritt durch die Unvollkommenheit der Bautechnik oder durch die Billigkeit der Ausführung der Nachbar in Erscheinung. Er mag ein reizender, liebenswerter Mensch sein, aber von diesen Reizen erfahren wir nichts; was wir erfahren, sind die Geräusche, die er produziert. Man ahnt kaum, daß es soviele Geräusche geben kann. Er geht mit Lederschuhen über seinen Fußboden. Über unserem Haupte dröhnt es, als ob eine Herde wildgewordener Elefanten vorbeijagt. Er dreht sein Radio oder den Fernsehapparat an, zugegebenerweise manchmal etwas zu laut, vielleicht ist er schwerhörig. Er redet, wir können zwar die einzelnen Sätze nicht unterscheiden, aber die Fetzen der Sätze prallen durch die Wand oder Decke, die nichts als ein vergrößertes Mikrophon ist, gegen unsere müden und überreizten Ohren. Manche Nachbarn haben die unangenehme Eigenschaft, sich sehr laut zu schneuzen oder zu niesen; in unserem Zimmer hört sich das an, als ob eine der Posaunen von Jericho ertönte, und mit Zittern warten wir, ob die Wand einstürzt. Auch die Darmtätigkeit des Menschen gehorcht höchst individuellen Gesetzen. Es gibt zu unserem Verdruß Menschen, die sogar in der Nacht ein gewisses Örtchen aufsuchen müssen. Natürlich befindet sich sein Klo Wand an Wand neben unserem Schlafzimmer. Warum läßt er nur das Wasser fast eine halbe Stunde rauschen? Wir waren gerade im ersten Schlaf, wir schrecken auf, wir ärgern uns, natürlich ist der Schlaf dahin, und nach einer Stunde qualvollen und ärgernisreichen Wachens greifen wir zur Tablette. Treffen wir den Nachbarn dann morgens auf der Treppe, so versteht es sich ganz von selbst, daß wir einen so ungezogenen und rücksichtslosen Menschen nicht grüßen. Er weiß nicht, warum das geschieht, aber sein Selbstgefühl ist getroffen, und natürlich wird er das nächste Mal uns auch nicht grüßen. So entstehen treppauf treppab Feindschaften. Eine Dämonie hängt über dem Wort Christi: „Liebe deinen Nachbarn wie dich selbst." Wie kann man einen solchen Teufel, wie der Nachbar einer ist, lieben, das ist doch völlig unmöglich! Man ist gerne bereit, den übernächsten Nachbarn zu lieben und zu achten, den hört und riecht man nämlich nicht, aber den Nachbarn, nein! Das ist zu viel verlangt!

Wievielen Menschen muß ich Atteste ausstellen, um ihnen zu einer anderen Wohnung zu verhelfen. Menschen wohnen zu viert oder fünft in zwei Zimmern oder in unvorstellbar dunklen und feuchten Löchern. Und nach langem Suchen und Kämpfen gelingt es ihnen schließlich, eine neue, vielleicht sogar eine Neubauwohnung zu bekommen. Ich freue mich mit den Leuten. Aber diese

Freude währt nur kurze Zeit. Die Menschen lassen leider ihren alten Adam nicht in der alten, verbrauchten Behausung, sie nehmen ihn in den Neubau mit, und schon kommen sie mit ihren Klagen an. Dies und jenes ist nicht gut, und am schrecklichsten sind die Geräusche, die die Nachbarn erzeugen. Da spielen viel zu viel Kinder im Hof oder auf der Straße, oder es gibt zu viel Lärm von Autos. Der eine trampelt über ihnen, der andere rauscht mit seinem Klo, beim dritten schreien die Kinder oder bellt ein Hund, ein anderer läßt sein Radio zu laut laufen oder spielt ein Musikinstrument, und der in seinen Wänden Eingeschlossene glaubt sich in eine mittelalterliche oder moderne Folterkammer versetzt.

Nicht nur der primitive Mensch ist seiner Grundstruktur nach selbstbezogen, diese Eigenschaft durchzieht alle Gesellschafts- und Altersklassen. Jeder fühlt sich persönlich getroffen und angegriffen und reagiert mit Aggressionen gegen den vermeintlichen Angreifer. Keiner meiner zahlreichen Patienten sagt sich etwa: „Da oben wohnen liebe kleine Kinder, natürlich trampeln sie über den Fußboden", oder: „Laß die alte Jungfer Klavier spielen, sie ist einsam, sie verströmt ihre ganze sehnsüchtige Seele im »Gebet einer Jungfrau« oder einem anderen sentimentalen Stück." Doch nein, wir denken: „Schon wieder hat sich dieses Biest ans Klavier gesetzt, sie weiß, daß ich jetzt ruhen möchte, sie tut es nur, um mich bis zur Weißglut zu ärgern."

Und um den Unliebsamen zu ärgern, dreht man entgegen seinem eigenen Empfinden das Radio auf höchste Lautstärke und überlegt dabei nicht, daß dieses Geräusch nicht nur die schuldlose einsame Jungfer, sondern auch ungezählte andere Nachbarn trifft, die wiederum feindlich reagieren.

Infolge der Hellhörigkeit der Wohnungen ist mir sogar einmal eine Fehldiagnose unterlaufen. Ich verschaffte einem sehr nervösen und depressiven Patienten, der in entsetzlichen Verhältnissen hauste, eine neue Wohnung. Die Familie war zunächst glücklich, er und seine Frau bedankten sich überschwenglich bei mir. Aber nach einer kurzen Weile kamen sie wieder und klagten über die Hellhörigkeit der Wohnung. Man könne alles verstehen, was die Leute unter ihnen sprächen, und der Mann behauptete, sie schimpften immer über ihn und seine Familie.

„Haben Sie sich denn in dieser kurzen Zeit schon verfeindet?"

„Nein, wir benehmen uns ganz leise, auch der Junge darf nicht laut sein, da passen wir schon auf. Aber die Leute sind doch immer mißgünstig; wenn man neu zuzieht, betrachten sie einen mit Argusaugen, und vielleicht sind sie auch neidisch, daß mein Mann eine gute Rente hat."

Nach einer Weile wurden die Klagen heftiger, der Mann konnte wörtlich wiederholen, was die Leute zwei Stockwerke tiefer über ihn sprachen, und es schien, daß sie nur über ihn sprachen. Nun, aus Erfahrung wußte ich, daß es keine interessanteren Gespräche gibt als über die anderen. Aber ich wurde hellhörig.

„Können denn auch Sie verstehen, was die Leute sich erzählen?", fragte ich die Frau.

„Nein, mein Mann hat bessere Ohren, er hört wie ein Luchs."

Erst als sie zum dritten Mal kamen und die Behauptungen noch drastischer waren, wurde mir klar, daß es sich diesmal nicht um die Lautdurchlässigkeit der Wände, sondern um Verfolgungswahn handelte. Der Kranke hatte in seinem verworrenen Geist die tatsächlich gehörten Geräusche zu Verfolgungserlebnissen verarbeitet. —

Manch einer steigert sich selbst in eine Neurose hinein. Ich erlebte es an einem musikalischen Abend bei einem befreundeten Amtsarzt. Seine drei Töchter machten Hausmusik, sie spielten Klavier, Geige und Flöte, es waren einige Gäste geladen und es ging sehr gesittet zu. Als sie nur wenige Minuten über zehn noch weiterspielten, ertönten gräßliche Stockschläge von der Decke her. Wir erschraken, die Mädchen hörten auf zu spielen, es herrschte betretenes Schweigen. Einige Minuten darauf hörte man das Geisterklopfen wieder, wie zur Bekräftigung. Wir wagten kaum miteinander zu sprechen.

„Was war das?", fragte ich den Kollegen.

„Einer, der über uns wohnt; wir kennen ihn nicht, aber er macht es immer so, wenn wir musizieren oder angeregt miteinander sprechen. Fast glaube ich, er sitzt da mit dem Stock und mit der Uhr in der Hand und wartet und ist tief enttäuscht, wenn mal nichts passiert. Das Klopfen ist ihm zur lieben Gewohnheit geworden." —

Ein nervöser und neurotischer Metzgermeister berichtete mir über bestialische Leute, die unter ihm wohnten, ausgelassene, unerzogene Kinder, die alle möglichen Jazzinstrumente mit größter Lautstärke spielten. Er beschwere sich dauernd beim Hausherrn, er lebe dort schon zwanzig Jahre, und das seien Zugezogene. Vor Ärger könne er gar nicht mehr schlafen.

Irgendwie erinnerte mich diese Geschichte an den kürzlich erlebten Zwischenfall bei meinem Kollegen, ich sah auf die Kartei und, o Wunder, vor mir saß der Klopfer. Ich schaute ihn daraufhin interessiert an.

„Was tun Sie denn, wenn die Sie so ärgern? Sind Sie hinuntergegangen und haben Sie mit den Leuten gesprochen?"

„Nein, das kann ich nicht, ich würde mich glatt vergessen und dem Federfuchser etwas antun; wenn ich mich aufrege, kenne ich mich selbst nicht mehr."

„Haben Sie einmal telefoniert und um mehr Ruhe gebeten?"

„Nein, aber ich klopfe heftig mit einem Stock gegen den Fußboden!"

„Wird es denn dann ruhig?"

„Na ja, manchmal, oft kichern sie auch und machen sich über mich lustig, oder sie musizieren leise weiter, dann klopfe ich ganz wild, schließlich werden sie ruhig. Wissen Sie, ich sitze schon jeden Abend gegen zehn mit dem Stock, um sie zur Raison zu bringen. Seitdem die Leute da wohnen, werde ich meines Lebens nicht mehr froh."

„Sie würden besser tun, sich weniger zu ärgern, Sie ärgern sich doch nun schon im voraus. Wenn Sie sich beschäftigten, würden Sie die Musik gar nicht hören."

„Ich möchte aber schon um neun Uhr schlafen gehen, ich habe einen anstrengenden Tag und bin müde; und da kommt, nur um mich zu ärgern, diese Teufelsbrut und fängt an zu dudeln!"

„Ich möchte Ihnen einen Rat geben, gehen Sie doch einmal hin und schauen Sie sich diese Teufelsbrut an. Möglicherweise sind es ganz liebe Menschen, die Ihnen gar nichts Böses antun wollen. Aber sie sind jung und musikalisch, und wie schön ist es, wenn heute junge Menschen Hausmusik machen. Und so schlimm kann diese Musik gar nicht klingen. Vielleicht bitten Sie sie, mit der Musik entgegen den gesetzlichen Bestimmungen schon um halb zehn aufzuhören. Dann gibt jeder eine halbe Stunde zu, und die Kriegsaxt wird begraben. Haben Sie den Mut, es zu tun, gehen Sie noch heute hin, aber bitte nicht mit Gewalttätigkeit, sondern als Kavalier, der Sie sind."

Er überlegte eine Weile und stimmte mir zu. Ich rief noch am selben Tag meine Bekannten an und erzählte ihnen von dem merkwürdigen Zusammentreffen. „Wenn er heut kommt, seid nett zu ihm und schenkt ihm wirklich die halbe Stunde, und ladet ihn doch zu einem eurer Musiknachmittage ein, das wäre das Beste." Sie lachten, aber sie fanden die Idee diskutabel.

Später berichteten sie, er sei tatsächlich eingeladen worden, er sei hochformell in Schwarz gekommen und hätte der Mutter einen Strauß rote Nelken geschenkt. Er sei von der Musik hingerissen gewesen. Seitdem habe das Klopfen aufgehört.

HEILIGE UNTER UNS

TANTE NATASCHA

Mit sechs Jahren erlebte ich den Besuch des großen russischen Menschheitslehrers Graf Leo Tolstoi bei uns im Weißen Hause. Vielleicht zum ersten Mal im Leben erfühlte ich die Emanation, die von einem großen Menschen ausgeht. Allen Ernstes glaubte ich im ersten Augenblick, der Liebe Gott stehe vor mir. Später sagte mir meine Mutter: „Er ist kein Lieber Gott, aber er ist ein Heiliger." Ich dachte, Heilige gebe es nur auf den Ikonen, zumindest aber seien sie schon lange tot. Doch da belehrte mich meine Mutter, daß Heilige auch heute noch unter uns lebten, daß es reine Menschen seien, die sich selbst überwinden und die Gott näher sind als die übrigen Sterblichen mit ihren kleinen Sorgen und Zänkereien.

Es gebe Zeiten, meinte sie, in der eine Menge von Heiligen über die Erde gehen, und Zeiten, da man ihre Gegenwart weniger spüre; aber immer seien sie unter uns, und an ihrem Leuchten und ihrer Freundlichkeit erkenne man sie. Nicht alle würden von den Kirchen heiliggesprochen, aber Gott, der alles sehe, der kenne seine verborgenen Lieblingskinder.

Wie seltsam muten uns heute, in einer entheiligten Zeit, die Worte des Apostels Paulus an die Gemeinden in Rom und in Korinth an, wenn er schreibt: „An alle von Gott geliebten Heiligen in Rom" (Römer 1,7), oder: „Ich befehle euch unsere Schwester Phöbe, sie steht im Dienst der Gemeinde in Kenchrea. Nehmt sie auf im Herrn, wie es Heiligen ziemt, und steht ihr bei, wenn sie in einer Sache eurer bedarf" (Röm. 16, 1.2). Und im 1. Korinther-Brief: „. . . . an die Gemeinde Gottes zu Korinth, an die Geheiligten in Christus Jesus, die als Heilige berufen sind . . ."

In diesen ersten Bekundungen über Heilige steht nichts von Wundertätigkeit, von Stigmatisation oder Märtyrertod; es ist nur die Heiligkeit gemeint, das Heil-Sein in Gott, ein Leben, das überstrahlt wird von Gottes Liebe und von der Verheißung der Freude.

Versuchen wir, die Heiligen mit den Augen des Apostels Paulus zu sehen, so werden wir erfreut gewahr, daß heute noch, mitten unter uns, Heilige oder Geheiligte im Herren, wie er sie nennt, leben. Sicherlich gibt es verschiedene Grade der Heiligkeit, je nach dem Temperament und der Eigenart ihres Trägers. Auch die von den Kirchen kanonisierten Heiligen bilden eine gewisse ungeschriebene Hierarchie je nach dem Maße ihrer Beliebtheit im Volke. Tröstlich ist es, wenn einem die Gnade zuteil wird, einem Heiligen in unserem Alltag zu begegnen. Wir brauchen nicht lange danach zu forschen, worin die Heiligkeit besteht, sie hebt ihn unter Tausenden aus den anderen heraus. Wir sagen dann: er ist nicht von dieser Welt! Und sagen damit etwas sehr Dummes. Niemand steht fester in dieser Welt als der Heilige, denn er liebt und bejaht diese Welt als eine Schöpfung Gottes. Er nimmt sich aber selbst nicht mehr wichtig, und in dem Maße, in dem er sich hintanstellt, werden auch alle Probleme des Daseins, Armut, Gebrechlichkeit, Schmerzen, Verluste, zu einer Fata Morgana; er erlebt sie selbstverständlich noch, aber sie fechten ihn nicht mehr an. Er überwindet sie, weil er sich selbst auf Gott hin überwindet.

Ich bin in meinem Leben vielen kleinen und großen Heiligen begegnet, und diese Begegnungen gehören zu dem größten Schatz meines Lebens. Von manchen dachte ich, sie seien in ihrem leiblichen Sein bereits so vollendet, daß sie mir wie verkleidete Engel erschienen; bei anderen hatte man den Eindruck, daß sie sich noch auf der Mitte ihres Pfades zur Heiligkeit befänden, und andere muteten einen noch als Anfänger, als Lehrlinge in der Heiligkeit an, aber schon war an ihnen etwas von dem Glanz, der später aus dem Heiligenschein auf uns herableuchtet, zu spüren.

Tante Natascha war eine solche Heilige. Ich begegnete ihr erstmals bei einem Vortrag, den ich halten mußte. Der Saal war voll. Ich ging an den Reihen entlang und grüßte hier und da Menschen, die ich kannte oder bei anderen Vorträgen gesehen hatte. Plötzlich hörte ich eine leise Stimme hinter mir: „Djadja Wolodja!" (Onkel Wolodja). Ich drehte mich um und begegnete einer schönen Frau mit weißem Haar und großen braunen Augen. Sie war über sechzig, schlank, elegant angezogen und hatte in der Hand ein dünnes weißes Stöckchen, wie es die Blinden benützen. Ich grüßte sie freundlich, ohne zu ahnen, daß ich sie zum ersten Mal sah. Nach dem Vortrag umarmte sie mich und küßte mich nach russischer Art dreimal auf die Wangen. Danach begegnete ich ihr fast in allen meinen Vorträgen, und schließlich lud sie meine Frau und mich zu sich ein. Sie bewohnte eine kleine helle und saubere Wohnung, die russischen Geist atmete. In der Ecke hingen alte Ikonen, vor denen eine rote Lampe brannte, russische Landschaftsbilder zierten die Wände. Auf dem Tisch standen ein kleiner Samowar, Warenje (eingezuckerte Früchte) und Kulitsch (Hefekuchen). Man fühlte sich, mitten in Berlin, wie im alten Moskau.

Sie stammte aus ältestem russischem Fürstengeschlecht, ihr Vater war Gouverneur einer Provinz. Sie heiratete einen Marineoffizier. Sie erlebte alle Schrecken der Revolution. Schließlich gelang es ihr, mit ihrem Mann und dem kleinen Andrjuscha zu fliehen. Sie verdiente durch Nähen ihren Lebensunterhalt, ihr Mann stellte mit anderen adligen Russen Wodka her. Er starb bald und sie blieb mit ihrem kleinen Sohn allein. Durch anstrengende Arbeit ermöglichte sie ihrem Sohn das Studium. Im Krieg wurde der Sohn nach Rußland verschleppt und sie hörte jahrelang nichts von ihm. Ihr Gefühl sagte ihr, daß er noch lebte. Sie betreute ihren Enkel Mischenka, dem sie Russisch beibrachte und den sie in der alten russischen Tradition erzog. Mischenka war ein gläubiger Junge. Sonntags diente er in der Kirche bei der Messe als Ministrant.

Mit der Zeit erlitt sie eine Netzhautablösung am linken Auge, es wurde blind. Sie sprach davon ohne jedes Pathos und verrichtete weiter Näharbeit, die sie ernährte. Eines Sonntags wurde ein Telegramm ins Haus gebracht. Andrjuscha kündigte seine Befreiung aus der Gefangenschaft und seine baldige Ankunft an. Sie fiel auf die Knie vor den Ikonen und betete inbrünstig, voll Dankbarkeit. Und da wurde alles dunkel um sie her. Sie bat ihre Zimmernachbarin, sie zu einem Augenarzt zu führen. Er stellte Netzhautblutung am gesunden Auge fest. Sie blieb eine Weile ganz still sitzen, um das Schreckliche zu fassen. Aber dann kam die Freude über sie, daß ihr geliebter Andrjuscha lebte und heimkehren würde, und sie dankte Gott und sagte sich: „Was sind schon meine Augen gegen das Geschenk, daß Andrjuscha wieder da ist." Und sie beugte sich unter Gottes Willen. Mit der Zeit konnte sie Hell und Dunkel und Umrisse von großen Gegenständen unterscheiden.

Sie begann ohne einen Klagelaut sich auf die neue Situation umzustellen. Sie ertastete sich alle Gegenstände, bis sie jeden einzelnen genau erkennen konnte. Sie stellte die Lebensmittel in der Küche so auf, daß sie wußte, wo jedes seinen Platz hatte, und sie lernte es, für sich selbst zu kochen, ohne anderer Hilfe zu bedürfen. Sie war immer sauber und adrett gekleidet und sie versuchte sich so zu bewegen, daß man möglichst nicht sogleich merkte, daß sie blind war. Sie deckte selbst den Tisch, und alles war wie früher. Sie spielte mit ihrem geliebten Papagei, der sich ihr auf den Kopf setzte und ihre Nase mit seinem Schnabel zärtlich kniff.

Als Andrjuscha, dessen Familie in ihrer Nähe wohnte, heimkam, ging sie ihm lachend und weinend entgegen. Natürlich erfuhr er von dem Schicksal, das seine Mutter getroffen hatte, aber er wagte es nicht, sie zu bemitleiden. Sie verbat sich sofort, daß er über ihre Augen spreche. Sie fragte ihn nach seinen Erlebnissen. Niemals wurde in ihrer Gegenwart von ihrer Blindheit gesprochen. Sie beteiligte sich an allen Gesprächen. Sie lernte fleißig die Blindenschrift und holte sich Bücher aus der Blindenbibliothek. Sie ging mit jugendlichem Schritt über die Straße, mit dem Stöckchen tastend. Polizisten, die sie sahen, geleiteten sie über die Straße. An einem Tag konnte sie nicht ausgehen. Als sie dann am nächsten Tag über die Straße ging, kam der Polizist ihr entgegen und erkundigte sich besorgt, wo sie denn gestern gewesen sei, er hätte sich schon große Sorgen um sie gemacht. Er bat um ihre Adresse, und ob er nicht nach ihr sehen dürfe, wenn sie nicht käme, es würde ihn beruhigen. Sie gab ihm ihre Adresse und lud ihn mit seiner Frau und seinem Kind zum Tee ein.

Sie erzählte mir von dem seltsamen Zustandekommen unserer Bekanntschaft. Sie ging zu allen Gottesdiensten in die Orthodoxe Kirche, aber sie besuchte auch sehr gerne geisteswissenschaftliche Vorträge. Eines Abends war sie im Gespräch mit dem Priester. Plötzlich stand sie auf und sagte, sie habe es eilig, sie müsse noch zu einem Vortrag in der Theosophischen Gesellschaft. Der Priester war darüber ungehalten, ob ihr die eigene Kirche und die Orthodoxie nicht genüge, müsse sie denn noch zu Andersgläubigen laufen? Wenn das so weiter ginge, würde sie noch zu den Vorträgen von Onkel Wolodja, dem kleinen Häretiker, gehen. Sie fragte, warum dieser ein Häretiker sei. Der Priester meinte, jener sei vielleicht ein guter Christ, aber er sei zugleich ein Synkretist und habe in seinem Buch „Die Menschheit betet" recht häretische Ansichten über die heidnischen Religionen geäußert.

Natascha machte sich auf den Weg zum Vortrag bei den Theosophen. Unterwegs bemerkte sie Menschen, die eine Bücherstube betraten. Sie fragte, was hier los sei. „Ein Vortrag von Doktor Lindenberg", antwortete man ihr. Sie faßte es als Fügung auf. Da sie mich nicht kannte, beschloß sie jeden Mann, der vorbeiging, leise mit dem Wort „Djadja Wolodja" anzurufen. Auf diese Weise habe sie mich kennengelernt.

In einer jahrelangen Freundschaft habe ich Natascha niemals deprimiert, heftig oder ungeduldig gesehen. Sie war freundlich zu jedermann, sie sprach nie von sich selbst, nie von ihren Problemen oder Beschwerden, aber sie hörte jedem geduldig zu und tröstete alle, die im Unglück waren. Sie besuchte alte Freunde, pflegte sie, heiterte sie auf. Und jeder, der ihr begegnete, wurde demütig und begriff, wie klein seine eigenen Probleme gegen die Majestät der Blindheit waren.

„Ich bewundere dich, Natascha, wie du dein Leben meisterst. Ich betrachte dich als meine Lehrmeisterin."

„Du Dummer, im Gegenteil, ich betrachte dich als meinen Lehrmeister! Denn weißt du, da ist gar nichts zu bewundern. Ich habe doch die Blindheit und den Verlust der Heimat und den frühen Tod meines Mannes und manche materielle Not nicht selbst herbeigezogen. Alles ist mir gegeben und aufgetragen worden, und wem Gott so etwas schickt, von dem nimmt Er auch an, daß er es in rechter Weise tragen wird. Und siehst du, so trage ich es und spreche mit den Worten des Christusgebets: »Dein Wille geschehe.« Was dann zu tun ist, das muß ich schon allein bewirken. Denn Demut allein ist nicht genug, man muß auch das Unglück beim Schwanz packen und es ordentlich schütteln, und man muß allen Mut zusammennehmen, um vor Gott zu bestehen. Aber je mehr man sich in Seiner Hand weiß, um so leichter wird das Leben; schließlich wird es so leicht, daß man glaubt, daß alle Dinge auf einen zukommen und daß man gar nichts mehr von sich selbst aus zu tun braucht. Man lernt nach und nach genau zu unterscheiden, was von Gott gesandt wird und was menschliches Beiwerk ist. Begegnungen, Briefe, Geschenke, Bücher, Radiosendungen, Gespräche werden einem zur rechten Zeit geschickt, und man hat nur zu danken. Und in der Blindheit, in der vermeintlichen Dunkelheit, wird es ganz hell in einem. Jetzt erst habe ich richtig begriffen, was die Heiligen, die Mystiker und die Quäker mit dem »Inneren Licht« meinen. Es leuchtet wirklich in einem. Und glaub nur nicht, daß es in mir dunkel ist. Es ist mir versagt worden, die schöne äußere Welt mit meinen Augen zu sehen. Aber ich hatte sie ja viele Jahrzehnte erlebt und kann sie mir immer vorstellen, und vielleicht stelle ich sie mir heute noch viel schöner vor, als sie tatsächlich ist. Und wenn ich nach innen schaue, denn das allein bleibt mir übrig, dann ist es nicht dunkel, dann sehe ich helle oder dunkle Farben und Lichterscheinungen. Und vielleicht ist das ein schwacher Abglanz von jenem Licht, das die Mystiker meinen. Ich jedenfalls möchte es glauben und bin glücklich dabei.

Ich habe durch die Blindheit einen ganz anderen Begriff von der Zeit bekommen. Ihr alle habt nie oder nur wenig Zeit. Ich aber bin erfüllt von Zeit, weil für mich Tag und Nacht gleich sind und weil ich nicht mehr soviel tun muß. Ich mache ja nur das Allernotwendigste, und so habe ich sehr viel Zeit, aber sie wird mir nie zu lang; denn ich kann nachdenken, ich kann den Dingen, den Begegnungen, den Gedanken nachgehen, und ich erlebe alles viel anhaltender und intensiver. Weißt du, Wolodinka, wenn jetzt Gott käme und zu mir sagen würde: »Steh auf, du kannst wieder sehen!«, ich würde weinen, aber gar nicht vor Freude, ich würde sehr viel verlieren, wenn ich wieder sehen würde. Ich möchte diesen Zustand nicht eintauschen."

„Du bist eine Heilige, Nataschenka!"

Sie lachte laut. „Was bin ich für eine Heilige, ein sündiger Mensch bin ich, mit allen guten und bösen Regungen. Aber sag doch selbst, hab' ich nicht allen Grund, glücklich und dankbar zu sein? Ich habe die kleine Wohnung, ein Dach über dem Kopf. Mein Andrjuscha ist wieder da, er hat eine liebe Frau, und der Mischenka gedeiht prächtig. Alle sind gut und lieb zu mir, sogar die Polizisten, und alle Freunde verwöhnen mich. Ich habe satt zu essen, und das Sozialamt gibt mir, seit ich nicht mehr arbeiten kann, eine kleine Rente. Was fehlt mir denn?! Ich bin so glücklich! Und immer, wenn ich allein bin und Zeit habe, spreche ich mit Gott und danke Ihm für alles, daß Er mich Unwürdige so reich verwöhnt, und ich mühe mich, besser und demütiger und dankbarer zu werden. Manchmal denke ich, es kann nicht sein, daß es mir so gut geht, Gott verwöhnt mich allzusehr, vielleicht ist das gar nicht gut. Aber ich nehme es dann doch aus Seiner Hand."

Im Sommer luden wir sie ein, einige Wochen auf unserem Landsitz in Rannerding in Bayern zu verbringen. Sie war dort mit meiner Schwester. Sie machte lange Spaziergänge. Sie roch die Landschaft. „Hier sind Wiesen, ich rieche die Margeriten. Und hier ist der Wald, die Tannen duften nach Honig." Und der Wind brachte ihr eine Symphonie von Gerüchen. Am wundertätigen Brünnlein in Felizenzell bei Buchbach wusch sie mit dem Quellwasser ihre Augen, und sie meinte, die Helligkeit, die sie noch wahrzunehmen vermochte, habe an Intensität zugenommen. Es war das erste Mal seit achtzehn Jahren, daß sie aus Berlin herauskam, und die Erlebnisfülle drohte sie zu zersprengen, so glücklich war sie in Gottes Natur.

Vor Weihnachten besuchten wir sie zum letzten Mal. Sie sah etwas blaß aus. Ich fragte sie bekümmert, ob sie sich nicht wohl fühle.

„Doch, doch, es ist nichts", lachte sie. Leise fügte sie hinzu: „Weißt du, hier drin klopft es öfters, als ob es an die Tür klopfte. Vielleicht mahnt Er mich. Du weißt, wie ich dieses Leben und euch alle, und meinen Andrjuscha und die Olga und Mischenka liebe. Aber wenn es klopft und die Tür wird einmal weit aufgemacht, glaubst du nicht, daß alles, wenn es hier schon so schön ist, noch schöner und strahlender sein wird? Und ich bin für alles so dankbar, und ich danke auch dir und deiner Frau für alles."

Am nächsten Tag erlitt sie einen Schlaganfall, sie wurde ins Krankenhaus gebracht. Der Priester kam und erteilte ihr die Kommunion. Ihr Sohn, seine Frau und der Enkel besuchten sie. Sie sprach etwas mühsam, die Zunge gehorchte ihr nicht ganz, aber sie lächelte und dankte. Eine Stunde nach diesem Besuch starb sie ohne Qual. Im Tode noch lächelte sie ihr sanftes und etwas schalkhaftes Lächeln.

An ihrem Grabe sind bisher keine Wunder geschehen, wie es an Gräbern von Heiligen gelegentlich vorkommt. Aber sie lebt in den Herzen all derer, die sie geliebt haben, als leuchtendes Beispiel von Demut, Freude, Freundlichkeit und Selbstüberwindung.

„Grüßt mir die Heiligen...", schreibt Paulus. Wir sind dankbar, daß diese Heiligen unauffällig unter uns wandeln und daß etwas von ihrem Licht und ihrer Wärme auf uns überstrahlt.

HERBERT PORTE, DER FROHE DULDER

1947 wurde in unsere Hirnverletztenklinik ein querschnittsgelähmter junger Mann eingewiesen. Männer brachten ihn auf einer Bahre und legten ihn behutsam auf das Bett. Er war bis zum Skelett abgemagert. Eine Kugel hatte dem siebzehnjährigen Flakhelfer das Rückgrat zertrümmert. Er war vom Gürtel an gelähmt und hatte in der unteren Körperhälfte keine Empfindung mehr. Der Rücken, das Gesäß, die Waden und die Fersen wiesen große eiternde Dekubitusgeschwüre auf. Er hatte Fieber. Die Blase und der Mastdarm funktionierten nicht. Wir hatten wenig Hoffnung, den Patienten am Leben zu erhalten. Wir legten ihn in ein ruhiges Doppelbettzimmer und pflegten ihn mit aller Sorgfalt. Sein Zustand besserte sich, aber er blieb natürlich gelähmt.

Herbert Porte hatte das Antlitz eines Engels, es strahlte eine überirdische Güte und Gelassenheit aus. In den drei oder mehr Jahren, die Herbert bei uns verbrachte, haben wir nicht ein einziges ungeduldiges oder heftiges Wort, keine Selbstbemitleidung, keine Klage, keinen Vorwurf gegen sein Schicksal gehört. Er lächelte jeden an, war immer bereit, die Kümmernisse seiner Kameraden anzuhören, und er gab ihnen besonnene, gütige und reife Ratschläge. Er war immer von auserlesener Höflichkeit und Sanftmut.

Für uns Ärzte und Schwestern bedeutete es eine Entspannung, wenn wir uns an das Bett von Herbert setzen durften. Man hörte sonst bei den Visiten so viele berechtigte Klagen, Verzweiflung über den Krankheitszustand, über das Schicksal, ungezählte Lebensprobleme, Konflikte in der Familie und Gesellschaft. In Herbert Portes Zimmer herrschte eine klare, heitere Atmosphäre, man atmete auf.

„Wie ist es möglich, Herbert, daß du, der du am schwersten von allen getroffen worden bist, immer heiter und gelassen und demütig bist? Ich habe noch nie erlebt, daß du mit deinem furchtbaren Los hadertest."

Er lächelte bescheiden und etwas verschmitzt. „Ich habe mich darein gefunden. Ich war ein Junge wie alle anderen, lebhaft und ungezogen. Ich wurde zu den Soldaten gerufen. Ich ging, wie alle gingen. Eigentlich war ich kein guter Soldat. Ich hatte fürchterliche

Angst. Die anderen wohl auch, aber man genierte sich, sie zu zeigen. Und so zeigte ich sie auch nicht, im Gegenteil, ich war sogar keß und ein Draufgänger und demonstrierte einen Mut, den ich nicht besaß; aber ich merkte, daß die Angst dann geringer wurde. Ich betrog mich selbst und die Angst durch das forsche Auftreten, und es machte mir Vergnügen, daß die anderen Kameraden durch mein Auftreten nicht merkten, daß ich so sehr Angst hatte. Wäre ich vorsichtiger gewesen, so wäre vielleicht auch nichts passiert. Bei einem Tiefflug des Feindes hätte ich gut Deckung suchen können, aus lauter Bravour und Großtuerei blieb ich an meiner Abwehrkanone ungeschützt stehen. Ich wollte den anderen zeigen, wie mutig ich sei, was ich im Grunde doch gar nicht war. Nun, und dann kam die Strafe. Ich wurde von einer Garbe aus dem Maschinengewehr im Rücken getroffen. Als ich zu mir kam, da dachte ich, man hätte mir die untere Hälfte des Körpers weggeschossen oder im Lazarett wegoperiert. Es war nichts mehr da. Später sah ich, daß doch noch alles da war, aber es war etwas Fremdes, etwas, das mir nicht mehr gehörte, nur noch an mich angehängt war. Erst wollte ich sterben und bat den Arzt und die Schwestern um eine Spritze. Dann gab mir eine junge hübsche Schwester das Evangelium in die Hand. Ich las. Ich hatte es früher nie richtig gelesen, nur den Katechismus und das, was man im Religionsunterricht so flüchtig aufnimmt, und ab und zu hatte ich eine Predigt an den großen Feiertagen gehört. Aber jetzt hatte ich Zeit und las richtig, langsam, Wort für Wort und oft. Und da begann ich zu begreifen, daß Gott mit jedem von uns etwas vorhat, und mit jedem etwas anderes. Und da begriff ich auch das Wort: »Fasset eure Seelen in Geduld«. Und Geduld brauchte ich, wußte ich doch, daß ich nie wieder würde gehen oder heiraten können, und so lebte ich mich allmählich in diesen Zustand hinein. Natürlich hätte ich auf meinen Tod warten können, denn ich bin ja ein Todeskandidat. Aber dann sagte mir der Chefarzt, das könne zwanzig Jahre dauern, und der Mensch könne nicht davon leben, daß er auf den Tod warte, er müsse sein Leben, auch wenn es nur eine Handvoll Leben sei, gestalten.

Ich dachte nach. Was sollte ich schon gestalten? Gewiß, ich lernte es, mit meinen Händen kleine Holzschnitzereien zu machen, aber das war nicht genug. Da begriff ich, daß mir viel Zeit übrig blieb, mich selbst zu gestalten. Und da habe ich mir vorgenommen, geduldig und dankbar und freundlich zu werden. Ich war doch nun absolut auf die Hilfe meiner Mitmenschen angewiesen, und ich erlebte, wieviel Freundlichkeit und Mitgefühl und Liebe sie mir entgegenbrachten; und da nahm ich mir vor, sie nicht zu enttäuschen und ihnen nur Dankbarkeit und Liebe entgegenzubringen. Zuerst war das schwer. Wenn nicht gleich jemand zur Stelle war, um mir eine Handreichung zu geben oder mich umzubetten, dann wollte ich aufbegehren; aber dann nahm ich mich zusammen, und denken Sie, es wurde von Mal zu Mal leichter. Und nun macht mir das Geduldig- und Freundlichsein gar keine Mühe mehr, es ist mir sozusagen zur zweiten Natur geworden. Jetzt wundere ich mich, wenn andere ungezogen und unbeherrscht sind. Und seit ich nicht mehr ungeduldig bin, bin ich auch glücklich und zufrieden. Es tut mir sogar kaum noch leid, daß ich nicht mehr, wie die anderen, arbeiten und mein Brot verdienen kann. Eigentlich bin ich den Menschen zur Last. Aber dann tröste ich mich und denke, ich gebe ihnen Gelegenheit Gutes zu tun. Und wenn ich sehe, wie froh und stolz sie sind, wenn sie mir helfen, dann freue ich mich."

Sonst redete Herbert nie sehr lange, er hörte mehr zu und lächelte nur, er sprach auch nie von sich selbst, und die anderen waren es zufrieden, daß sie von sich und ihren Nöten und Problemen reden konnten.

Im Krankenhaus, in dem siebzig hirnverletzte Männer lebten, ging es laut und lebhaft zu. Nur in der Nähe von Herberts Zimmer war es immer still, jeder nahm sich zusammen und wurde leise, um den Schwerkranken nicht zu stören. Viel Ruhe hatte Herbert allerdings nicht. Immer saßen Kameraden bei ihm am Bett. Sie wollten ihm Gesellschaft leisten, weil sie glaubten, daß er sich langweile. Die meisten aber kamen, um sich trösten zu lassen. Angesichts solchen Leids und solcher physischer Zerstörung erschien ihnen ihr eigenes Leid klein und nichtig.

Wenn manch einer mit seinem Schicksal haderte, sagten wir ihm: „Geh zu Herbert, schau nach, ob er nicht etwas benötigt, und hilf ihm." Wir wußten, daß er sich in Portes Gesellschaft schnell beruhigen würde; er würde ihm von seinen Schwierigkeiten erzählen, Herbert würde sehr geduldig und aufmerksam zuhören, er würde sanft lächeln und vielleicht auch einige Worte zu den Problemen sagen. Es war wie ein Wunder: viele Probleme zerfielen wie Seifenblasen oder schrumpften auf die Hälfte zusammen, wenn man sie zu Herbert brachte.

An seinem Geburtstag war Herberts Zimmer voll von Blumen und Geschenken. Nicht nur hatten alle Patienten meiner Abteilung für ihn gesammelt und ihn auch einzeln beschenkt; auch die Ärzte, die Schwestern und Pfleger und viele Schwestern aus den anderen Abteilungen und andere Patienten, die ihm im Garten begegnet waren, wenn er im Rollstuhl umhergefahren wurde, gratulierten ihm und erwiesen ihm Aufmerksamkeiten. Jeder liebte ihn, den halben Menschen mit dem Antlitz eines ernsten, leidgeprüften Engels. Ich setzte mich an sein Bett und hielt seine Hand. Er war von den Zeugnissen der Liebe und Verehrung überwältigt, er fand keine Worte.

„Warum geschieht das mir, ich habe es doch durch nichts verdient", stammelte er.

„Doch, Herbert, du hast es verdient, und noch mehr! Du bist der gute Geist unserer Abteilung und unseres Krankenhauses. Du bist so etwas wie unser Schutzengel, ins Menschliche übertragen. Wärest du unversehrt aus dem Kriege herausgekommen, so wärest du wahrscheinlich ein liebenswürdiger, fleißiger junger Mann geworden, mitten im Lebensgetriebe, in materiellen Sorgen und Nöten. Aber Gott hatte etwas ganz Besonderes mit dir vor. Er nahm dir einen großen Teil deiner Körperlichkeit, aber er schenkte dir eine Kraft des Geistes, wie sie ohnegleichen ist. Er stellte dich mitten hinein an den Ort der Schmerzen und des Leids, als Leidenden, aber du bist darüber hinausgewachsen zu einem Heilenden. Du ahnst wohl gar nicht, wieviel du uns allen bedeutest, wieviel Kraft wir aus der Begegnung mit dir nehmen, wieviel Kraft die oft gehetzten und strapazierten Schwestern sich von dir holen, gar nicht zu reden von unseren Hirnverletzten, für die du ein lebendiges Beispiel bist, wie man leben, wie man sich überwinden kann. Gott hat dir eine große Aufgabe gestellt, und wir sind dir dankbar, daß du den Sinn dieser Aufgabe begriffen und dich überwunden hast." Er sah mich ungläubig aus großen klaren Augen an. Er dankte stumm.

Immer wieder flackerten die Dekubitalgeschwüre, die nie ganz verheilten, auf, es gesellte sich Nierenbeckenentzündung hinzu. Herbert hatte hohes Fieber und durfte keinen Besuch empfangen. Die anderen Patienten vergaßen ihr eigenes Leid und fragten nach seinem Befinden. Manchmal schauten sie durch das Schlüsselloch oder den Türspalt, um ihn zu sehen. Wenn es ihm besser ging, waren die Patienten froh und fast ausgelassen.

Eine junge schöne Schwester verweilte mehr und länger, als es ihr Dienst erforderte, in Herberts Zimmer. Es wurde unter den

Schwestern getuschelt, daß sie in ihn verliebt sei. Sie verbrachte ihre freien Abende bei ihm. Schließlich sah ich mich gezwungen, mit ihr zu sprechen.

„Ich liebe ihn, ich liebe ihn mehr als mein Leben!", schluchzte sie.

„Liebt er Sie denn auch? Sie wissen doch, wie schwer krank er ist, er ist doch zu physischer Liebe völlig unfähig. Ich habe Angst, Sie werden ihn durch Ihre Liebe aufregen, in ihm Gefühle und Triebe wecken, die er in sich überwunden hat, und er wird darunter leiden und sein bisher heldenhaft aufgebautes Gleichgewicht verlieren. Haben Sie das alles bedacht? Sie sind noch sehr jung. Sie verzichten auf ungezählte Freuden, auf die leibliche Vereinigung, auf Mutterschaft, auf einen gesunden Partner. Ihre Lebensaufgabe wird sein, ihn zu pflegen, sein Leid und seine Krankheiten mitzuerleben und um sein Leben zu bangen. In der Verliebtheit erscheint einem manches ganz leicht, was aber auf die Dauer eines Lebens, auch wenn es nur kurz bemessen sein mag, durchgetragen werden muß und was nachher zum Alltag wird; werden Sie es denn nicht bedauern und an ihm schuldig werden? Ich weiß nicht, ob Sie das alles aus der gegenwärtigen Gefühlslage ermessen können."

„Ich verspreche es Ihnen, ich werde alles für ihn tun, ich werde wie eine Mutter für ihn sorgen. Ich habe mir alles genau überlegt und ich bin überzeugt, daß es nicht nur ein flüchtiges Gefühl ist, sondern echte Liebe und Opferbereitschaft."

„Bedenken Sie aber noch eins, Herbert ist jetzt mehrere Jahre bei uns. Er hat hier ein echtes Zuhause und eine große Aufgabe erhalten. Sie wissen selbst, wie viel er allen, den Patienten, den Schwestern, den Ärzten bedeutet. Wenn Sie ihn heiraten, dann haben Sie ihn allein für sich, er wird seiner Aufgabe entkleidet. Ob ihm das sehr leicht fallen wird und ob ihm die Zweisamkeit auf die Dauer genügen wird? Er würde doch nie wagen, Ihnen, auch wenn er Sie liebte, den Vorschlag einer Heirat zu machen. Er denkt doch nie an sich."

„Sicherlich würde er es nie gewagt haben, aber ich habe es ihm vorgeschlagen, und er hat nicht abgelehnt. Er wagt es aber nicht, mit Ihnen darüber zu sprechen, weil er meint, Sie würden dagegen sein."

„Ich bin auch dagegen", sagte ich leise.

Sie hatten geheiratet. Es war eine traurige und ergreifende Hochzeitsfeier. Herbert Porte saß im Rollstuhl, die Braut in Weiß und im Schleier stand neben ihm und hielt seine Hand. Der Pastor verkürzte auf unsere Bitte die Zeremonie. Viele Hirnverletzte weinten, sie wollten nicht begreifen, daß sie Herbert, der ihnen gehörte, an eine einzelne Frau verloren. Auch Herbert war bekümmert, das Strahlen verschwand aus seinen Augen. Er zog mit seiner Frau in das Dorf seiner Eltern in der Ostzone. Wir und seine Kameraden blieben in schriftlicher Verbindung mit ihm, sie schickten ihm Päckchen zu den Feiertagen und zum Geburtstag.

Zehn Jahre später schrieb er mir zu Weihnachten: „Ich liege immer im Bett und auf dem Bauch, denn die Wunde am Rücken ist wieder in voller Größe erstanden. Es ist zum Verzweifeln. Es geht schon über drei Jahre mit der Wunde, sie heilt einfach nicht. Ich will aber nicht klagen, ich will unserem lieben Herrgott für jeden Tag, den Er uns aufs neue schenkt, dankbar sein; denn wenn man das Elend auf dieser Welt sieht, dann denke ich immer: wie gut bin ich davongekommen!"

Achtzehn Jahre nach der Verwundung starb Herbert ohne einen Klagelaut in einem Krankenhaus der Kreisstadt. So erlosch das Leben eines Menschen, dem Gott im leiblichen Bereich alles genommen hatte, der aber trotzdem oder gerade deswegen Ihm ganz nahe gekommen war und aus eigener Trostlosigkeit zum Trost und Heil für viele wurde.

Bei der Nachricht von seinem Tod mußte ich an ein Erlebnis von Leo Tolstoi denken, das er im Kloster von Optina Pustyn hatte. „Dort lag mehr als dreißig Jahre ein total gelähmter Mönch, der nur einen Arm zu bewegen vermochte, auf dem Fußboden. Die Ärzte meinten, er müsse schwer leiden, aber er klagte nie, er bekreuzigte sich und lächelte die Ikonen an und bekundete damit seinen Dank an Gott und seine Freude um den verbliebenen Funken Leben. Zehntausende von Pilgern gingen an ihm vorbei und verweilten bei ihm. Man kann kaum ermessen, wieviel Segen durch diesen Mönch in die Welt ausgestrahlt wurde. Jeder, der ihn sah, verglich seine kleinen Kümmernisse mit dem Leid des Mönches und wurde demütig. Jener Mönch bewirkte mehr Gutes als Zehntausende von gesunden Menschen, die in zahllosen sozialen Institutionen wirken."

KATHARINA NOWIKOWA

Zum ersten Mal sah ich sie in der kleinen russischen Kirche in Tegel. Es war Ostersonnabend, wir waren viel zu früh zur feierlichen Nachtmesse erschienen. Die Kirche war spärlich erleuchtet. In der Mitte des Raums war noch das symbolische Grab Christi aufgebaut. Wenige Menschen standen umher. Der Küster baute geräuschvoll das Grab ab, ich half ihm dabei. Von der überwältigenden Feierlichkeit der Auferstehung des Heilands war noch nichts zu spüren. Eine kleine schmächtige Frau, deren Kopf mit einem weißen Tüchlein bedeckt war, stand vor einem großen Pult und las mit leiser, schwacher Stimme psalmodierend Vorbereitungsgebete und Litaneien. Eine hohe Kerze erleuchtete spärlich das Buch. Aus dem Tuch schaute ein wächsern bleiches Gesicht mit großen dunklen Augen. Die Lesung dauerte bestimmt zwei Stunden. Die Gestalt sah so gebrechlich aus, daß ich befürchtete, sie würde die Anstrengung nicht durchhalten und umfallen. In einer kleinen Pause ging ich zu ihr und fragte sie leise, ob ich nicht weiter lesen sollte. Ich hatte es noch nie getan und wußte nicht einmal, ob ich die slavonische Kirchenschrift überhaupt noch entziffern könne, aber ich wollte die kleine schwache Frau ablösen.

Sie schaute mich aus ihren kindlichen Augen erstaunt an und schüttelte den Kopf. „Danke, danke, ich bin es gewohnt, ich mache es schon seit meiner Kindheit, ich habe Kraft genug!" Ich zog mich zurück.

Inzwischen füllte sich die Kirche mit Gläubigen. Jeder hielt eine brennende Kerze in der Hand. Der Priester und die Diakone kamen aus dem Altarraum, andere Gläubige ergriffen Paramente und Ikonen, die auf Stangen montiert waren. Die Prozession, die die Frauen und Jünger symbolisiert, die den toten Heiland im Grabe suchten, setzte sich in Bewegung und marschierte dreimal um die Kirche. Die Kerzenflammen flackerten im Winde, die um die Kirche gelegenen Grabstätten der Russen warfen das Licht gespenstisch zurück. Die erleuchteten Gesichter der Betenden waren hell und froh. Wieder sah ich die kleine Gestalt der Vorleserin, sie war sehr blaß, aber ihr Antlitz leuchtete in verhaltener Freude, einer stillen, in sich gekehrten Freude, die sich jenseits der wächsernen Haut abspielte. Ich mußte unwillkürlich an das Grabmal der Heiligen Cäcilia von Bernini denken.

Später kehrte man in die Kirche zurück. Der Priester verkündete uns die Auferstehung des Heilands. Der Chor sang crescendo die Hymne: „Christus ist auferstanden von den Toten und hat durch seinen Tod den Tod besiegt und schenkte jenen, die in den Gräbern lagen, das Leben wieder!" Unbeschreibliche Freude bemächtigte sich der Menschen, die seit mehr als einer Generation fern ihrer Heimat dieses erhabenste Fest miteinander, nahe den Gräbern ihrer Verwandten, feierten. Alle, Bekannte und Unbekannte, umarmten sich, küßten sich dreimal auf die Wangen und verkündeten jubelnd: „Christus ist auferstanden!" — „Wahrhaftig, er ist auferstanden!", antwortete der andere. Katharina Nowikowa, die blasse Vorbeterin mit dem Nonnengesicht, umarmte mich. Nach dem Christusgruß sagte sie leise: „Spasibo!" „Danke für das Angebot!"

Viele Jahre später kam sie in meine Sprechstunde. Sie sah noch blasser aus. Es stellte sich heraus, daß sie an einer perniziösen Anämie litt und sehr schwach war. Sie kam, weil die große vorösterlich strenge sechswöchige Fastenzeit begann, und sie wollte diese Zeit durchstehen und bat mich, ob ich ihr Spritzen verabreichen könnte. Wir kamen ins Gespräch. Sie erzählte, daß sie aus Kiew stammte, sie sei Lehrerin gewesen und sei während des Krieges als Ostarbeiterin nach Berlin verschleppt worden, wo sie mit ihrer Schwester in Baracken untergebracht war und in Munitionsfabriken arbeiten mußte. So habe sie den Krieg und das Kriegsende überstanden. Später habe sie mit ihrer Schwester eine kleine Wohnung in einem halb zerbombten Haus bekommen und sich mühsam durch untergeordnete Arbeit ernährt. Bei einer Explosion sei das schon baufällige Haus eingestürzt und habe die beiden Frauen unter sich begraben. Mit Verletzungen und Hirnerschütterungen habe man sie geborgen und in ein Krankenhaus gebracht. Die Schwester habe seitdem gekränkelt und sei gestorben. Sie habe ein kleines helles Zimmerchen im russischen Aleksanderheim erhalten, gegenüber der Kirche und dem Kirchhof.

„Mein ganzes Leben ist nichts als eine Kette von wunderbaren Begegnungen, Führungen Gottes und Wundern, und es bleibt mir nichts anderes übrig, als Gott für alles zu danken", sagte sie mit leiser Stimme. „So alt ich geworden bin, ich habe noch nie etwas Böses von anderen Menschen erlebt. Alle sind freundlich und lieb zu mir und alle versuchen mir zu helfen. Und ich spüre jede Stunde, wie Gottes gütige Hand mich führt. Ich habe sehr viel meiner lieben Schwester zu verdanken, sie war reifer und gütiger als ich und auch demütiger. Immer wenn ich mit etwas unzufrieden war, lächelte sie und beschwichtigte mich und meinte, ich wisse nicht, wozu uns Gott die oder jene Prüfung schicke; aber sicherlich sei es gerade das, was zu unserer Entwicklung notwendig wäre, und ich wurde bei diesen Ermahnungen ruhiger und geduldiger. Aber dann starb sie, so sanft und in sich gekehrt und so freudig, daß ich es gar nicht wagte, an mich zu denken, sondern es lernte, mich für sie zu freuen. Und Gott sandte mir neue Menschen in der neuen Umgebung — so viele, denen ich helfen muß, weil sie gebrechlicher sind, als ich."

„Wovon leben Sie denn, erhalten Sie eine Rente?"

„Sozialunterstützung. Es reicht. Was brauch' ich schon? Kohlen zum Heizen habe ich, in meiner Stube ist es warm, und das wenige, was ich essen kann, etwas Brot und etwas Grütze, das kostet nicht viel. Aber für die harte Fastenzeit brauche ich Kraft, auch für die Aufräumungsarbeiten in der Kirche und für das Gebet und die schönen Fastenliturgien. Dann pflege ich viele verwahrloste Gräber von solchen, die keine Angehörigen mehr haben oder deren Verwandte weggezogen sind. Der Friedhof soll doch auch gepflegt und freudig aussehen."

„Gehen Sie noch viel aus?"

„Ja, in die Kirche und manchmal zum Einkaufen. Für mehr reicht die Kraft nicht. Aber ich bedarf auch keiner Zerstreuungen, unsere Kirche hat so wunderbare, frohe und tröstliche Gebete, und manchmal lese ich ein gutes Buch, und Menschen kommen zu mir. Ich bin so reich, ich kann gar nicht genug danken. Und ich muß viel beten, für viele Lebenden und Verstorbenen, und dazu muß man auch Zeit und Stille haben, nur dann hat ein Gebet Sinn."

Ich wußte, wie krank und schwach sie war, aber ich bewunderte ihre Kraft, ihre Heiterkeit und Demut. In den vielen Jahren unserer Freundschaft habe ich sie nie traurig, verstimmt oder verzagt gesehen.

„Wie könnte ich denn als Christ traurig sein, das wäre doch eine Sünde! Wenn man schon Christ ist, dann muß man auch heiter und froh sein, und ich bin froh."

„Nun, Sie sind aber durch sehr viel Schweres gegangen, es ist Ihnen nichts erspart geblieben, und Sie sind schließlich krank und haben ein kärgliches Leben."

„Das sind alles Kleinigkeiten, das kann man für sich selbst nicht bestimmen, man muß es hinnehmen. Und kärglich, sagen Sie: ein Stück Brot schmeckt nicht schlechter als der teuerste Kaviar, und es ist gesund und die schönste Gabe Gottes, ist es doch für uns der Leib des Herrn. Nein, Wladimir Aleksandrowitsch, ich würde mich schwer versündigen, wenn ich nicht froh und dankbar wäre, denn ich werde von Gott immerfort beschenkt."

Bei jeder Begegnung mit Katharina und bei den seltenen Besuchen in ihrer kleinen Klause wurde uns leicht und licht ums Herz. Wieviele Probleme und Problemchen, Klagen und Verzweiflungen branden täglich an uns heran, und immer stehen Egoismus, Geltungsdrang, Haß, Neid und Lieblosigkeit Pate bei den menschlichen Verirrungen. In der Begegnung mit Katharina wird man unwillkürlich an die Geschichte von Flaubert erinnert: von dem König, der nur geheilt werden konnte, wenn er das Hemd eines glücklichen Menschen anziehen würde. Man fand schließlich einen solchen glücklichen Menschen — aber er besaß kein Hemd!

Und die Worte eines alten Meisters, des Meisters Eckehart, werden im Herzen wieder lebendig: „Dieser Mensch sucht nicht die Ruhe, denn ihn stört keine Unruhe. Dieser Mensch steht gut bei Gott angeschrieben, weil er alle Dinge göttlich nimmt."

LIEBE ÜBERWINDET LEID

ABER DAS GRÖSSTE UNTER IHNEN IST DIE LIEBE

Er war siebzehn, als die Mutter ihn in unser Krankenhaus brachte. Wir konstatierten sogleich, daß es sich um die Littlesche Krankheit, eine frühkindliche Hirnschädigung handelte. Die Mutter bat, wir möchten ihn psychologisch testen und feststellen, welchen Beruf er eventuell ergreifen könne.

Bernhard war ein großer, massiver Junge. Sein Kopf war gewaltig und sein Gesicht hatte etwas von einem Ochsen. Seine Stirn war auffallend breit, auch die Nase und der Mund, er hatte braune, runde, gutmütige Augen. Er konnte sehr schlecht hören, nur wenn man dicht vor seinem Ohr sprach, verstand er. Sein Sehvermögen war auch stark gestört. Seine Arme und sein Kopf bewegten sich ständig unkoordiniert und zuckten. Er hatte eine unerwartet tiefe Stimme, die an das Blöken einer Kuh erinnerte. Wenn er mit einem sprach, kam er an seinen Partner ganz nahe heran, ergriff ihn am Rockaufschlag und sprach laut auf ihn ein. Er hatte wohl die Erfahrung gemacht, daß Menschen sich sehr bald von ihm entfernten, weil ihnen diese Art der Unterhaltung befremdlich war.

Er war Einzelkind. Schon bald nach seiner Geburt hatten die Eltern festgestellt, daß er krank sei. Wie immer in solchen Fällen, suchten sie einen Arzt nach dem anderen auf, scheuten keine Kosten, reisten in verschiedene Länder, sobald sie in irgendeiner Zeitung von Behandlungserfolgen lasen. Es war alles umsonst, es gelang ihnen nicht, eine Heilung zu erzielen.

Das Kind, das sehr spät greifen, laufen und sprechen lernte, erwies sich als intelligent. Da es in einer Gemeinschaft durch seine Hör- und Sehstörung und durch die unwillkürlichen Bewegungen nicht tragbar war, erhielt es Einzelunterricht. Schließlich entschloß sich die Mutter, ihm höhere Schulbildung angedeihen zu lassen. Sie stellte ihr ganzes Leben auf den Jungen ein. Der Haushalt und die Betreuung des Ehemannes, der ein hoher Beamter war, kamen zu kurz. Die Mutter beschaffte sich Schulbücher und bildete sich selbst. Mit unvorstellbarer Liebe, Geduld und Phantasie unterrichtete sie den Sohn und erreichte, daß er als Einzelner vor einem Lehrerkollegium das Abitur absolvierte. Die Mutter saß bei der Prüfung neben ihm und übermittelte ihm die Fragen, die die Lehrer stellten. Die schriftlichen Arbeiten tippte er auf der Schreibmaschine, da er wegen der Muskelunruhe mit der Hand nicht schreiben konnte. Er bestand das Examen mit Auszeichnung.

Da er in Mathematik überdurchschnittlich begabt war, wollte er an der Universität weiterstudieren. Wir waren diesem Vorhaben gegenüber skeptisch, nicht weil wir an seiner Intelligenz zweifelten; wir glaubten nicht, daß er in der für ihn fremden Situation der Universität, in der Gemeinschaft mit den anderen Studenten sich bewähren würde. Wir befürchteten auch schwere seelische Konflikte, die aus der Ablehnung der anderen ihm gegenüber entstehen konnten. Bisher war er auf den allerengsten Kreis seiner Familie beschränkt, er hatte keine Spielgefährten; wie würde sich eine Begegnung mit robusten und oft rücksichtslosen Studenten auswirken? Er selbst war sich ja seiner Häßlichkeit absolut nicht bewußt, auf Unvorbereitete wirkte sie wie ein Schock.

Es war das erste Mal, daß er in unserem Krankenhaus mit anderen Menschen zusammenkam. Er suchte Gemeinschaft, er war zutraulich wie ein junger Hund. Unsere Patienten, die manche Gebrechen und schwere Entstellungen gesehen hatten und sehr hilfsbereit und kameradschaftlich waren, fühlten sich weniger von seiner Häßlichkeit als von seiner ihm selbst unbewußten Distanzlosigkeit und Aufdringlichkeit abgestoßen und mieden seine Gesellschaft. Nur einige Schwachsinnige schlossen sich ihm an, sie aber genügten ihm nicht, da sie für ihn auf intellektuellem Gebiet keine ebenbürtigen Partner waren.

Überhaupt wirkte dieser intellektuell überzüchtete junge Mensch wie ein Homunkulus. Die Akzente waren in ihm verschoben; da er außer der Familie keine Gemeinschaft mit anderen Menschen pflegte, hatte er keine Vergleiche. Er sprach mit ihnen in einem gehobenen Abiturientendeutsch und belästigte sie mit mathematischen und trigonometrischen Problemen, die über ihrem geistigen Horizont lagen. Sie speisten ihn ab mit einigen berlinischen Grobheiten, die er noch nie gehört hatte und nicht begriff. Er fragte sehr komisch in gewählter Sprache, was diese Ausdrücke bedeuteten, sie wurden ihm unter großem Gelächter erklärt. Er dankte dafür mit einer Verbeugung.

Wir ermahnten unsere Patienten, sich nicht allzu drastisch über den armen Jungen zu amüsieren, aber er forderte die Neckereien durch sein auffälliges und absonderliches Benehmen geradezu heraus. Er war selig, in Gemeinschaft zu sein, und merkte nicht, daß viele ihn gutmütig auslachten; er lachte dann mit und glaubte, daß sie ihn anlachten. Er erzählte der Mutter, wenn sie ihn besuchte, begeistert von seinen neuen Freunden; ja am liebsten wollte er immer im Krankenhaus bleiben. Man empfand ihn etwa wie einen Menschen von einem anderen Planeten, man war solches Verhalten nicht gewöhnt. Allmählich paßte sich Bernhard an die Kameraden und sie sich an ihn an. Seine Sprache wurde zum Entsetzen seiner Mutter durch ungezählte Berliner Derbheiten bereichert. Wir trösteten sie, das würde ihm den Verkehr mit anderen Menschen nur erleichtern.

Besonders schloß er sich an unsere Oberschwester Klara an, deren mütterliche Wärme ihn anzog. Sie mußte ihm jeden Abend stellvertretend den Gutenachtkuß geben. Die jungen Schwestern trieben mit dem kräftigen Jungen ihre Späße. Er hatte noch nicht unterscheiden gelernt, daß es zweierlei Geschlechter gibt; er faßte sie an und fühlte, daß sie anders beschaffen waren. Er fragte sie überrascht und sehr höflich, warum sie an gewissen Körperstellen so weich seien. Sie lachten laut und erklärten ihm, daß sie Frauen seien wie seine Mutter. Er begegnete staunend einer völlig neuen Welt, die er bereitwillig in sein Bewußtsein aufnahm.

Wir besprachen mit seiner Mutter die Probleme der Berufsausbildung. Er bestand darauf, Mathematik zu studieren, und sie war bereit, auch diesen Weg mit ihm zu gehen. „Ich werde jeden Tag mit ihm zur Universität fahren, ich werde die Vorlesungen mitstenographieren und sie ihm zu Hause erklären, und ich bin überzeugt, er wird es schaffen."

„Werden Sie denn verstehen, was die Professoren vortragen?"

„Ich habe es doch verstanden, ihn durchs Abitur zu lotsen. Mutterliebe, Herr Doktor, überwindet auch die Schwierigkeiten der Relativitätstheorie."

„Haben Sie aber überlegt, daß er dort in ihm unbekannte Situationen kommen wird? Er sehnt sich nach Gemeinschaft mit Menschen. Die meisten Studenten werden sich aber zurückhalten, weil sie nicht die Geduld haben, ihn anzuhören, und weil sie von seinen Annäherungsversuchen abgeschreckt werden. Wenn er das merkt, wird er darunter leiden und vielleicht verzweifeln. Außerdem wird es irgendwann passieren, daß er sich in ein Mädchen verliebt, was wird dann?"

„Herr Doktor, man kann nicht für jede Lebenssituation ein fertiges Rezept haben. Uns anderen wird doch im Leben auch nicht alles erspart, wir gehen durch Freuden und Leid. Und ist es nicht schon Leid genug, ein solches Kind zu haben? Dennoch haben wir nur Freude mit ihm erlebt. Außerdem haben Sie selbst gesehen, wie leicht er sich bei Ihnen in die neue Situation hineingelebt hat. Er hätte von der Begegnung mit den Patienten ebenso schockiert sein können, aber er hat nur Freude gehabt. Begeistert erzählt er uns von jedem einzelnen seiner Kameraden. Ich bin optimistisch!"

Ich gab mich geschlagen. Als Bernhard das Krankenhaus verließ, umarmte er alle siebzig Patienten, alle Schwestern und Pfleger und die Putzfrauen, und alle gaben ihm das Geleit, alle hatten ihn inzwischen liebgewonnen.

„Ich werde euch allen schreiben, ich vergesse euch nicht, und ich komme bald wieder!", rief er ihnen nach.

Die Mutter hielt ihr Versprechen. Tag für Tag fuhr sie ihn zur Universität und schrieb die Vorlesungen auf. Mehrmals im Jahr kam sie mit ihm in die Sprechstunde, er war gelöster und sicherer geworden, er hatte die Angewohnheit, seinen Gesprächspartner am Rockaufschlag festzuhalten, aufgegeben. Er wirkte fast weltmännisch.

Nach sechs Jahren machte er das Staatsexamen und doktorierte mit einem schwierigen mathematischen Thema. Seine Leistungen waren so hervorragend, daß ein Professor ihn als Assistenten für besonders schwierige Berechnungsarbeiten engagierte. Jetzt brauchte seine Mutter ihn nur zur Arbeit hinzubringen und abzuholen.

„Nun ist er fünfundzwanzig Jahre alt, wir haben es erreicht. Jetzt, da wir bereits unsere silberne Hochzeit gefeiert haben, jetzt leben mein Mann und ich wieder auf. Wir leben nun ohne Angst; Bernhard, verzeihen Sie, Doktor Bernhard, wird seinen Weg machen, und wir beide holen unsere Jugend wieder nach. Wir sind lustig und vergnügt wie die Kinder, und ich brauche mich nicht mehr in den höheren Regionen der Integralen zu bewegen; jetzt kann ich mit Vergnügen in die Kochtöpfe gucken, und das ist noch viel schöner."

Einige Jahre später erschien Karlchen Kottek in der Sprechstunde. „Doktor, haben Sie schon gehört, der Doktor Bernhard hat geheiratet. Er war mit seiner Mutter zur Kur, da hat er sich in eine schöne junge Krankenschwester verliebt. Sie hat nicht lange gezögert, nun sind sie verheiratet. Wissen Sie noch, wie wir uns über ihn lustig machten, als er wie ein Marsbewohner ins Krankenhaus kam? Hätte je einer gedacht, daß solch ein Klumpen Mensch eine schöne Frau heiraten würde?"

„Red nicht, Karlchen, du hast mit deiner Lähmung und Hirnverletzung und den Anfällen doch auch eine schöne Frau gefunden, das heißt, eine unserer besten Krankenschwestern hast du entführt, das ist Abwerbung! Und nun hast du zwei prachtvolle gesunde Kinder und lernst englisch, gehst schwimmen und treibst Sport. Wer hätte das gedacht, als du zu uns kamst, der du die Sprache und das Gedächtnis verloren hattest! Manches Schlimme wird einem aufgetragen, aber wenn ich an dich und an so viele andere denke und jetzt an den Ehemann Doktor Bernhard, dann ist mein Herz voll Dankbarkeit!"

DIE GEHEMMTE

Eine leise Stimme am Telefon fragte: „Kann ich Herrn Doktor L. sprechen."
„Ja, ich bin am Apparat!"
„Sind Sie es selbst, Herr Doktor?"
„Wenn ich es Ihnen doch sage!"
„Ich würde Sie gerne aufsuchen."
„Gut, dann kommen Sie Mittwoch um acht Uhr."
„Werden Sie auch Zeit haben, mich anzuhören?"
Ich lachte. „Wenn Sie so weitschweifig sind wie am Telefon, sicherlich nicht!"
Sie kam, sie war etwas über zwanzig Jahre alt, sehr groß, schlank und hatte ein hübsches liebes Gesicht. Sie nahm umständlich auf dem angebotenen Sessel Platz. Sie schaute mich nicht an.
„Was ist los, was quält Sie?"
„Ich weiß nicht; ich weiß nicht, wo ich anfangen soll. Es ist so kompliziert und ich geniere mich so, sicherlich werden Sie mich auslachen oder nicht verstehen. Vielleicht gehe ich lieber?"
„Sie haben sich doch entschlossen herzukommen, nun bleiben Sie sitzen und fangen Sie irgendwo an. Bei Ihren zwanzig Jahren wird doch wohl nicht so viel zu erzählen sein. Ist es Ihre Hemmung, die Ihnen so viel Kummer bereitet?"
Sie errötete. „Ja, woher wissen Sie es?"
„Mein Gott, ich bin doch alt genug, um so etwas auf den ersten Blick zu sehen. Sie können es ja gar nicht verbergen, Sie wagen kaum sich niederzusetzen, Sie erröten, Sie haben keine Stimme und Sie können sich nicht entschließen etwas zu sagen, obwohl Sie sehr viel sagen möchten. Sie sitzen verkrampft im Sessel und wagen kaum einen Muskel zu rühren, wie sollte einer das nicht sehen?"
„Ich bin wirklich deswegen gekommen. Ich bin sehr unglücklich und sehr allein, und ich finde mich nicht mehr zurecht. Wofür lebe ich eigentlich? Ich sehe, wie andere leben, sich freuen und amüsieren, und ich stehe immer daneben und werde nicht beteiligt. Das ist furchtbar."
„Haben Sie denn gar keine Menschen, zu denen Sie ein Zugehörigkeitsgefühl hätten. Wohnen Sie bei den Eltern?"

„Ja, aber das ist auch alles, es ist kein rechter Kontakt da."
„Warum nicht, sind sie nicht gut zu Ihnen?"
„Gut, vielleicht, was man so gut nennt. Sie sorgen für mich, sogar zu viel, aber das ist alles nur äußerlich, in Wirklichkeit lebt jeder für sich allein. Mein Vater ist Beamter, er geht auf in seiner Arbeit, seine Untergebenen lieben ihn, er ist sehr gerecht und tut alles für sie. Zu Hause ist er ein Pedant, nörgelt herum und will, daß wir auch eine Art Beamte werden, er hat kein Herz und ist verkalkt. Er ernährt uns eben. Sprechen könnte ich mit ihm nicht über Probleme, die mich beschäftigen. Er will mich immer nur belehren. Ich brauche keine Belehrung, ich brauche einen lebendigen Menschen!"

„Und die Mutter?"

„Die Mutter ist vielleicht etwas dumm, sie ist all die Jahre in einen gewissen Trott geraten und kann sich davon nicht befreien, sie geht unter im Haushalt. Sie ist sehr fürsorglich, zu fürsorglich, und quält mich damit, ich soll das nicht und jenes nicht, ich soll nicht zu spät nach Hause kommen, ich soll mit dem oder jenem nicht verkehren, ich soll mich ordentlich kleiden und gerade halten. Diese Bevormundung hängt mir zum Halse heraus! Sie tun beide so, als ob ich noch sieben Jahre alt wäre."

„Warum ziehen Sie dann nicht von Zuhause fort? Sie sind doch volljährig?!"

Sie zögerte. „Ja, Gott, wissen Sie, draußen wäre es vielleicht noch schlimmer, da wäre ich unter ganz fremden Menschen, denen ich auch nichts bedeute, und hier wird für mich wenigsten gesorgt."

„Das ist ganz hübsch egoistisch, Sie schimpfen über das Zuhause, wollen aber die Behütetheit nicht aufgeben. Dann versuchen Sie doch wenigstens diese Behütetheit zu genießen und dankbar zu sein, daß sie Ihnen zuteil wird. Wieviele haben sie nicht und wären dafür dankbar!"

„Aber ich kann nichts dafür, daß ich so bin, ich leide doch. Nichts gelingt mir. Ich spüre, daß die Menschen mich nicht mögen, daß sie hinter meinem Rücken über mich spotten, mich albern finden, mich nicht anerkennen."

„Erkennen Sie denn die anderen Menschen an? Es fängt doch damit an, daß Sie Ihre eigenen Eltern nicht anerkennen und sie in ihren sicherlich sehr guten Qualitäten herabsetzen. Warum sollten Menschen sich über Sie lustig machen? So komisch sind Sie doch gar nicht. Natürlich, Sie sind verschroben, Sie laufen mit verschlossenem Visier umher, und es wird den Menschen nicht leicht fallen, Kontakt mit Ihnen zu bekommen."

„Sie haben auch keinen Kontakt mit mir, nun, ich habe keinen mit ihnen. Im Grunde sind die meisten doch langweilig. Jedenfalls langweile ich mich mit den meisten Menschen."

„Das ist Ihre ganze Krankheit. Sie finden sich selbst und Ihr Innenleben interessant, und das Dasein der anderen finden Sie langweilig. Warum sollten Sie aber so viel interessanter sein als Ihre Eltern oder andere Menschen? Alle sind interessant und alle haben Köstlichkeiten in sich; wenn man sie darauf nicht anspricht, erfährt man es nie. Sie haben es selbst ausgesprochen, weil Sie so unergiebig sind, finden die anderen Sie auch langweilig!"

„Aber so geht man doch im Leben an allem vorbei!"

„Gewiß, das tun Sie auch und verlieren die kostbarste Zeit Ihres Lebens, das Ihnen geschenkt worden ist, damit Sie reifen und damit Sie es nutzbringend für andere anwenden. Niemand steht Ihnen im Wege als Sie selbst, Sie verstellen sich das Leben und alle Freuden des Lebens mit Ihrer kleinen egoistischen Person, weil Sie nur an sich denken. Sie beobachten sich selbst, Sie vergleichen sich mit den anderen. Sie sind im Grunde hochmütig und selbstgerecht. Nehmen Sie sich doch nicht so wichtig und versuchen Sie, die anderen, die Ihnen so gleichgültig oder sogar zuwider sind, wichtig zu nehmen und nett zu finden. Nur dann könnten Sie Ihre Hemmungen los werden. Versuchen Sie doch einfach freundlich zu sein, zu Ihren Eltern, zu den Menschen, denen Sie begegnen. Lächeln Sie ihnen zu, auch wenn es Ihnen zuerst Mühe macht, zwingen Sie sich eisern dazu als zu einer Pflicht gegenüber dem Mitmenschen. Fragen Sie ihn, wie es ihm geht, was er macht. Gehen Sie auf ihn ein, und er wird vor Ihren Augen erblühen, er wird sich beachtet fühlen, er begegnet jemandem, der ihn interessant findet, sein Selbstgefühl wird gestärkt. Glauben Sie mir, die meisten Menschen, auch wenn sie Sicherheit vortäuschen, sind innerlich sehr unsicher und danken es einem, wenn man durch Zuwendung zu ihnen sie sicherer macht. Das sind Lichtblicke im Leben des Menschen. Was tun Sie aber? Sie warten darauf, bis der wunderbare Prinz kommt und das Dornröschen aus dem Schlaf weckt. Sie sitzen da und stellen sich schlafend und zwinkern mit den Augen, ob denn nicht endlich einer auf der Bühne erscheint. Es erscheint aber niemand. Man muß selbst hingehen und die Tür aufstoßen. Und man muß sich auch nicht einbilden, daß gerade jetzt der größte Augenblick des Lebens kommt. Jeder Augenblick des Lebens sollte groß sein."

„Wenn Sie das sagen, klingt es sehr plausibel und einfach. Ich glaube aber nicht, daß es so einfach ist."

„Sie haben recht, es klingt einfach, und es ist einfach, wenn man es kann. Für Sie ist jetzt Gehen und Sprechen etwas ganz Einfaches, aber als Sie ein Jahr alt waren, waren es für Sie die allerschwersten und unüberwindlichsten Dinge. Und so ist es auch mit Ihrer Gehemmtheit. Das ganze Leben ist nichts als eine ununterbrochene Kette von Übungen und Selbstüberwindungen. Man kann eine Übung mit Freude angehen, und man kann vor jeder kleinen Schwelle sagen: ich kann nicht, es ist wie ein Berg, ich überschreite sie nimmer! Und weil man sich das einbildet, weil man nicht den Mut hat, von einer Übung zur nächsten zu schreiten, bleibt man stecken, steckt den Kopf in den Sand und versandet, und dann hat man die Neurose. Aber letzten Endes sind Sie es allein, der sich daraus befreien muß. Arzt, Psychotherapeut, Medikamente sind nur Hilfsmittel; wenn Sie nicht an sich selbst arbeiten wollen. dann kann Ihnen niemand helfen."

„Wie soll ich es aber anfangen, ich bin ratlos."

„Ich will Ihnen gerne dabei helfen. Sie werden jede Woche herkommen und wir werden den Heilplan besprechen. Beginnen Sie damit, daß Sie ein gutes Verhältnis zu Ihren Eltern schaffen. Entwerten Sie sie nicht, nehmen Sie Ermahnungen als Zeichen der Liebe und der Fürsorge hin, seien Sie dankbar dafür, und versuchen Sie, Ihre Eltern nett zu finden. Erzählen Sie ihnen, was Sie vorhaben und was Sie erlebt haben, und denken Sie nicht, das ginge sie gar nichts an. Schaffen Sie mal erst eine Familie, gründen Sie sie neu. Und lassen Sie diese blödsinnigen Gedanken, daß die Menschen Sie nicht mögen. Beginnen Sie, die Menschen zu lieben, sie zu achten und ihnen freundlich entgegenzutreten!"

„Das ist ein ganzer Fünfjahresplan. Ob ich es durchhalten werde?"

„Seien Sie nicht albern, das ist ein Plan für eine Woche und ich erwarte von Ihnen, daß Sie die Kraft haben, ihn durchzuführen."

Nach einer Woche kam sie wieder. Sie war etwas sicherer im Auftreten, sie war nicht so weitschweifig und lächelte.

„Ich danke Ihnen, daß Sie gelächelt haben, das ist ein Fortschritt."

„Ich habe auch einige Fortschritte gemacht. Zu Hause ging es wirklich viel besser. Wir haben uns weniger gezankt als sonst, und der Vater hat weniger genörgelt. Er hat mich sogar zu einem

Abendspaziergang eingeladen und war ein Mensch. Er erzählte aus seinem Leben, von seiner Arbeit und von seinen Problemen und fragte mich, wie ich in solchen Fällen reagieren würde. Mein Rat hat ihm gefallen und er wollte ihn befolgen. Wissen Sie, es macht mir sogar Spaß, zu Hause zu sein."

„Und wie geht es sonst?"

„Ach, ich kenne da einen jungen Mann, ich weiß nicht, ob ich ihn liebe oder verliebt bin. Erst machte er mir den Hof, aber ich war etwas ablehnend, aus Angst und Hemmung natürlich, und da zeigte er mir die kalte Schulter, und nun laufe ich ihm nach, das heißt, ich suche ihn wieder zu treffen."

„Warum sollten Sie sich schämen, ihm Ihre Zuneigung zu zeigen, dieses Versteckspiel ist doch albern. Rufen Sie ihn an und laden Sie ihn ein."

„Wenn er es aber falsch auffaßt und glaubt, daß ich ihm nachlaufe?"

„Das hängt von der Würde Ihres Auftretens ab. Begegnen Sie ihm doch als Mensch und nicht als Verliebte, und sehen Sie zu, wie die Dinge sich entwickeln. Forcieren Sie nichts."

„Morgen gehe ich auf einen Studentenball, das wird wieder wie immer ein Reinfall werden."

„Davon bin ich überzeugt!"

„Wieso können Sie davon überzeugt sein?"

„Wenn Sie schon im voraus in der Überzeugung hingehen, daß es ein Reinfall sein wird, kann es nur ein Reinfall werden. Sie haben es noch nicht gelernt, daß man kein Ding mit faulen Gedanken beginnen darf, sonst muß es mißlingen. Gehen Sie mit Freuden hin und warten Sie nicht, bis irgend jemand Ihnen das Fest schön gestaltet; gestalten Sie es selbst und dann wird es gelingen."

Der Ball war über Erwarten gelungen und das trug zur Stärkung ihres Selbstbewußtseins bei. Sie erzählte angeregt davon. Plötzlich fiel ihr ein, daß sie wohl zu lange gesprochen habe.

„Verzeihen Sie, ich halte Sie so lange auf mit meinen Erzählungen, und draußen sitzen viele Menschen."

„Ich danke Ihnen."

„Wofür?"

„Es ist das erste Mal, daß Sie auch an meine Zeit und an mich als Person gedacht haben."

Sie errötete tief. „Oh, Sie haben recht, ich habe bisher nur an mich gedacht. Es waren aber lauter Knoten in mir und ich vermochte keinen zu lösen oder durchzuschneiden. Ich wünschte schon, ich könnte so ungehemmt und heiter und ruhig sein wie Sie."

„Dann werden Sie es doch! Vielleicht ist es gar nicht so schwer."

„Für mich ist es entsetzlich schwer, für Sie sicherlich nicht, Sie sind mit einem heiteren Gemüt auf die Welt gekommen."

„Haben Sie eine Ahnung, das postulieren Sie einfach so! Ich bin wahrscheinlich nicht weniger gehemmt als Sie und als die meisten Menschen, und es ist nicht so, daß mir alle Wonnen in die Wiege gelegt worden wären. Aber ich weiß um die Unsicherheit und Gehemmtheit der Menschen und ich mühe mich darum, ihnen die Unsicherheit zu nehmen."

„Wie kann man das denn?"

„Durch Liebe; wenn Sie einen Menschen lieben, erkennen Sie ihn an, so wie er ist, ohne Vorbehalt. Das spürt er und das schließt ihn auf. Ich bemühe mich, jeden, der kommt und Hilfe heischt, zu lieben. Wenn man einen Menschen von innen her kennt — mag er auch ein großer Sünder sein — er hat doch etwas Liebenswertes an sich, und jeder ist der Hilfe würdig, und wenn man sich dem Menschen zuwendet, werden die eigenen Probleme von selbst kleiner. Das ist das Geheimnis, wie man die eigenen Hemmungen verringern kann."

LIEBE ZUM VORGESETZTEN

Als sie das erste Mal zu mir kam, konnte ich mir keine rechte Vorstellung von ihr machen. Sie weinte die ganze Zeit und konnte fast kein Wort herausbringen. Ich verstand nur so viel, daß sie Mitte der Zwanzig war und ein vierjähriges Kind hatte, für das sie sorgte. Ihr Ehe war schon nach einem Jahr geschieden worden, weil der Mann unreif war und keine Lust hatte, für die kleine Familie zu sorgen und zu arbeiten; er hatte getrunken und sich mit anderen Frauen herumgetrieben. Sie hatte ihm den Laufpaß gegeben, von ihm nichts mehr gehört, und wollte auch nichts mehr von ihm wissen. Sie arbeitete als Wicklerin in einer großen Elektrofirma. Das Kind brachte sie morgens in den Kindergarten und holte es auf dem Rückweg von der Arbeit wieder heim.

Aber plötzlich wurde ihr alles zu viel, sie schaffte die Arbeit nicht mehr. Sie mußte bei den kleinsten Anlässen weinen, sie hatte Kopfschmerzen und konnte nicht schlafen, sie war gereizt. Auch zu ihrer Hausarbeit hatte sie weder Lust noch Kraft.

Ich konnte nach der ersten Konsultation nicht entscheiden, ob es eine endogene oder reaktive Depression war. Anlässe für einen solchen Nervenzusammenbruch gab es ja in den äußeren Umständen genug. Sie war eine kräftige, gesund aussehende, hübsche und gepflegte Frau.

„Trauern Sie Ihrem Geschiedenen nach? Fühlen Sie sich allein, oder haben Sie eine unglückliche Liebe?"

„Nein, ich bin froh, daß er fort ist. Ich liebe ihn auch nicht mehr. Der Bursche denkt ja auch nicht daran, für seine Tochter zu sorgen. Nicht einmal zu Weihnachten schickt er ihr einen Gruß oder ein Paket. Mein Kind ist artig und macht mir gar keinen Kummer. Ich habe eine schöne sonnige Wohnung. Liebeskummer habe ich nicht. Ich habe genug von den Männern. Aber es ist plötzlich über mich gekommen."

„Sind Sie in der Arbeit überfordert? Ist die Arbeitsatmosphäre keine gute? Wird im Werk intrigiert? Haben Sie Feinde?"

„Nein, es ist alles bestens in Ordnung, wir vertragen uns gut und die Arbeit ist auch nicht zu anstrengend. Es ist zwar Akkordarbeit und man muß hinterher sein, aber ich habe sie doch bisher geschafft.

Und plötzlich geht es nicht mehr. Ich bin ganz verzweifelt." Sie weinte wieder. Ich ließ ihr Zeit.

„Gibt es denn solche Depressionen in Ihrer Familie, litt Ihr Vater oder Ihre Mutter daran?"

„Nicht daß ich wüßte. Sie sind beide gesund, sie verstehen mich darum auch nicht. Sie reden mir gut zu oder schimpfen, ich ließe mich gehen, oder ich gäbe an. Aber ich kann doch nichts dafür! Ich gebe wirklich nicht an!"

Ich schrieb sie krank, verordnete ihr ein Mittel und bat sie, jede Woche zu kommen. Nach einer Weile besserte sich ihr Zustand, sie hatte wieder Freude am Leben und ging arbeiten. Im Laufe der Jahre wiederholten sich die Depressionszustände, es gelang aber immer, diese in wenigen Wochen einzudämmen.

Kürzlich erschien sie wieder zur Konsulation. Sie machte aber keinen depressiven Eindruck.

„Wie geht es, ist alles in Ordnung?"

„Ja, es geht gut. Aber ich möchte Ihnen etwas sagen. Verzeihen Sie, es ist eigentlich gar nichts Medizinisches. Aber Sie waren immer so nett und väterlich zu mir, und da dachte ich, vielleicht dürfte ich es Ihnen sagen. Ich kann davon doch zu keinem sprechen, auch zu meiner Mutter nicht. Aber ich geniere mich so."

„Na, so etwas Schlimmes wird es wohl nicht gleich sein, legen Sie mal los."

„Ich bin nämlich verliebt."

„Da gratuliere ich Ihnen aber!"

„Es ist nichts zum Gratulieren. Er weiß es ja gar nicht, und er soll es auch nicht erfahren. Er ist nämlich verheiratet und hat zwei Buben."

„Warum haben Sie sich denn einen Verheirateten ausgesucht?"

„Man sucht sich sowas doch nicht aus! Er ist mein Vorgesetzter im Werk. Ich bin nicht die Einzige, die in ihn verliebt ist. Dabei ist er zwanzig Jahre älter als ich, könnte mein Vater sein. Wissen Sie, wenn der in den Raum kommt, ist es, als ob die Sonne schiene. Allen gibt er die Hand, alle fragt er, wie es ihnen gehe. Er schaut sich die Arbeit an und zeigt, wenn etwas nicht richtig ist, und immer mit Ruhe und Freundlichkeit, wie ein gütiger Vater. Darum arbeite ich auch so gerne dort. Es gibt keinen Zank und Streit, weil niemand ihm das antun möchte.

Und wissen Sie, als mir damals schlecht wurde, da bin ich doch direkt in seine Arme gefallen. Er hat mich aufgefangen und mich auf die Pritsche getragen, und als der Wagen kam, brachte er mich bis an die Tür. Dann schaute er weg, es tat ihm wohl zu weh, es mit anzusehen."

Sie kramte in ihrer Tasche, holte einen Umschlag hervor und reichte mir eine Photographie, die säuberlich in einer Cellophanhülle verpackt war. Sie zeigte einen attraktiven Mann Ende der vierziger Jahre.

„Haben Sie ihn denn merken lassen, daß Sie ihn lieben?"

„Nein, das braucht er gar nicht zu wissen. Wenn ich ihn sehe, dann bin ich ruhig und zufrieden. Es genügt mir schon, daß ich ihn sehe. Aber nun ist er vor einigen Wochen in eine andere Abteilung versetzt worden. Und das ist schlimm. Er kommt zwar immer noch gelegentlich und schaut zu uns herein. Aber er fehlt uns allen. Und der neue Chef ist ein kränklicher Mann, er hat etwas am Herzen, er poltert los, ist ungerecht. Die Arbeit macht uns allen keine rechte Freude mehr, wir zanken uns und sind gereizt. Und keiner ist da, der vermitteln würde. Wenn früher Zank war und der Chef kam herein, im Nu war alles wieder in Ordnung, er machte ein Witzchen, alle lachten und der Streit war vergessen, aber jetzt frißt er sich in uns herein. Ich möchte da fort, ich weiß nur nicht, wie ich es anstellen soll."

„Sie wollen natürlich wieder in seine Abteilung." Sie nickte.

„Warum gehen Sie nicht zu ihm und sagen ihm, ob er für Sie Arbeit hätte? Sie können ihm sagen, daß es jetzt nicht mehr so schön sei, und daß alle traurig sind, daß er weg ist. Das wird ihn doch freuen, und wenn er es kann, wird er Ihren Wunsch erfüllen."

„Ich habe aber nicht den Mut dazu."

„Warum denn nicht? Er ist doch freundlich, er wird es Ihnen nicht übel nehmen!"

„Nein, das nicht, aber weil ich ihn doch liebe. Da scheue ich mich. Ich kriege immer Herzklopfen, wenn ich mit ihm spreche."

„Hat er denn was gemerkt?"

„Nein. Aber wissen Sie, wenn ich ihm die Hand gebe, da fasse ich seine Hand mit beiden Händen an. Das darf ich doch wohl? Oder ist das schon zuviel?"

Ich lachte. „Das ist ganz harmlos. Das tun Sie mit mir auch."

Sie lachte. „Ich verehre Sie doch."

„Also, haben Sie keine Angst und gehen Sie hin und fragen Sie ihn. Aber Sie haben doch nicht vor, ihn seiner Frau abspenstig zu machen?"

„Ganz bestimmt nicht, Herr Doktor, ich verspreche es Ihnen. Ich würde es nie wagen. Es genügt mir auch, daß ich hie und da dieselbe Luft atme wie er. Mehr will ich gar nicht."

Längere Zeit sah ich sie nicht. Dann saß sie im Wartezimmer, sie lächelte mich an. „Also ist sie nicht wieder depressiv", dachte ich. „Wie war es denn? Haben Sie mit ihm gesprochen? Haben Sie etwas erreicht?"

„Es ist ganz anders gekommen, als ich dachte. Ich bin hingegangen und habe ihn gebeten, mich in seine Abteilung zu übernehmen. Er schaute mich sinnend an, dann lächelte er. Nein, das könne er unmöglich machen. Ich war ganz unglücklich, und das hat er an meinem Gesicht wohl gemerkt. »Aber ich brauche Sie auch nicht zu versetzen. Ich werde nämlich befördert und bekomme als Oberingenieur Ihre Abteilung dazu, und dann ist doch alles wieder beim Alten.«

Ich war ganz außer Rand und Band, ich schüttelte ihm immerzu die Hand. Nun ist er wieder da, und unser Griesgram, der Meister, der ist jetzt auch viel netter!"

ICH BRAUCHE LIEBE!

Es gibt Krankheiten, von denen die moderne Medizin behauptet, sie hätten keinen „Krankheitswert". Unter anderen sind es die Psychopathie, die Hypochondrie, die psychogenen (seelisch erzeugten) Erkrankungen und die Hysterie. Bei Begutachtungen über frühzeitige Invalidität werden diese Krankheiten nicht als erwerbsmindernd angesehen, sie sind eben keine Krankheiten. Und doch stellen gerade diese Absonderlichkeiten die Menschen und die Ärzte vor die größten Probleme.

Fast immer handelt es sich um angeborene oder erworbene Nervenschwäche, um eine abartige seelisch-geistige Entwicklung, um mangelnde Reifung und Kontakt und um Fehlhaltungen sich selbst und dem Leben gegenüber. Oft sind es Erziehungsfehler, die das Kind allzufrüh innerlich erstarren lassen und es zum Protest gegen die Eltern oder die Gesellschaft treiben. Es fühlt sich dann vom Schicksal zurückgesetzt und betrogen und entwickelt sich zu einem krassen Egoisten.

Wir nennen die Hysterie die Krankheit des „und Ich?", weil solche Personen es verstehen, sich selbst immer, wo es auch sei, in den Vordergrund zu spielen. Sie tyrannisieren ihre Mitmenschen mit ihren zahlreichen vermeintlichen oder auch echten Krankheiten und Gebrechen; sie sind streitsüchtig, unduldsam, aggressiv und distanzlos. Immer sind sie beleidigt, weil sie glauben, daß man sie nicht gebührend anerkennt und beachtet. Wenn sie auch meist nichts Nennenswertes leisten, brüsten sie sich doch mit ihren Fähigkeiten und Möglichkeiten, die natürlich von den Mitmenschen nicht genügend beachtet werden.

Sie sind der Schrecken aller Ärzte und Psychotherapeuten. Schon im Wartezimmer beginnen sie sich mit anderen zu streiten und versuchen ihnen ihre Meinung aufzudrängen. In ihrer Selbstgerechtigkeit sind sie nicht bereit, an sich zu arbeiten. Sie verlangen Wundermittel und Bestrahlungen, sie laufen vom Arzt zum Heilpraktiker oder zum Wunderdoktor, und sie sind nur allzubereit, große Summen für Wundermedizinen, die in Zeitungen angepriesen werden, auszugeben.

Sie haben die fatale Fähigkeit, bei ihren Mitmenschen und Ärzten ein schlechtes Gewissen zu erzeugen, weil man sich schließlich sagt: „Vielleicht behandelst du sie falsch oder beachtest ihre Krankheit nicht genug", und das ist es gerade, was sie unbewußt beabsichtigen, nämlich Macht auszuüben, die Menschen zu zwingen, sich mit ihnen zu beschäftigen, sich um sie zu sorgen und um ihretwillen Angst zu haben.

Eines Morgens, etwa um sieben Uhr, rief eine Frau an und fragte, wann sie mich aufsuchen könne, sie käme „privat".

„Sie müssen in die Sprechstunde kommen, bei mir gibt es weder privat noch unprivat, sie sind alle privat. Kommen Sie bitte etwa um halb neun. Übrigens, warum rufen Sie denn so früh an, Sie sind doch nicht in Lebensgefahr?!"

„Das können Sie doch nicht wissen, ob ich in Lebensgefahr bin, es geht mir sehr schlecht. Ich habe mir gedacht, um diese Zeit könnte ich Sie ungestört sprechen." Sie redete mit schriller Stimme drauflos. Sie fing bei ihrer Kindheit an. Nach einer Viertelstunde hatte sie mir ihre Familienverhältnisse auseinandergesetzt. Ich rechnete mir aus, daß sie vielleicht fünfzig Jahre alt sei und der Redeschwall noch eine Stunde oder mehr dauern könne, und beschloß ihm ein Ende zu bereiten.

„Sie wollten doch kommen, also bitte erzählen Sie es mir, wenn Sie hier sind."

„Was ich noch sagen wollte, so früh kann ich gar nicht kommen, da bin ich noch nicht ausgeschlafen. Ich komme lieber am Ende der Sprechstunde, dann habe ich auch mehr Zeit, und ich brauche viel Zeit."

„Vielleicht haben Sie dann mehr Zeit, nicht aber ich, ich bin dann schließlich am Ende meiner Kraft. Wenn Sie also von mir etwas wollen, dann kommen Sie bitte zu der Zeit, die ich Ihnen angebe."

Sie schimpfte vor sich hin und hängte ein. Natürlich kam sie, außer Atem, verschwitzt, gegen Ende der Sprechstunde an. Sie habe einen Autobus verpaßt, und der nächste habe irgendwo lange gestanden, dann sei sie noch falsch gelaufen, sie sei überhaupt ein Pechvogel.

Sie begann von ihrer verpfuschten Kindheit zu sprechen. Sie hasse ihre Mutter, die an allem Schuld sei. Diese sei egoistisch und hysterisch gewesen, sie habe sie nie geliebt und ihr die zwei anderen Geschwister vorgezogen. Sie habe alles tun müssen im Haushalt und habe nie Anerkennung oder Dank geerntet, immer nur

Schelte und Unfreundlichkeit. Zu guter Letzt hätten die Geschwister sie auch um ihren Erbteil betrogen. Immer sei sie kränklich gewesen, und niemand hätte danach gefragt. Ihr Leben sei schlimmer gewesen als das eines Kettenhundes. Darum sei sie jetzt auch so krank und verzweifelt und habe nicht einen einzigen Menschen. Sie sei ganz allein und sie brauche Liebe. „Ich brauche Liebe, ich brauche Liebe!", schrie sie mit lauter Stimme.

„Sie erzählen immer von Ihrer schrecklichen und unerfüllten Jugend, aber schließlich sind Sie doch jetzt schon Mitte Fünfzig, und das hätten Sie doch in dieser langen Zeitspanne überwinden können. Haben Sie denn nicht daran gedacht, an sich selbst zu arbeiten?"

Sie wurde sichtlich erregt und böse. „Ich habe immer an mir selbst gearbeitet, niemand hat mir geholfen, immer mußte ich alles für andere tun. Wer hat denn je etwas für mich getan, ich war es immer, die die heißen Kastanien für andere aus dem Feuer holen mußte! Leben Sie mal so, ohne Liebe."

„Haben Sie selbst denn je einen Menschen geliebt, außer sich selbst?"

„O ja! Ich habe geliebt, aber sie sind alle tot, natürlich, die mußten sterben!"

„Und warum lieben Sie jetzt niemanden mehr, es gibt doch genug Menschen auf der Welt!"

„Sie taugen nichts, was meinen Sie, wie schlecht die Menschen sind, böse und herzlos, egoistisch und nur auf sich selbst bedacht."

„Das kommt drauf an, wie man sie ansieht. Jeder in seiner Weise ist nett und lieb, und alle halten sich selbst für gute Menschen. Man muß das Gute in ihnen wachrütteln, dann sind sie auch gut. Aber wenn man ihnen böse und mit üblen Voraussetzungen entgegentritt, dann machen sie ihr Visier zu und sind nicht mehr zu sprechen. Stellen Sie sich vor: Sie leben in einer Welt, die voll von Menschen ist, und unter den Milliarden ist keiner, der liebenswert wäre, das ist doch absurd."

„Ich bin so ausgepumpt, daß ich gar nicht die Kraft habe, noch jemanden zu lieben oder nett zu finden. Ich bin immer wieder enttäuscht worden, und dann kommt ein Zeitpunkt, da man einfach nicht mehr kann und auch nicht mehr will!"

„Nach Ihren Erzählungen haben Sie nie diese Kraft besessen und auch nicht versucht, sie in sich zu entwickeln. Sie finden die Menschen scheußlich, aber wie ich Sie so sehe, frage ich mich, ob denn die

Menschen Sie so wunderbar und freundlich finden würden. Sie bringen ihnen ja nichts entgegen, nur Kritik und Ablehnung. Ich glaube nicht, daß Ihnen ein Arzt helfen kann, solange Sie nicht selbst zu der Überzeugung kommen, daß Sie an sich arbeiten und Ihre menschenfeindliche Gesinnung ändern müssen."

„Sie müssen mir helfen, dazu sind Sie Arzt. Glauben Sie, ich fahre fast zwei Stunden zu Ihnen spazieren? Ich brauche Hilfe und ich verlange Hilfe!", schrie sie hysterisch.

„Sie haben recht, es gibt freie Arztwahl, und Sie dürfen sich den Arzt aussuchen, der Ihnen genehm ist; aber auch der Arzt hat das Recht, Patienten abzulehnen, wenn er glaubt, daß er ihnen nicht gewachsen ist oder daß die notwendige Sympathie, die Voraussetzung jeglicher Behandlung, nicht vorhanden ist."

Sie erhob sich. „Heißt das, daß Sie mich nicht behandeln wollen?"

„Sie haben es erraten. Ich bin nicht gewillt, Ihnen zu Willen zu sein. Sie erwarten, daß ich Ihnen irgendwelche modernen Drogen verschreibe, die Sie ins Gleichgewicht bringen, die Sie beruhigen, Ihnen den wohligen Schlaf verschaffen und — mit einem Wort — Sie gesund machen. Solche Drogen gibt es überhaupt nicht. Wenn es in der Welt etwas gäbe, das Sie wieder in Ordnung bringen könnte, dann sind Sie es selber. Nur wenn Sie sich um eine andere Gesinnung bemühen, können Sie genesen. Solange Sie wie ein reißender Löwe, voller Haß, Mißgunst, Neid und Egoismus durch die Welt wie durch eine Wüste rennen, wird nichts aus Ihnen. Ich wette, Sie halten sich für eine Christin!"

„Bin ich auch, bin ich auch! Eine bessere Christin als manch anderer! Ich geh' auch in die Kirche! Ich stehle nicht und betrüge nicht, und treibe mich nicht mit Männern herum!"

„Das macht noch keinen Christen. Sie lieben nicht, Sie dienen nicht, Sie helfen nicht, Sie sind nicht gütig, Sie sind auch nicht demütig. Sie schieben immer Ihre Person in den Vordergrund! Wären Sie eine Christin, dann müßten Sie sich auch bei Christus geborgen fühlen, dann wüßten Sie, daß Sie in Seiner schützenden Hand sind. Sie aber stehen außen, vor den Toren der Welt, ganz allein! Ein Christ weiß sich in einer Gemeinschaft, denn seine Liebe zu Gott geht nur über die Liebe zum Menschen und zur Kreatur Gottes. Er sucht nicht im anderen das Böse aufzudecken, er weiß darum, aber er sucht zu verzeihen und zu lindern. Sie aber sprechen nur von den schlimmen und bösen Mitmenschen."

„Ich bin so allein", sagte sie kleinlaut.

„Es gibt genug Menschen, die allein sind, Sie könnten ihnen helfen, weniger allein zu sein. Sie wohnen doch in einem großen Haus. Da wohnen gewiß auch einsame alte Menschen. Gehen Sie hin und sagen Sie ihnen, Sie gingen einkaufen, ob Sie ihnen nicht etwas besorgen sollten, um jenen den Weg zu sparen. Oder gehen Sie zu ihnen und räumen Sie bei ihnen auf, oder tun Sie sonst etwas Gutes! Sicherlich sind auch jüngere Menschen da, die kleine Kinder haben. Bieten Sie sich an als Babysitter, wenn die Eltern gerne ausgehen möchten und nicht können, weil niemand da ist, der bei den Kindern bleibt. Sie werden, wenn Sie es versuchen, bald erleben, daß Sie aus einer bösen Tante eine gute Fee werden, und nach einer Weile werden Sie gewahr, daß die Menschen, die im gleichen Haus leben, eigentlich sehr liebe und freundliche Menschen sind. Warten Sie nicht auf Liebe, die nie kommt, weil bei Ihnen alle Eingänge zur Seele verrammelt sind. Schenken Sie selbst einmal Liebe, und Sie werden erleben, wie reich Sie noch werden können!"

Sie sah mich an wie ein geschlagener Hund. „Wollen Sie mir denn gar nichts verschreiben, schließlich bin ich doch krank!"

Ich verschrieb ihr etwas und gab ihr Anweisung, wie die Pillen eingenommen werden sollten. Ich erhob mich und verabschiedete sie. Sie stand mühsam auf und gab mir wortlos die Hand.

„Die kommt nicht wieder", sagte ich zu meiner Frau.

Ich hatte mich geirrt. Vierzehn Tage später war sie wieder da. Diesmal war sie still und versuchte nicht, sich vor den anderen Patienten hineinzudrängen. Sie sprach manierlich mit einer anderen Frau.

„Ihre Medizin hat mir gut getan, ich bin ruhiger geworden und ich schlafe besser", sagte sie, der gereizte Unterton war aus ihrer Stimme verschwunden.

„Haben Sie einige nette Menschen im Hause gefunden?"

„Ja, da ist ein ganz reizendes Ehepaar mit einem süßen kleinen Kind, ich habe es schon zweimal gehütet, und es ist so zutraulich, es nennt mich Tante und umarmt mich ganz von selbst. Und denken Sie sich, die Leute haben mir rosa Nelken ins Haus geschickt, das ist mir im ganzen Leben noch nicht passiert. Und oben in der Mansarde ist eine alte Frau, die grauen Star hat, der lese ich jeden Tag eine Stunde vor und hole für sie ein. Sie ist so dankbar, sie hält meine Hand fest und will sie gar nicht mehr loslassen. Und gestern sagte sie: »Was sind Sie doch für ein guter Mensch!«" Sie wischte sich die Tränen ab.

Ich verschrieb ihr neue Medizin und bestellte sie in vierzehn Tagen wieder.

SATTHEIT UND TRÄGHEIT
DES HERZENS

WIRTSCHAFTSWUNDERKIND
UND DOPPELTE MORAL

Ein uns befreundetes Wirtschaftswunderkind rief an. Seine Stimme klang kläglich. Ich vermutete schon eine Börsenbaisse.

„Sind Sie krank, oder haben Sie die Managerkrankheit?", fragte ich.

„Nichts von beiden, oder vielleicht doch, Schlimmeres. Ich muß Ihnen meine Frau bringen. Es ist etwas sehr Dummes passiert. Unsere Ehe geht in die Brüche. Es muß schnell etwas geschehen. Sie muß in ein Nervensanatorium oder ins Ausland. Dürfen wir bald kommen?"

Ich gab ihnen einen Termin. Die Frau kam zuerst. Ich erkannte sie kaum wieder. Aus einer blühenden, fröhlichen Frau hatte sie sich in einen mageren, abgehärmten, ältlichen Menschen verwandelt. Alles hing an ihr herab, die Mundwinkel, die Schultern; die Haare waren nicht gepflegt, der Gang war schleppend, die Augen hatten keinen Glanz. Sie setzte sich und atmete schwer..

„Was ist um Gottes Willen geschehen, wie sehen Sie aus?"

„Es ist alles aus. Ich lebe noch, aber eigentlich bin ich schon tot. Alles in mir ist gestorben, seit ich das Furchtbare erfahren habe."

„Ist denn jemand von Ihren Angehörigen gestorben oder verunglückt?"

„Ach, viel Schlimmeres. Wäre er doch gestorben, aber er lebt, und doch hat er mich getötet, und er ist für mich gestorben."

„Aber wer denn?"

„Mein Mann, Hans!"

„Nun erzählen Sie mal, was ist denn Schreckliches passiert?"

„Sie wissen, wie glücklich ich mit meinem Mann war. Dreißig Jahre lang. Unsere Kinder sind gut gediehen. Es fehlte uns an nichts. Die Arbeiter seiner Fabrik gingen für ihn durchs Feuer. Jeder, der einen Kummer hatte, durfte persönlich zu ihm kommen, und er half, wo er konnte. Ich schaltete mich in diese Fürsorgearbeit ein. Er richtete Klubs und Bibliotheken, Spielplätze, Kindergärten und Kasinos ein und ging auf in seiner Arbeit. Er war Kirchenältester, und wenn wir in unserer Kirchenbank am Sonntag saßen, gab es keinen, der uns nicht um unser Glück beneidete. Wir hatten keine Feinde. Die Kinder verehrten den Vater. Er war für sie und für mich die höchste Autorität. Was war es für ein beglückendes Gefühl, sich blindlings auf einen geliebten Menschen verlassen zu können!

Und dann, an einem Sonnabend vor einigen Wochen, geschah das Furchtbare. Der Postbote brachte die private Post ins Haus. Ich schnitt die Briefe auf wie üblich und las sie durch. Bei einem Brief stutzte ich. Ich erkannte die Schrift meines Mannes, aber die Anrede lautete: »Mein geliebtes, süßes Kikilein!« Es war ein Liebesbrief an eine Freundin, mit der er offenbar schon lange liiert war. Ich besah mir den Umschlag. Hans war ein verhängnisvolles Versehen passiert. Er war bei dem Mädchen offenbar schon so zuhause, daß er den Brief an sie mit der Adresse seines Heims versah. Ich fiel wie aus allen Wolken. Mein Mann führte ein Doppelleben mit einer jungen Dame, die er aushielt, der er ein elegantes Appartement bezahlte. Zuhause war er der ehrbare Ehemann und Familienvater. Aber unter dem Vorwand von Aufsichtsratssitzungen und Konferenzen verbrachte der alternde Don Juan Schäferstündchen mit einer Geliebten. Ich konnte es einfach nicht glauben. Ich suchte die Adresse der Dame, die in der nächstgelegenen Großstadt wohnte, und rief sie an. Sie kam ans Telefon. Eine Weile sagte ich nichts, dann ahmte ich die Stimme meines Mannes nach und sagte nur: »Na.« »Ach, du bist es, Hansi, ich hatte deinen Anruf gar nicht erwartet. Du kommst doch morgen?«, und sie plapperte drauflos mit der Stimme eines kleinen Kindes, wie es die Bardamen heute oft machen. Schließlich kam es ihr seltsam vor, daß ihr niemand antwortete. »Wer ist denn da, bist du es, Hansi?« — »Nein, das ist nicht Ihr Hansi, das ist seine Frau!« Sie schrie erschreckt auf und hängte ein. Ich hatte nun Gewißheit.

Wissen Sie, Herr Doktor, wenn ich ihm soetwas zugetraut hätte — man weiß ja, daß solche Geschichten vorkommen, und wir hatten unter unseren Direktoren und Prokuristen einige ähnliche Fälle und Hans hatte sich darüber sehr empört —, dann wäre es vielleicht gar nicht so schlimm gewesen. Aber mich traf der Schlag völlig unvorbereitet, und er hat mich vernichtend getroffen. Wir wohnen noch zusammen, er beteuert, daß er mich liebt wie immer, aber ich kann nicht mit ihm am Tisch sitzen. Immer muß ich daran denken, daß dieser Mensch, den ich als ein vollkommenes Wesen verehrte, ein Doppelleben führt: hier der erhabene Patriarch, dort ein lüsterner Faun, der sich jugendlich gebärdet, mit Geld herumwirft, um zu werben. Ich sehe seine kurzen behaarten Hände und muß mir vorstellen, daß sie eine andere Frau gierig umarmen, und es wird mir schlecht. Mir ist seitdem nur noch schlecht. Ich muß mich erbrechen, habe Magenschmerzen und eine geschwollene Leber. Ich kann keinen Bissen herunterschlucken. Ich möchte nur noch eins, ich möchte nicht mehr leben. Alles Schöne und Gute, das ich bis zuletzt mit ihm erlebt habe, alles erscheint mir als eine infame Lüge. Ich kann es so gut verstehen, daß Frauen, die so betrogen wurden, hingehen und den Kerl vergiften oder erschießen.

Er bettelt, ich solle mich nicht scheiden lassen, wegen des unvermeidlichen Skandals und wegen seines guten Rufs. Wahrscheinlich denkt er auch jetzt nicht an mich, sondern nur an sich und seinen tadellosen Ruf, dieser Pharisäer. Er will mir nicht einmal erlauben, wegzufahren; wir waren noch nie einzeln verreist, auch da befürchtet er, daß die Kinder oder die Nachbarschaft etwas merken würden. Er will unter allen Umständen sein Gesicht wahren. Aber es sind natürlich auch meine Kinder. Ich habe mir bisher nichts anmerken lassen. Aber alle sehen, daß etwas nicht in Ordnung ist, daß ich todkrank bin. Ich habe ihn aus unserem gemeinsamen Schlafzimmer ausquartiert, und wir sprechen nicht miteinander. Ich esse auch nicht mehr gemeinsam mit ihm. Gewiß zerbrechen sich die Menschen im Haus und in der Nachbarschaft den Kopf und reden darüber.

Für mich gibt es, nachdem mein Leben und meine Vergangenheit zerstört worden sind — denn ich kann an keine Minute der dreißigjährigen Ehe mehr mit Freude oder Beglückung denken —, nur noch den Tod oder die Trennung. Ich müßte dann aber ganz weit weggehen. Aber ich bin, auch wenn ich weggehe, zerbrochen. Verstehen Sie, wenn ein geliebter Mensch stirbt, man liebt ihn weiter, man denkt in Dankbarkeit und Trauer an ihn. Man berührt die Gegenstände, die um ihn waren. Aber das ist etwas ganz anderes. Hier wird einfach durch einen Vertrauensbruch, den man nicht einkalkuliert hat, den man für völlig unmöglich hielt, die ganze Person und alle Erlebnisse, die man mit ihr hatte, entwertet." Sie hob ihre Hand zum Mund und blies darauf, wie man eine Pusteblume wegpustet.

Was sollte ich der Frau sagen, deren Sein durch die Lüge und den Betrug ihres Mannes vernichtet worden war? Kein Wort von ihr war Phrase.

„Ich kann Ihnen nachfühlen, was Sie erleben, und daß der Vertrauensbruch Sie einfach zerschmettert hat. Aber haben Sie nicht doch allzuradikal mit allem aufgeräumt? Sie sagen, Ihr Mann sei nunmehr entwertet. Schließlich war er immer ein guter Mann, ein vortrefflicher Vater, ein idealer Vorgesetzter, ein ehrlicher Kaufmann. Er hatte doch ungezählte ausgezeichnete Eigenschaften, die nicht einfach zunichte gemacht wurden, wenn er, allerdings auf einem äußerst empfindlichen Punkt, auf dem der Liebe und der Sinnlichkeit, vom geraden Wege abgekommen ist und Sie dadurch aufs schwerste enttäuscht hat.

Bedenken Sie aber bitte, daß die Menschen auf diesem Gebiet sehr labil und sehr vielen Versuchungen ausgesetzt sind, besonders die Männer an der Schwelle des Alterns. Und schließlich ist Ihr Mann auch nicht aus Stein. Er sieht allenthalben das schlechte Beispiel bei seinen zahlreichen Kollegen, den Wirtschaftswunderkindern, sie sprechen offen miteinander darüber und brüsten sich mit ihren Erfolgen im Jagdrevier der Göttin Venus. Mancher bekommt an der Schwelle des Alterns die Torschlußpanik, er will sich noch einmal jung fühlen, er will das Leben noch in vollen Zügen auskosten. Und es schmeichelt seinem Selbstgefühl ungemein, wenn junge hübsche Damen ihm entgegenkommen und ihn glauben machen, daß sie in Liebe zu ihm entbrennen. Daß diese Liebe nur Schein ist, daß hinter ihr eine handfeste Berechnung steht, das merken die liebestollen Auerhähne nicht.

Könnte man nicht einen solchen Zustand als eine Krise, eine vorübergehende Verirrung der Gefühle bezeichnen und mit gütigem Verzeihen darüber hinweggehen? Glauben Sie wirklich nicht, daß man es könnte? Ich möchte Ihnen verraten, daß ich sehr viele solcher Fälle kenne, die ähnlich sind, vielleicht mit dem Unterschied, daß manche Ehefrauen um ihren Mann kämpfen und sich die größte Mühe geben, den Entsprungenen zurückzugewinnen und ihm den Rückweg offen zu halten. Für die Frau bedeutet das immer, so oder so, eine große Tragödie. Sie wissen so gut wie ich, wieviele Ehen in diesem kritischen Alter geschieden werden. Wenn Sie Versammlungen besuchen, an denen arrivierte Männer teilnehmen, sehen Sie sehr oft fünfzig- und sechzigjährige in Begleitung von sehr jungen Ehefrauen oder deren illegalen Stellvertreterinnen. Das ist immer die zweite Garnitur. Alle diese Erscheinungen sind sehr unschön und kennzeichnen den Mangel an Reife und die Unstabilität gerade der Menschen, die in den verantwortungsvollsten und exponiertesten Bezirken des wirtschaftlichen, politischen und kulturellen Lebens stehen. Und sie alle bezeichnen sich zum Überfluß als Ehrenmänner. Ihr Hans macht da leider keine Ausnahme.

Wenn Sie im ersten Schmerz der Enttäuschung alles hinwerfen und aufgeben, wird es schließlich dahin kommen, daß Sie abtreten dürfen und die andere über kurz oder lang an Ihrer Stelle Frau Generaldirektor sein wird. Man wird ihn trotzdem weiter achten und ihn und seine Frau umschmeicheln. Und Sie werden das Dasein einer geschiedenen Frau führen, oft ein leeres Dasein, ohne das gewohnte Heim, ohne Aufgaben und schließlich in einer schiefen Position zu Ihren Kindern, die von Vaters Geldbeutel abhängig sind.

Ich weiß genau, daß meine Worte jetzt bei Ihnen nicht ankommen. Aber überlegen Sie sich's doch, ob Sie nicht aus Gesundheitsgründen für einige Monate weggehen sollten. Die Zeit heilt jeden Schmerz, und nach einer Weile werden Sie die Geschehnisse mit weniger bitteren Empfindungen ansehen, und vielleicht werden Sie als Christin, die Sie sind, sogar dazu kommen, ihm zu verzeihen."

„Nie, nie!", schrie sie erregt. „Nie kann ich verzeihen, was er mir angetan hat!

„Beruhigen Sie sich! Das sagen Sie jetzt. Sie sind strenger als ein Staatsanwalt in einem Mordprozeß. Das kann niemals der Ausdruck Ihres Wesens sein, denn sonst müßte ich auch Ihnen die Ihrem Alter gemäße Reife absprechen. Wenn wir so hart mit unseren Nächsten ins Gericht gehen, dann sind wir selbst hart und böse. Versuchen Sie doch die Dinge aus einer gewissen Distanz anzusehen. Stellen Sie sich vor, diese gleiche Geschichte würde Ihrem Sohn passiert sein. Sie würden ihn nicht so verurteilen, wie Sie jetzt Ihren Mann verdammen. Sie würden besorgt sein, gewiß, und sein Verhalten nicht billigen, doch Sie würden ihm bereitwilligst verzeihen und nach Entschuldigungsgründen suchen. Keinesfalls aber würden Sie daran zerbrechen wie jetzt, da Sie selbst betroffen sind. Sie würden auch Ihre Schwiegertochter zu trösten suchen, wenn nötig mit Gemeinplätzen: »So sind nun mal die Männer. Aber im Grunde seines Herzens liebt er dich...« und so weiter. In Ihrem Inneren würden Sie vielleicht denken: Schließlich ist sie auch nicht ganz unschuldig, hätte sie sich mehr ihm gewidmet und nicht immer den Haushalt und die Kinder in den Vordergrund geschoben, wäre sie liebevoller, stiller, aufmerksamer, einfühlsamer gewesen, hätte sie ihm nicht bei jeder Kleinigkeit widersprochen und Dinge gelassen, die er nicht leiden konnte, vielleicht wäre all das nicht passiert.

Aber alles das, was Sie für und wider Ihren Sohn und Ihre Schwiegertochter sagen würden, — alles das können Sie auch ruhig zu sich selbst sagen. Sie sind ein verehrungswürdiger Mensch, aber auch Sie sind nicht ohne Fehler. Vielleicht suchte Ihr Mann, der bei Ihnen keine volle Erfüllung fand, sie woanders. Ich bitte Sie nur, fassen Sie jetzt, im akuten Stadium, keine Entscheidungen, die Sie sehr bald bereuen werden!"

Resigniert sagte sie: „Die Männer halten doch immer zusammen. Ich hätte von Ihnen erwartet, daß Sie wenigstens zu mir halten würden."

Sie verabschiedete sich kühl von mir.

Sie ging hinaus. Ihr Schmerz und ihre Enttäuschung waren unverändert, doch hatte sie sich ausgesprochen und eine andere Meinung gehört. Ich erwartete keinen plötzlichen Erfolg.

Und dann kam er, mit beschwingten Schritten eines Mannes von Ende Fünfzig, der sich wie ein Vierzigjähriger fühlt. Er war mittelgroß, eher schlank, hatte graue Schläfen, und man sah ihm an, daß er geraume Zeit des Tages der Pflege seiner Leiblichkeit widmete. Er schüttelte mir jovial die Hand.

„Na, Doktor, haben Sie etwas ausgerichtet?"

„Nein, sie ist vollständig am Boden."

„Können Sie das verstehen? Eine so beherrschte, eher kühle Frau. Daß sie das so umgeschmissen hat!"

„Ist das ein Wunder? Sie sah in Ihnen den idealen Familienvater, den patriarchalischen Industriellen, den königlichen Kaufmann, und plötzlich, nach dreißigjähriger glücklicher Ehe, entdeckt sie, daß Sie sie mit einer anderen Frau hintergehen, und das schon lange, Monate oder Jahre. In ihren Augen sind Sie jetzt ein hintergründiger Mann mit einem Doppelleben, ein Mr. Jekill und Doktor Hyde im Taschenformat. Das soll einen nicht umwerfen!"

„Aber versuchen Sie doch mich zu verstehen! Ich bin doch noch jung, unverbraucht, voll Elan, auf der Höhe meiner Arbeitskraft und des Erfolgs, schließlich bin ich doch kein Klosterbruder. Man begegnet jemandem, man verliebt sich wie ein Pennäler, man wird wieder geliebt, man erlebt eine ganz neue, herrliche Selbstbestätigung durch einen schönen jungen Menschen und man wird selbst wieder jung und glücklich! Ist das nichts? Zu Hause ist immer der alte Trott, die Gewöhnung, eine schöne Kameradschaft, nichts mehr. Kinder, Kindeskinder mit ihren Freuden und Sorgen. Die Fabriken, die Reisen, die Konferenzen. Das ist der gute, der gediegene Alltag, aber das andere, das andere ist ein Geschenk, ein paradiesisches Geschenk, das einem ganz unerwartet zufällt."

„Sie werden direkt poetisch wie ein Unterprimaner. Was wollen Sie denn, wollen Sie nach dreißigjähriger Ehe sich scheiden lassen wie so viele Ihrer Wirtschaftswunderkinder-Kollegen? Wollen Sie jenes Geschenk des Himmels nach den grauenvollen Prozeduren eines Scheidungsprozesses in den sicheren Hafen der geheiligten Ehe führen? Sie sind schlimmer als ein Pennäler! Sie alter Knabe, Sie! Das Glück ist jetzt, wie ich schätze, fünfundzwanzig, mit einem dreifachen Mechanismus des Augenaufschlags, vollbusig und ganz auf Schäferspiele eingestellt, dumm und faul und ganz kindlich dressiert.

Sie zahlen ihr eine vergoldete Wohnung, Pelze, Juwelen, ferner Reisen und einen hübschen Scheck für den Unterhalt. Alles für einige zauberhafte Nächte, in denen Sie glauben, wieder siebzehn zu sein. Dafür stehen Sie eine halbe Stunde vor dem Spiegel und striegeln sich die interessanten grauen Schläfen. Dann massieren Sie sich das Gesicht mit dem Elektrogerät, dann geht es in die Sauna wegen der Fettwülste am Bauch, und dann zum Arzt, der Ihnen unter dem Vorwand der Überarbeitung und Managerkrankheit Stärkungsmittel, Vitamine und Aphrodisiaka verschreiben soll. Und eine Weile geht es dann auch ganz gut. Eine Weile. Sie gehen auf die Sechzig zu. Es dauert nicht lange und Sie sind Siebzig und das blonde Glück ist erst fünfunddreißig, und dann laufen Sie wie ein Zwölfender herum, denn dann sind Sie von all den Liebesanstrengungen kaputt, mein Lieber! Bleiben Sie doch, was Sie sind, ein ehrlicher, anständiger Familienvater und verzichten Sie auf des Wunderknaben Frühlingserwachen!"

Er sah mich herausfordernd und böse an. „Ich habe ja gar nicht von Scheidung gesprochen. Ich will keine Scheidung. Ich liebe meine Frau und verehre sie. Bei meiner gesellschaftlichen Stellung gäbe das einen Riesenskandal! Meine Frau ist schließlich auch Mitinhaberin unserer Firma. Und die Kinder würden soetwas auch nicht verstehen. Durch eine Scheidung würde mein ganzes bisheriges Leben sich völlig verändern!"

„Wenn Sie schon nach außen hin so konservativ und protokollär sind, warum machen Sie denn solche krummen Sachen?"

„Doktor, ich hatte es so gut eingefädelt, daß ich nie geglaubt hätte, es könne je herauskommen. Und da passiert mir altem Esel dieser Lapsus, daß ich ihr schreibe und meine eigene Adresse auf den Umschlag kritzele. Als ob wirklich der Teufel seine Hand im Spiel hätte!"

„Hatte er auch, mein Lieber, Ihr eigener Teufel! Sie selbst waren nämlich der Teufel. Sie müßten es doch längst aus Erfahrung wissen, daß es kein vollkommenes Verbrechen gibt, irgendwo hält die Naht nicht, und es kommt heraus."

„Was soll ich aber nun tun? Meine Frau kann mich nicht mehr sehen. Das Gesinde schleicht um mich herum, als ob ich Lepra hätte. Die eigenen Kinder schauen einen schief an. Es ist bei uns, als ob ein Toter im Haus wäre. Das ist nicht zum Aushalten. Alle ahnen etwas, niemand wagt direkt zu fragen, und das Schlimmste ist, daß sie alle mehr wissen, als sie zugeben, und daß sie miteinander darüber reden."

„Haben Sie denn wenigstens dem süßen Verhältnis ein Ende bereitet?"

Er schaute mich abwägend an. Ich sah, daß er lügen wollte.

„Noch nicht ganz. Ich habe ihr angedeutet, daß wir aufhören müssen."

Ich schüttelte den Kopf. „Sie haben es ihr nicht gesagt, weil Sie zu feige dazu sind und weil Sie wissen, daß Sie in ihrer Hand sind. In Ihren Schäferstündchen ist Ihr Herz weich geworden, und Sie haben ihr manches anvertraut, was Sie nachher bedauerten. Haben Sie doch den Mut, Schluß zu machen! Finden Sie die Lustdame mit Geld ab, nicht zu hoch. Diese Traumgestalten haben, was Geld betrifft, einen sehr realen Boden. Richten Sie ihr meinetwegen einen Kosmetikladen ein, soviel wird es Sie schon kosten. Aber bringen Sie den Mut auf, Schluß zu machen!"

„Sie reden wie ein Lehrer. Als ob das so leicht wäre, so von heute auf morgen alles umzudrehen. Heute noch die schönsten und feurigsten Liebesbeteuerungen, und morgen ganz kaltschnäuzig eine Abfindung. Für wen wird sie mich halten?"

„Für den, der Sie für sie sind, für einen Goldonkel, der ihr zu einer Dolce Vita verhilft, und für nichts mehr. Glauben Sie mir, solche Möglichkeiten hat sie bereits einkalkuliert, wenn ihr auch der Titel »Frau Generaldirektor« lieber wäre. Aber tun Sie es wirklich sofort! Als Sie Ihre Frau betrogen, hatten Sie entschieden weniger Skrupel."

„Wie soll ich das bloß machen? Und niemand hilft mir dabei! Es ist zum Verzweifeln!"

„Sie haben auch niemand um Hilfe gebeten, als Sie das hübsche Spiel einfädelten! Ihre Sorte Mensch pflegt solche Probleme nachher mit Hilfe eines Rechtsanwalts zu erledigen. Ich kenne das, es ist die feigste und schäbigste Art. Wagen Sie es bloß nicht, einen Anwalt mit dieser peinlichen Angelegenheit zu betrauen. Gehen Sie aber nicht persönlich zu ihr, dann verfallen Sie wieder ihrem Charme, Ihre Hormone fangen an zu rasen und Sie werden schwach. Sie dürfen jetzt nicht schwach werden! Schreiben Sie ihr ehrlich, was vorgekommen ist, und daß Sie nach reiflicher Überlegung, als älterer Mann, sich reumütig für Ihre Familie entschieden hätten. Sie kann mit einem solchen Brief Sie später nicht erpressen.

Lassen Sie Ihre Frau jetzt für einige Monate fortfahren. Bitten Sie sie um Verzeihung, und vielleicht bitten Sie sie, daß sie Ihnen hilft, den Schaden, den Sie angerichtet haben, wieder gutzumachen. Vielleicht erwächst ihr dadurch aus den Trümmern eine neue Aufgabe."

Er verließ mich weniger selbstbewußt und elastisch, als er gekommen war.

Ein Jahr später sah ich beide wieder. Man unterhielt sich etwas gehemmt über dies und jenes, nur nicht über den Vorfall von damals.

Aus seiner Aufmerksamkeit seiner Frau gegenüber sah ich, daß sie den Zwischenfall überwunden hatten.

SCHÜLER OHNE KOPF, LEHRER OHNE HERZ

Eine Schulärztin rief an und fragte, ob sie mir einen Jungen zur Untersuchung und zum psychologischen Test schicken könne. Die Lehrer wüßten nicht weiter mit ihm und wollten ihn aus der Schule relegieren oder in eine Hilfsschule versetzen. Der kleine Bursche täte ihr leid, da sie glaube, daß er gar nicht so faul und widerspenstig sei, wie man ihn schildere.

Er kam allein, ohne Begleitung. Er war sauber, aber ärmlich gekleidet, sah blaß und mager aus, hatte Ringe unter den Augen. Sein Nacken war sehr dünn und verspannt, die Muskeln und Sehnen zeichneten sich unter der Haut deutlich ab.

„Er muß eigensinnig sein, in steter Abwehr und sich gegen das an ihn prallende Leben sperren", dachte ich. Die Schultern waren hochgezogen. Sein Gesicht war undurchdringlich, aber die Finger bewegten sich nervös.

Ich gab ihm die Hand und forderte ihn auf, sich zu setzen. Er setzte sich auf die äußerste Kante des Stuhls.

„Setz dich doch richtig darauf, der beißt nicht, und solange du sitzt, gehört der Stuhl dir ganz allein." Er rutschte in den Stuhl hinein.

„Magst du ein Stück Schokolade, oder rauchst du lieber?" Er schaute mich mißtrauisch an. „Lieber Schokolade", sagte er leise. Er nahm sie und drehte sie unschlüssig in den Fingern.

„Steck sie doch in den Mund, sonst werden die Finger klebrig." Er folgte meinem Rat.

„Ist deine Mutter nicht mitgekommen?" Er schüttelte den Kopf.

„Hab' keine. Und die Tante, was Papas Freundin ist, die hat keine Zeit, die geht arbeiten."

„Und der Papa?"

„Der arbeitet auch."

„Lebt denn deine Mutter nicht mehr?"

„Schon seit drei Jahren."

„Lebst du gern zu Hause?" Er sagte nichts, schüttelte nur den Kopf.

„Sind sie nicht nett mit dir?"

„Doch, vielleicht, ich weiß es nicht. Viel kümmern sie sich nicht um mich. Sie kommen beide erst abends heim. Die Tante räumt auf und kocht, Vater setzt sich vor den Fernsehschirm, ich muß ihm Bier aus der Wirtschaft holen. Ich muß die Schulaufgaben machen. Aber ich darf mich nicht mucksen, das stört, und viel Licht darf ich auch nicht machen, dann können sie nicht gut sehen. Und wenn ich was frage, dann schreien sie beide und schimpfen über die Lehrer, sie sollten nicht so schwere Sachen aufgeben. Wenn das Fernsehen zu Ende ist, gehen sie schlafen. Ich darf dann auch schlafen gehen. Ich habe nämlich eine Klappcouch in der Stube."

„Sorgt denn die Tante für dich?"

„Sie wäscht und putzt und flickt mir die Sachen. Schimpfen tut sie nicht viel, aber das ist auch alles. Die Mutter war anders. Aber ohne die Tante geht es auch nicht, wer soll uns versorgen?"

„Und der Vater, ist denn der manchmal lieb zu dir? Spricht er mit dir, geht er mit dir aus?"

„Gott, wenn er nach Hause kommt, ist er müde und brummig. Er will in Ruhe gelassen werden. Wenn die Tante ihm was erzählt, so hört er gar nicht hin. Manchmal schaut er mich an, als ob er etwas sagen wollte, aber dann schweigt er. Er gibt mir zwei Mark Taschengeld in der Woche. Und zum Geburtstag gibt es eine Torte und er schenkt mir was zum Anziehen, auch zu Weihnachten."

„Hast du Freunde?"

„Nein. Ich spiele mit den Jungen von der Straße, aber nur so."

„Möchtest du denn einen richtigen Freund haben?"

Sein Gesicht wurde traurig und es kam ein kindlicher Zug hinein. „Möchte schon, aber die, die ich möchte, die mögen mich nicht. Denen bin ich nicht fein genug."

„Ist es ein Bestimmter, welcher ist es?"

„Der Pitt, er wohnt in einer Villa, die Eltern haben ein Auto und der Vater holt ihn damit sogar manchmal von der Schule ab. Er lernt gut und ist wirklich nett und freundlich. Einmal hatte er mich sogar zum Geburtstag zu sich eingeladen. Das war fein! Aber beim Spielen war ich zu wild und warf ein Tischchen mit einer Vase um, und da hat seine Mutter gezetert, und ich mußte früher nach Hause. Und der Pitt hat das alles mit angesehen und hat nicht versucht mich zu verteidigen. Schließlich war es doch ein Unglück. Ich habe doch nicht mutwillig die Vase zerbrochen!"

„Und da war die Freundschaft aus?" Er nickte traurig.

„Ich habe ihm auch nichts zu bieten. Ich hätte ihn doch nicht zu uns nach Hause einladen können."

„Aber du denkst doch noch mit Wehmut an Pitt?" Er nickte zustimmend.

„Was ist denn los in der Schule? Warum sind sie mit dir nicht zufrieden und wollen dich versetzen?"

„Diese Penners!" rief er empört aus. Sein Nacken versteifte sich, das Gesicht erstarrte zu einer bösen Maske. „Die sind doch nur da, um uns zu ärgern und zu schikanieren. Keine Menschen sind das!"

„Na, sind sie wirklich so böse?"

„Ja. Immer nur Schimpfen, Sechser verteilen. Das ist falsch und jenes ist falsch, und keiner sagt einem, wie es richtig ist."

„Bist du denn sehr frech und unruhig in der Schule?"

„Ach, Sie wissen doch, wenn sie einen auf dem Kieker haben, dann hat man immer etwas getan, auch wenn man es nicht gewesen ist. Wenn irgendwas los ist in der Klasse, dann schauen sie gleich in meine Richtung. Da heißt es: »Du warst es schon wieder!«, und eh man es sich versah, schreiben sie schon ins Klassenbuch oder drohen, es dem Direktor zu sagen. Da wird man schließlich böse. Kein Mensch, der einem hilft."

„Ist denn schon mal dein Klassenlehrer bei euch zu Hause gewesen, oder hat er mit deinem Vater oder mit der Tante gesprochen?"

„Nein, was soll er auch da? Aber blaue Briefe, die schickt er!"

„Was sagt denn der Vater dazu?"

„Was soll er schon sagen, er weiß auch nicht, was er tun soll. Er hilft mir doch auch nicht. Er schimpft, aber nicht schlimm. Und wenn er da hingehen würde, was soll er mit denen reden, die verstehen sich doch gegenseitig gar nicht."

„Bist du denn blöd?"

„Nein. Aber ich verstehe vieles nicht, was in der Schule durchgenommen wird. Fünf Stunden am Tage. Und wenn man etwas nicht verstanden hat und fragen will, dann schnauzt einen der Lehrer an, er hätte es soeben erklärt und ich solle besser aufpassen und nicht schlafen. Die anderen Schüler lachen. Was soll ich denn da tun? Und wenn man etwas nicht kapiert hat, dann kapiert man auch die nächstfolgenden Aufgaben nicht. Und dann sackt man immer mehr ab. Und schließlich, machen Sie mal Schulaufgaben, wenn der Fernseher immer dudelt, und unwillkürlich schaut man auch mal in die Röhre."

Ich war wirklich ratlos vor dieser kleinen Existenz, die ohne Liebe und Behütung im Flimmerglanz der Fernsehröhre aufwuchs. Was hätte ich tun können? Der Vater und die „Tante" waren sicherlich arbeitsame, aber primitive Wesen, die ihm nicht helfen konnten. Ich fragte ihn, ob er in vierzehn Tagen gerne wiederkommen wolle, vielleicht sei es ganz gut, daß er sich mit einem Menschen aussprechen könne. Ich wüßte im Moment keinen Rat, wie ich ihm helfen sollte, aber zwei Köpfe seien besser als einer, und es würde uns beiden schon etwas einfallen.

Er nickte und schien mit diesem Vorschlag einverstanden zu sein. Während der Unterhaltung hatte er gelegentlich nach einigen alten Waffen geschielt, die an der Wand hingen. Ich fragte ihn, ob er die Waffen sehen wolle. Er nickte. Ich zeigte ihm einen wertvollen alten russischen Bärenfänger mit eingeätzten Bärenjagdszenen. Er war entzückt. Dann fiel sein Blick auf eine Gruppe von holzgeschnitzten Erzgebirgsengelchen, die in einer Vitrine standen. Er war von dem Anblick fasziniert.

„Möchtest du ein Engelchen haben? Du kannst dir eins aussuchen."

Er tippte mit dem Finger auf den und jenen, schließlich entschloß er sich für einen Trompete blasenden Engel. Ich holte ihn heraus. Er nahm ihn fest in die Hand. Er sagte nicht danke. Er ging schnell weg, vielleicht hatte er Angst, ich würde es mir anders überlegen und ihm den Engel wieder wegnehmen. Er war durch seine Erfahrungen mißtrauisch gegen die Menschen. Meine Frau war von der Unterhaltung sehr beeindruckt.

„Was kann man bloß mit diesem armen Jungen tun? Es muß doch etwas geschehen!"

„Ich werde mir einen seiner Lehrer herbestellen." Ich telefonierte mit der Schulärztin und schilderte ihr den Fall. Der Junge sei verwildert und verwahrlost aus Mangel an Liebe und Geborgenheit. Das Elternhaus könne man nicht ändern. Ob sie nicht eine Lehrerin kenne, die ein Herz hätte und sich des Jungen annehmen könnte. Die Ärztin überlegte. „Ich schicke Ihnen Fräulein X, sie ist noch jung, mit ihr läßt sich sprechen, versuchen Sie es. Ich werde ihr den Fall vortragen und sie bitten, daß sie sich mit Ihnen in Verbindung setzt."

Ich lud die Lehrerin nachmittags zum Tee ein. Pünktlich zur verabredeten Stunde erschien sie, eine kräftige, gepflegte Blondine mit offenem, sympathischem Gesicht. Sie hatte einen energischen Gang und kräftige Bewegungen. Ich schilderte ihr die Situation des kleinen Hans. Sie hörte geduldig zu.

„Ein miserabler Schüler, kontaktarm, frech, arbeitet überhaupt nicht mit, stört die ganze Klasse. Keine Ermahnungen, keine Drohungen helfen, alles prallt an seiner Elefantenhaut ab, man kommt an den Jungen einfach nicht heran. Die ganze Lehrerschaft ist verzweifelt. Wir müssen darauf bestehen, daß er in die Hilfsschule versetzt wird, denn er drückt das Niveau der Klasse."

„Gut, Sie sind ihn dann los, was geht er Sie schon weiter an, für Sie ist die Klasse ein Kollektiv. Für mich ist jeder ein Einzelner, der zu mir kommt, und daher geht mich das Schicksal des Einzelnen auch an. Was glauben Sie, was aus ihm in der Hilfsschule wird? Er wird dort die Klasse drücken und die Lehrer ärgern. Natürlich, es sind dann andere Lehrer. Irgendwann wird er dort auch herausfliegen, in die Fürsorgeerziehung. Und wenn er in die Pubertät kommt, werden wir ihm als einem gefährlichen Rechtsbrecher, Mörder oder Sexualverbrecher begegnen. Wenn Sie dann die Zeitung aufmachen, werden Sie nicken und altklug sagen: »Ja, das haben wir schon immer gewußt, er mußte diese Entwicklung nehmen!« Und alle werden über einen Menschen den Stab brechen. All die Gerechten. Und keinem wird einfallen, daß einmal in seiner Klasse ein ganz hilfloses Menschlein saß, das keine Mutter, aber einen fernsehsüchtigen Vater und eine primitive »Tante« und einen Haufen routinierter, aber herzloser Lehrer hatte, die einen Menschen nur nach der Leistung beurteilten. Und daß alle, die ihm begegneten, durch ihre Unbeteiligtheit an seinem Sein und Schicksal zu der Verbiegung dieser Person beitrugen!

Ich habe die Schulärztin extra gebeten, sie möge unter den in Frage stehenden Lehrern jemanden aussuchen, des Herz noch nicht verkümmert ist. Sie hat Sie zu mir geschickt. Haben Sie jemals unter vier Augen mit dem Jungen gesprochen? Sind Sie einmal in sein häusliches Milieu gegangen? Ich wette, Sie haben nur von der Höhe des Katheders zu ihm geredet, ihn ermahnt, ihn getadelt, und sogar nicht immer ohne eigenen Affekt, ohne Ärger."

„Hören Sie, Herr Doktor, ich glaube Sie überschätzen unsere Fähigkeiten und Befugnisse. Ich habe dreißig Kinder in der Klasse, meist Rabauken und Schwierige. Von den dreißig arbeiten höchstens acht mit, die anderen sind völlig passiv, oder sie versuchen bei jeder sich bietenden Gelegenheit zu stören. Ich komme mir schon manchmal vor wie ein Dompteur im Löwenkäfig. Man verbraucht so viel Kraft nur mit der Beaufsichtigung und Erhaltung der Ruhe. Ich habe mein vorgeschriebenes Pensum, das die Klasse erfüllen muß. Von rechts wegen müßte die Hälfte der Klasse sitzenbleiben, und solche Subjekte wie Hans sind einfach untragbar."

„Versuchen Sie doch einmal, von sich selbst, von Ihrem hohen Kothurn und von dem Pensum herabzusteigen und sich die Kinder nicht als Klasse, sondern als armselige, der Lehrerschaft und dem Schulsystem preisgegebene Einzelne anzusehen. Sie lieben ja Ihre Schüler gar nicht!"

„Da verlangen Sie doch wohl etwas zu viel. Ich bin Lehrerin, wie soll ich sie denn alle noch lieben. Mein Tag ist bis an den Rand ausgefüllt. Sieben Stunden Unterricht. Korrektur der Arbeiten, Vorbereitungen, Fortbildung, Elternabende, Lehrersitzungen. Ich bin auch nur ein Mensch, und der Unterricht frißt uns auf, wir sind danach völlig erschöpft. Und schließlich muß ich irgendwann meinen Haushalt machen, und man möchte auch mal ein Konzert oder Theater besuchen."

„Und doch kommen alle Ihre Argumente nicht auf gegen meine Forderung zu lieben. Das steht zwar nicht in Ihrem Beamteneid und auch nicht in dem Reglement, aber das ist wichtiger als Ihr ganzes Pensum und alle Mühen um eine rein intellektuelle Bildung. Sie sollen doch den ganzen Menschen bilden und nicht nur einige Gehirnwindungen! Wollen wir ganz ehrlich miteinander reden: Ihnen sind die artigen, lieben und fleißigen Kinder sympathischer als die anderen, die nur stören oder das Klassenniveau drücken. Diese anderen werten Sie unbewußt und gefühlsmäßig ab, und die Kinder haben ein ausgezeichnetes Gespür dafür, sie werten Sie ihrerseits ab als doof. So entsteht eine gegenseitige Aggression, eine Kette von Aggressionen, die nie endet. Und vielleicht könnte jeder Schüler, der nicht gerade ein Halbidiot ist, ein guter Schüler und ein dankbarer Mensch werden, wenn er sich von seinen Lehrern geliebt, geachtet und verstanden wüßte.

Wir wissen alle ganz genau, daß die Kinder zu Hause oft falsch erzogen werden, zu streng, zu ungerecht, zu affektbetont, zu zimperlich, zu ängstlich, zu frei. Dann bliebe die Schule als einziger Ort der Begegnung, wo ein verständnisvoller und liebender Lehrer das Werk der Erziehung auf sich nehmen und helfen könnte. Es gibt viele Lehrer, aber wenig Erzieher. Erzieher kann nur einer aus dem Ethos der Liebe werden. Und glauben Sie mir, der ich meine Patienten liebe — und es sind auch eine ganze Menge —, ich werde nicht müde und mürbe an der Arbeit mit ihnen, weil nämlich die Liebe eine helfende und stärkende Kraft hat. Der Liebende ist immer ein Beschenkter; alle Energie, die aus der Liebe strömt, kommt zu dem Geber in noch größerem Maße zurück. Darum glaube ich

Ihnen Ihre Überarbeitung, Ihr Pensum und all den anderen Kram nicht. Der Liebende geht beschenkt auch aus einer Schulstunde, weil er den dankbaren Blick von dreißig Kindern spürt, die ihn lieben und anerkennen.

Ich weiß nicht, ob Sie christlich erzogen worden sind. Aber vielleicht ist Ihnen das Gleichnis vom guten Hirten noch in Erinnerung, und Sie und ich, wir alle sind nichts anderes als solche Hirten. Und unser armes Hänschen ist nichts anderes als ein verlorenes Schaf. Es heißt aber, der Hirte läßt seine Herde und geht das **eine verlorene**, vielleicht schwarze Schaf suchen. Er sagt **sich nicht:** »**Gott sei** dank, daß das lästige Schaf weg ist, mögen **es die Wölfe** zerreißen, es macht mir doch nur Kummer«, **nein**, er steigt auf steile Felsen und ruht nicht eher, als bis er es gefunden hat. Glauben Sie, daß Christus uns allen, den Lehrern und den Ärzten vor allen Dingen, dieses Gleichnis umsonst gegeben hat? Glauben Sie nicht, daß unser Hänschen und viele andere solche Schafe sind, und daß wir aufgerufen sind, mehr zu tun, als sie zu schelten und ihnen schlechte Noten zu geben?

Warum holen Sie ihn nach der Pause nicht zu sich und fragen ihn, wie er zu Hause lebt, so daß Sie erfahren, was für ein elendes Hundeleben er führt. Und weshalb erkundigen Sie sich nicht, warum er so schlecht lernt? Er hat einfach Lücken in seinem Wissen, und über diese Lücken klettert er nicht hinweg. Helfen Sie ihm, erklären Sie ihm — und wenn es Sie eine Stunde oder mehr kosten sollte —, was er nicht begreift. Er wird Zutrauen zu Ihnen fassen, und er wird nicht mehr von den Lehrern »diese Penner!« sagen.

Haben Sie je versucht, Einfluß auf die gegenseitigen Beziehungen der Kinder zu nehmen? Sie lassen sie in den Pausen spielen, sich keilen, einige vereinsamen mitten in der Masse. Was wissen Sie vom Hänschen, als daß er ein schlechter und störrischer Schüler ist? Ich habe ihn nur zehn Minuten gesehen, und ich weiß eine Menge von ihm. Daß er zum Beispiel keine Freunde hat; er sehnt sich aber nach der Freundschaft mit Pitt, der ein feiner und wohlerzogener Junge ist. Es wäre für Sie ein Leichtes, Pitt einmal beiseite zu rufen und ihm vorsichtig von Hänschen und seinem brennenden Wunsch nach seiner Freundschaft zu erzählen. Das würde dem Jungen sicher schmeicheln, daß einer seine Freundschaft sucht. Und Sie könnten die beiden zusammensetzen. Pitt ist ein guter Schüler und würde einen veredelnden Einfluß auf Hänschen ausüben. Und alles das kostet Sie nicht mehr als zehn Minuten. Aber an dem Tage, da Sie das tun, werden Sie nicht mehr müde und abgespannt nach Hause gehen. Sie gehen leicht und beschwingt, denn Sie werden stellvertretend der gute Hirte aus der Bibel sein, und als dieser nach schwierigem Suchen sein Schäfchen gefunden und auf die Schultern gehoben hatte, da war er froh und glücklich.

Fangen Sie mal mit Hänschen an, und gehen Sie dann nacheinander die schwarzen Schafe durch, und Sie werden sehen, viele von ihnen werden wieder weiß."

Wir sprachen noch viel von unseren Erfahrungen. Sie lächelte und hatte ein schönes Gesicht, ihre Bewegungen wurden weicher. Beim Abschied schüttelte ich ihr die Hand und sagte: „Parole Hirte!"

Sie lachte und wiederholte: „Parole Hirte."

Hänschen kam nach vierzehn Tagen wie verabredet. Wir unterhielten uns über dies und jenes. „Herr Doktor, Ihren schönen Engel habe ich Pitt geschenkt, der hat sich gefreut! Und eingeladen hat er mich zu Kaffee und Kuchen."

„Na, dafür darfst du dir einen anderen Engel aussuchen."

Er strahlte, er suchte sich einen Engel mit einem Triangel aus.

„Nimm ihn, das ist, damit ein guter Dreiklang zwischen dir und Pitt und der Lehrerin besteht."

OHREN OHNE HERZ

Er war aus der Ostzone gekommen, kurz ehe die verhängnisvolle, Berlin umklammernde Mauer errichtet wurde. Nach langem Aufenthalt in einem Flüchtlingslager fand er Arbeit in einer großen Gärtnerei. Er wurde beauftragt, die Gewächshäuser zu heizen. Er erhielt auf dem Gelände der Gärtnerei eine kleine Dreizimmerwohnung und war glücklich, in geordneten Verhältnissen zu leben und seine Familie ernähren zu können.

Er hatte allerdings dem Gärtnereibesitzer verschwiegen, daß er an epileptischen Anfällen litt. Er hatte damit böse Erfahrungen gemacht. Es war nahezu ausgeschlossen, mit diesem Leiden Arbeit zu bekommen. Offenbarte man sich dem Arbeitgeber, so gab es bedauerndes Achselzucken und eine Absage. Niemand hatte den Mut zu sagen, daß man vor den Anfällen Angst habe und daß der Betroffene erhöhter Gefahr ausgesetzt sei. Man hatte fadenscheinige Gründe: die Stelle sei bereits besetzt oder man brauche niemanden mehr.

Jetzt sei er eindreiviertel Jahr in Arbeit gewesen. Aber vorige Nacht sei er beim Heizen des großen Koksofens von einem Anfall überrascht worden, er sei mit dem Gesicht in die glühende Asche gefallen. Wie lange er dort gelegen habe, wisse er nicht. Seine Frau, die durch seine lange Abwesenheit unruhig geworden sei, habe ihn gesucht und dort gefunden. Sein Gesicht, der Hals, die Hände und Arme wiesen Brandblasen und Abschürfungen auf. Die Augen waren von der Berührung mit der Glut entzündet.

Ich mußte ihn krank schreiben. Ich gab ihm zu bedenken, daß er eine so gefährliche Arbeit nicht mehr ausführen dürfe, er könne ja bei lebendigem Leibe verbrennen. Er sah das ein und ich empfahl ihm, sich seinem Arbeitgeber zu offenbaren, vielleicht könne er ihn in der Gärtnerei beschäftigen.

„Das wäre alles schön und gut. Aber dann muß ich aus der Wohnung heraus. Die Wohnung muß der bewohnen, der die Öfen heizt, es geht nicht anders. Wie sollen wir aber eine neue Wohnung bekommen? Ich habe keinen Schwerbeschädigtenausweis und keinerlei Vergünstigungen. Und wir haben genug Monate im Lager verbracht, da möchten wir nicht wieder hin, oder ins Obdachlosenasyl."

„Ich werde dafür sorgen, daß Sie einen Schwerbeschädigtenausweis bekommen, und ich gebe Ihnen ein Attest, daß man Ihnen bevorzugt eine Wohnung zuweist."

Wenige Tage später kam er sehr niedergeschlagen zu mir. Der Arbeitgeber hatte ihm sofort gekündigt, er war nicht bereit, ihn in der Gärtnerei zu beschäftigen. Er war auch böse darüber, daß er ihm seine Anfälle verschwiegen hatte. Selbstverständlich wurde ihm auch die Wohnung fristlos gekündigt, da man dem neuen Heizer nicht zumuten konnte, daß er, da er Tag und Nacht periodisch die Heizung besorgen mußte, woanders wohnte. Er sah das auch ein.

Er ging zum Wohnungsamt. Er kam völlig verzweifelt zurück. Man hätte ihn kurz und barsch abgewiesen. Es gebe keine Wohnungen, und es seien so viele Anwärter vor ihm da, daß gar keine Hoffnung bestehe, vor zwei Jahren eine vermittelt zu bekommen. Der Beamte habe ihm geraten, in der Wohnung zu bleiben. Der Gärtnereibesitzer müsse ihn dann verklagen. Er habe dem Beamten klar zu machen versucht, daß der Heizer unbedingt in der Wohnung leben müsse und daß man die Gewächshäuser nicht unbeheizt lassen dürfe. Der habe aber gar nicht mehr zugehört und sich an den nächsten Bittsteller gewandt.

„Das sind gar keine Menschen mehr. Ich laufe schließlich nicht zu meinem Vergnügen ins Wohnungsamt. Der Mann ist da, um uns zu helfen, aber er betrachtet uns als lästige Insekten!"

Ich ließ mir den Namen des Beamten geben und stellte eine telefonische Verbindung her. „Ich schickte Herrn X, der an Epilepsie leidet und durch tragische Umstände, infolge eines Anfalls, seine Arbeit und seine Wohnung verlor, mit einem Attest zu Ihnen, in der Hoffnung, Sie würden ihm helfen. Stattdessen gaben Sie ihm einen völlig unmoralischen Rat, er solle in der Wohnung bleiben, bis man ihn herausklage. Ich glaube, Sie verkennen wirklich Ihren Auftrag. Auch ich weiß, daß Wohnungen knapp sind und daß viele Menschen in Not sind. Aber hier ist eine akute Not. Sie hätten begreifen müssen, daß der Mann schleunigst aus der Wohnung herausmuß, daß der nächste Heizer dort einziehen soll. Wie können Sie ihm den Rat geben, die Dienstwohnung zu blockieren, das verstößt gegen die guten Sitten. Ich habe in meinem Attest die Situation des Mannes deutlich zum Ausdruck gebracht, weil ich weiß, daß er unbeholfen ist."

„Was meinen Sie, wie viele mit Attesten hier antanzen, wenn wir sie alle berücksichtigen wollten, wo kämen wir da hin?!"

„Es sucht sicherlich niemand eine Wohnung, wenn er sie nicht braucht. Aber die meisten haben schon eine Behausung und wollen sich verbessern, was ganz natürlich ist. In diesem Falle besteht jedoch ein echter Notstand, und ich finde es einfach unmenschlich, daß Sie den hilflosen Mann mit unpassenden Empfehlungen abspeisen. Ich will Ihnen etwas sagen. Sie haben den ganzen Nachmittag Zeit, über den Fall nachzudenken und einen Weg zu suchen, ihm zu helfen. Ich schicke ihn morgen wieder zu Ihnen und erwarte von Ihnen, daß Sie ihm als ein Mensch und nicht als ein Funktionär entgegenkommen. Und nun seien Sie bitte so freundlich, mich mit Ihrem Abteilungsleiter zu verbinden."

„Wozu brauchen Sie den? Wollen Sie sich über mich beschweren?"

„Hören Sie mal, ich bin Arzt und nicht Denunziant. Ich habe Ihnen persönlich meine Meinung gesagt, ich hätte mich sonst ja gleich an Ihren Vorgesetzten wenden können, wenn ich mich über Sie beschweren wollte. Aber ich denke, ich trage ihm den Fall vor, denn er hat größere Möglichkeiten zu helfen. Und ich bin sicher, daß er schnell helfen wird. Er hat schon oft geholfen. Aber ich wollte Sie nicht übergehen."

„Ich glaube, ich schaffe es schon allein, schicken Sie nur Herrn X morgen früh zu mir."

„Ich danke Ihnen. Ich kann darauf rechnen. Und seien Sie freundlich zu dem Mann, er hat Schweres durchgemacht."

„Das sowieso!"

Ich wandte mich zu Herrn X. „Sie haben alles mit angehört. Nun gehen Sie morgen früh zu dem Sachbearbeiter, und er wird Ihnen helfen."

Der Mann bedeckte sein Gesicht mit den Händen und begann hemmungslos zu weinen.

„Was ist los, warum weinen Sie denn, es wird doch alles wieder gut werden. Sie bekommen bestimmt eine Wohnung."

„Ich freue mich ja auch, ich danke Ihnen. Es ist, weil noch nie ein Mensch sich für mich so eingesetzt hat. Man ist so allein."

ZÜGELLOSIGKEIT
UND KRIMINALITÄT

DOKTOR CONAN DOYLE

Ein großer Teil der Tätigkeit des Arztes ist im wahren Sinne des Wortes kriminalistisch. Die Verbrecher und deren Spuren, die er sucht, sind die verborgenen Krankheiten, die Entzündungserreger, die unheimlichen, den Körper zerstörenden Geschwülste, die unsichtbaren Bakterien und Viren, die Störungen des Stoffwechsels, aber auch und nicht zuletzt die geistigen und seelischen Bedrängnisse, die störend in das Gefüge der Person eingreifen. Dazu gehören auch die unzähligen, peinlich verdeckten Charakter- und Gefühlsabwegigkeiten. Diese Dinge werden in der Verborgenheit des Beichtstuhls ausgesprochen oder man vertraut sich hilfesuchend dem Arzt an, denn man weiß, auch er wird schweigen. Er muß kraft seines Amtes schweigen.

Auch die Methode, die zur Diagnose, zur Erkennung der Krankheiten führt, läßt sich aus unzähligen kleinsten Einzelheiten, auf chemischen und physikalischen Untersuchungen aufbauen. Um zu einer Synopse, einer Erkenntnis der Krankheit zu kommen, bedarf es darüber hinaus einer gediegenen medizinischen Kenntnis und großer Lebenserfahrung. Erst die rechte Diagnose gestattet eine angemessene Behandlung.

Abgesehen davon aber lernt der Arzt seine Stadt, seinen Bezirk aus intimster Sicht kennen. Bei seinen Krankenbesuchen steigt er in muffige Keller und verstaubte Mansarden, betritt Hinterhöfe und vornehme Villen, Geschäftshäuser und Fabrikgebäude. Oft öffnen mißgünstige und bösartige Nachbarn einen Spalt weit die Tür und warnen ihn vor dem Patienten, er sei ein **Drückeberger** und ein Tagedieb. Der Arzt hört nicht hin, aber er bewahrt alles, was er wahrnimmt, in seinem Herzen. Er wird bei Unfällen und kriminellen Verbrechen, bei Mord und Totschlag zuerst geholt. Bei manchem plötzlichen Tod soll er den Totenschein ausstellen. Er sieht oder ahnt ein Verbrechen; er hat nicht das Recht, dieses Wissen der Polizei zu melden, denn er steht unter Schweigepflicht. Allerdings wird er auf dem Totenschein vermerken: „Todesursache nicht geklärt". Dann muß die Polizei in einem jeden solchen Fall die Obduktion der Leiche anordnen.

Er kennt oft die gesuchten Verbrecher, manchmal muß er sie verbinden, behandeln, operieren, gipsen. Er muß sein Wissen bei sich behalten. Manche fragen: Warum muß das so sein, daß der Arzt nicht das Recht hat, einen gefährlichen Verbrecher der Polizei auszuliefern? Jeder Mensch, auch der Verbrecher, hat das Recht auf angemessene Behandlung bei Krankheit und Unfall. Würde er Angst haben, daß der Arzt der verlängerte Arm der Staatsanwaltschaft ist, so würde er ihn im Notfall nicht aufsuchen.

Der Arzt kennt nicht nur seine Patienten, er kennt auch ihre Familien und ihre Verwandtschaft, ihren Anhang, ihre Nachbarschaft, ihre Berufe und wirtschaftlichen Verhältnisse. Sein Gesichtskreis ist weiter und tiefer als der der Kriminalbeamten, aber auch verstehender und gütiger. Er liefert den Täter nicht der irdischen Gerechtigkeit aus, weil er weiß, daß die böse Tat oft nur einen winzigen Ausschnitt im Leben des Rechtsbrechers ausmacht, und nicht selten ist das Maß seiner Schuld und seines bösen Willens, gemessen an den unwägbaren Anteilen des Daseins, der Gesellschaft, der sozialen Umstände, der Erbmasse, gering. Fast immer stehen Not, böses Beispiel, Armut, schlechte Erziehung, Alkohol oder abartige Triebe, ja Geistesschwäche oder Geisteskrankheit Pate bei der kriminellen Tat.

Die Aufgabe des Kriminalbeamten beschränkt sich darauf, den Tatbestand aufzuklären, die des Richters, den Täter der irdischen Gerechtigkeit zu übergeben. Der Arzt aber behandelt den Täter vor, während und nach der Tat. Er erlebt die Unangemessenheit mancher Strafe, bei der fast nie der Rechtsbrecher allein, sondern meist seine ganze Familie bestraft wird. Die Kinder werden in der Schule von den Kameraden verachtet, die Familie gerät in wirtschaftliche Not, weil sie den Ernährer verliert, die Ehefrau oder Mutter geht mit gesenkten Augen durch die Straßen. Leider erlebt er es selten, daß ein Rechtsbrecher nach der verbüßten Strafe wirklich geläutert und resozialisiert in die Gesellschaft zurückkehrt. Oft wird er nur noch böser und unglücklicher, und weil er schon zu schwach war, um in Ordnung und Gesittung zu leben, wird er die Schwierigkeiten, die einem Vorbestraften begegnen, noch weniger meistern können. Er strauchelt wieder, geht den Weg des geringsten Widerstandes und landet oft erneut im Gefängnis.

Wie oft steht der Arzt im Konflikt, wenn er von gefährlichen Verbrechern oder von abartigen Personen, die zufolge ihres So-Seins zu wiederholten kriminellen Taten neigen, Kenntnis hat. Und dennoch muß er schweigen, weil das Gesetz und die ärztliche

Ethik es von ihm fordern. Ist es da ein Wunder, daß er versucht, auf eigene Weise mit den Problemen fertig zu werden?

Es ist bezeichnend, daß der erfolgreichste Verfasser von Kriminalromanen nicht ein Kriminalist, sondern ein Arzt war: Sir Conan Doyle. Seine Beobachtungen und Schlußfolgerungen gehen weit über das übliche Erkenntnismaß der Kriminalisten hinaus. Sie sind typisch für das forschende Auge des Arztes, der aus Gebärde und Mimik, Haltung und Sprache, sogar aus den Ausdünstungen des Körpers Schlüsse zu ziehen vermag.

Vor vielen Jahren hatte ich ein Erlebnis, das mich zwang, mich kriminalistisch zu betätigen. Ich praktizierte in einer mittelgroßen Stadt. Während der Vormittagssprechstunde nahm ich die Meldungen für Hausbesuche an. Unter den zahlreichen Patienten war ein neunzehnjähriger Junge, Harry, der Prellungen an der Oberlippe und an beiden Handgelenken hatte. Einige Zähne saßen locker. Er sah so aus, als ob er als Verlierer aus einem Boxkampf ohne Handschuhe hervorgegangen wäre. Ich versorgte seine Verletzungen und schrieb ihn arbeitsunfähig.

„Habt euch ganz schön gekeilt", meinte ich.

„Nein, nicht gekeilt. Ich kam nachts aus der Kneipe und bin in einer Pfütze ausgerutscht und aufs Gesicht gefallen."

„Dann hättest du dir die Nase brechen müssen und nicht die Oberlippe", dachte ich. „Ihr habt wohl eine Menge getankt?"

„Na ja, wie es halt bei einer Feier so hergeht."

Unter den angemeldeten Hauskranken war Fredy, siebzehn Jahre alt. Die Mutter empfing mich weinend im Korridor. „Der Junge ist abends vom Fahrrad gestürzt. Ich weiß nicht, ob er sich nicht schwer verletzt hat. Er hat erbrochen, nun klagt er über Kopfschmerzen, Schwindel und Brustschmerzen."

Fredy lag leidend im Bett und hatte ein nasses Handtuch auf der Stirn. Im Gesicht waren einige Schnittwunden. Ich betastete seinen Brustkorb, er stöhnte. Einige Rippen knackten, sie waren gebrochen. Ich legte ihm einen Leukoplastverband an.

„Was ist denn passiert?"

„Vom Rad gestürzt", war die lakonische Antwort.

„Dann mußt du aber toll gefahren sein. Bist du denn über die Lenkstange geflogen?"

„Ich weiß es nicht mehr genau, ich war wohl kurz bewußtlos."

„Wieso hast du denn Schnittwunden im Gesicht, am Rad ist doch kein Glas?"

„Doch, die Lampe und der Spiegel", sagte er schlagfertig. Da es sich um eine leichte Gehirnerschütterung handelte, versprach ich, am Abend wieder zu kommen.

Einige Häuser weiter war wieder ein Unfallverletzter. Karl saß in der Küche auf dem Stuhl, hatte den rechten Unterarm in ein feuchtes Handtuch gewickelt und jammerte. Die rechte Gesichtshälfte hatte Abschürfungen. Ich sah mir den Arm an, er schien gebrochen zu sein. Ich packte den Jungen ins Auto und fuhr ihn in die Chirurgische Poliklinik. Er wurde geröntgt und gegipst. Da der Arzt eine Unfallanzeige erstatten mußte, fragte er nach dem Hergang. Es sei eine Keilerei gewesen, er wisse nicht mit wem, er sei weggelaufen, ehe die Polizei geholt wurde.

Auf dem Rückweg dachte ich an die so häufige Duplizität der Fälle, die wir oft erleben. Beim Nachtmittagstee las ich die Abendzeitung. Es war gottlob Sauregurkenzeit. Keine nennenswerten politischen Konflikte trübten die Gemüter. Stattdessen stand auf der Titelseite in großen Lettern. „Auto von unbekannten Tätern gestohlen und zertrümmert aufgefunden." Aus dem Text ging hervor, daß das Auto einem Metzger, der in der Straße wohnte, in der ich Fredy besuchte, entwendet worden war. Einen Kilometer entfernt fand man es mit zertrümmertem rechtem Kotflügel an einem Baum. Von den Tätern fand man bisher keine Spur.

Ich legte die Zeitung aus der Hand. Die drei beschädigten jungen Männer standen lebhaft vor meinem geistigen Auge. Ich holte mir die Kartei von Harry. Er wohnte im Haus neben Fredy.

Was sollte ich tun? Der Polizei einen Tip geben? Nein, das verstieß gegen das ärztliche Ethos. Der Sache ihren Lauf lassen? Dann würden die Jungen glauben, es sei allzuleicht, kriminelle Taten zu begehen, außerdem würde ich mich mitschuldig machen. Ich beschloß zu handeln.

Gegen Abend ging ich zu Fredy. Ich nahm die Zeitung mit. Die Mutter saß an Fredys Bett. Ich bat sie, uns allein zu lassen. Ich fühlte seinen Puls, ließ mir die Zunge zeigen und leuchtete in seine Pupillen. Dann zog ich umständlich die Zeitung heraus, entfaltete sie und legte sie vor ihn aufs Bett. Er sah hin.

„Kennst du das?" Er tat unschuldig wie ein Engel. „Nein, wieso?"
„Na, das mit dem Ford vom Metzger."
„Was soll das, ich weiß von nichts."
„Das habe ich mir auch gedacht, daß du von nichts weißt, und daß Harry und Karl niemals mit dir in jenem Ford gesessen haben."

Seine Pupillen wurden weit, er stutzte. „Wer ist Harry und Karl?"
„Wer soll es denn sein, deine Freunde natürlich. Du warst der Anführer. Ihr habt den Wagen kurzgeschlossen. Du kutschiertest und gleich, heidi, gegen den Baum. Du pralltest gegen das Lenkrad und zerquetschtest dir den Brustkasten, die Scheibe ging entzwei und zerschnitt dir das Gesicht. Karl saß neben dir und bekam auch einige Splitter ins Gesicht und brach sich beim Herausstürzen den rechten Arm. Harry, der hinten saß, prallte mit dem Mund gegen die Rücklehne, er verletzte sich die Oberlippe, die Zähne und die Handgelenke."

Er schluckte. „Ist also alles herausgekommen?"

„Alles", sagte ich streng.

„Aber das steht doch gar nicht in der Zeitung!"

„Heute noch nicht, aber bald. Die Polizei wird nicht alle Karten gleich auf den Tisch legen."

„Wissen Sie es von der Polizei?"

„Das sage ich nicht, das ist mein Geheimnis. Aber Ihr könnt euch doch denken, daß so blöde angezettelte Dinge fast schneller herauskommen, als sie angestellt sind."

„Hat vielleicht Harry oder Karl gepfiffen?"

„Das kann ich nicht sagen."

Der Junge begann leise zu weinen.

„Wir wollten es doch gar nicht stehlen. Wir wollten doch nur eine Spazierfahrt machen und den Wagen dann unauffällig an seinen Platz stellen."

„Gewiß, aber es war nicht euer, es war ein fremder Wagen, und Ihr seid erwachsen genug, um zu wissen, daß man fremdes Eigentum nicht entwendet. Das ist Diebstahl, dazu Sachbeschädigung, Gefährdung der Verkehrssicherheit und Körperverletzung. Da kommen ein halbes Dutzend Paragraphen zusammen."

„Was sollen wir denn bloß tun?"

„Die Sache in Ordnung bringen natürlich, und zwar ehe der Haftbefehl ausgestellt wird. Wenn die Polizei sieht, daß Ihr reumütig seid und den Schaden wieder gutmachen wollt, wird sie milder gestimmt sein. Bestraft werdet Ihr trotzdem, aber viel geringer und bekommt Bewährung. Sonst aber ist alles dahin, guter Ruf, Ausbildung, alles."

„Ich kann doch gar nicht gehen, ich liege fest."

„Dann laß deine beiden Kumpane sofort herkommen, und wir besprechen die Lage."

Die Mutter wurde gebeten, die Freunde zu benachrichtigen. In einer Viertelstunde waren sie da. Sie ließen die Köpfe hängen. Sie versuchten nicht zu leugnen.

„Was sollen wir aber tun?", fragten sie ratlos.

„Na, was würdet Ihr jetzt wohl tun? Natürlich keinen Blödsinn wie türmen oder als Leichtmatrose auf See gehen, oder etwas Ähnliches, es gibt nämlich die Interpol, die findet euch überall. Ihr müßt den Schaden ersetzen, so groß er auch sein mag, und Ihr müßt, ehe der Haftbefehl kommt, euch der Polizei stellen."

„Sollen wir, Harry und ich, nicht gleich zum Metzger gehen und ihm alles beichten? Wir kennen ihn doch, wir kaufen ja bei ihm ein. Und wir wollen ihm versprechen, daß wir den Schaden von unserem Lehrlingsgeld abstottern werden", schlug Karl vor.

„Ja, das ist recht. Geht gleich hin und bittet ihn um Verzeihung. Er ist sicher kein Unmensch und wird von eurer nachträglichen Anständigkeit gerührt sein. Und morgen früh geht ihr beide zum Polizeirevier und stellt euch. Ich verspreche euch, ihr werdet nicht verhaftet, weil ihr geständig seid. Sagt aber nichts davon, daß ich Wind von der ganzen Sache bekommen habe, sonst würden sie denken, es sei keine echte Reue und ich hätte euch dorthin geschickt."

„Wir schweigen darüber wie das Grab! Das versprechen wir!"

EIN GEBRECHEN IST KEIN FREIBRIEF

Der Krieg war zu Ende. Der Vater kehrte zwar unversehrt zurück, doch nicht heim. Die Mutter arbeitete als Putzfrau, um die beiden Kinder zu ernähren. Sie war eine brave und ehrliche Frau, sie versorgte den kleinen Haushalt ordentlich. Aber sie war nicht sehr klug, sie konnte Wichtiges von Unwichtigem nicht unterscheiden, und ihr Mundwerk schien ein kleines Perpetuum mobile zu sein, es stand nur still, wenn sie schlief. Die Kinder behaupteten allerdings, daß sie auch im Schlaf die Lippen bewege. Sie redete ohne Unterlaß, schnell und undeutlich. Sie erwartete keine Antwort, im Gegenteil, sie war dankbar, wenn sie weiterreden durfte. Wenn sie mit den Kindern oder anderen Leuten zankte, was sehr häufig mit oder ohne Grund geschah, dann wurde die Stimme schriller und der Redefluß noch schneller. Die Kinder nahmen sie deshalb nicht ernst und gingen ihrer Wege.

Die siebzehnjährige Tochter suchte Männerbekanntschaften und wurde deshalb gelegentlich vor das Jugendamt zitiert. Der sechzehnjährige Manuel (die Kinder hatten hochtrabende Namen: Ines und Manuel) trieb sich mit Gleichaltrigen herum, suchte auf Autofriedhöfen und anderen Plätzen oder Ruinen Messing oder Kupfer und verkaufte es beim Schrotthändler. Eines Tages fanden sie eine Granate. Manuel hantierte mit ihr und versuchte sie loszuschrauben. Es gab einen fürchterlichen Knall. Manuel erlitt eine schwere Hirnverletzung und seinem Freund Peter wurde ein Arm abgerissen. Manuels Kopf wurde aufgemeißelt, man entfernte die Metallsplitter aus dem Gehirn. Die Wunde verheilte. An der Stirn blieb eine große pulsierende Narbe. Er hatte keine Lähmungen, aber es stellten sich epileptische Anfälle ein und er litt an starken Kopfschmerzen.

Die familiären Verhältnisse und die Nachkriegszeiten trugen nicht dazu bei, Manuel mit sechzehn Jahren die Reife eines Sechzehnjährigen erreichen zu lassen, seine Reaktionen entsprachen etwa denjenigen eines Vierzehnjährigen. Seine Intelligenz war durch die Hirnverletzung nicht geschädigt worden, aber seine Reifung hatte einen Stillstand erlitten. Er zeigte keinerlei Interessen, flanierte herum und hatte Freude daran, andere Menschen zu necken;

wenn sie sich ärgerten und ihm Vorwürfe zu machen begannen, geriet er in Wut und wurde handgreiflich. Er war zu keiner Arbeit zu bringen. Kaum war er einen oder zwei Tage auf einer Arbeitsstelle, so geriet er in Streit mit dem Meister oder den Kameraden und wurde fristlos entlassen. Die Geschwätzigkeit seiner Mutter ertrug er nicht mehr, so daß man gezwungen war, ihn unserer Hirnverletztenabteilung zuzuweisen.

Wir hatten eine sehr gute Atmosphäre im Krankenhaus, es bestand ein ausgezeichnetes Einvernehmen zwischen den Ärzten, den Schwestern, den Pflegern und den Patienten. Manuel fügte sich nur schwer ein. Er war nicht dazu zu bringen, bei der Arbeitstherapie mitzumachen. Er stänkerte, war ungezogen und gereizt, er ärgerte die älteren Kameraden, die mit Schlägen drohten. Jeden Tag gab es Unstimmigkeiten, seit Manuel bei uns war. Die Ärzte wiesen ihn streng zurecht, er gab ihnen freche Antworten.

Schwester Klara, die Mutter der Abteilung, war verzweifelt.

„Wenn wir ihn nur wieder loswerden könnten, er verdirbt uns die ganze Abteilung."

„Wie sollen wir das denn machen, wir sind doch für ihn da."

„Könnten wir ihn nicht nach Bethel schicken?"

„Was sollen sie in Bethel mit ihm, dann haben sie den Ärger. Vielleicht schaffen wir es."

Er blieb da. Wenn er Heimurlaub für Samstag-Sonntag bekam, rief seine Mutter schon Samstag abend an, wir möchten ihn wieder holen, er sei unerträglich, sie halte es mit ihm nicht aus. Wir schickten einen Pfleger, der ihn ins Krankenhaus zurückholte. Ich machte ihm Vorhaltungen.

„Kann ich dafür, daß ich hirnverletzt bin?", sagte er widerspenstig.

„Dafür kannst du nichts, aber du kannst dich ordentlich benehmen, wie es die meisten Hirnverletzten auch tun. Jeder Mensch kann sich bezähmen, auch du!"

Er war nicht eigentlich bösartig. Wenn Kameraden Anfälle hatten, half er ihnen bereitwillig, und eine Weile betreute er auch solche, die gelähmt waren und sich nicht allein anziehen konnten. Aber es dauerte nicht lange, dann hatte er sich mit ihnen zerstritten. Seit einiger Zeit trug er stolz das Hirnverletztenabzeichen. Wenn er in der Straßenbahn Streit mit den Fahrgästen bekam, zeigte er auf sein Abzeichen und sagte stolz: „Ich bin Hirnverletzter, mir kann keiner! Wenn was passiert, ich habe den Paragraphen!"

Eine ältere Frau ermahnte ihn. „Auch wenn du Hirnverletzter bist, brauchst du dir nicht einzubilden, daß dir alles erlaubt ist. Du mußt dich so benehmen wie jeder anständige Mensch! Und wenn du es nicht kannst, dann bist du nicht normal, dann gehörst du in eine Irrenanstalt!"

„Hirnverletzte gehören nicht in eine Irrenanstalt, und wenn sie dorthin kommen, dann holt sie Papa Lindenberg wieder heraus!"

Dieses Gespräch wurde uns berichtet. Ich ermahnte ihn, sich anständig zu benehmen. Er wollte nicht begreifen, daß er die Pflicht habe, sich zusammenzunehmen. „Aber Sie sind doch so oft am Gericht, und ich weiß, daß Sie die Hirnverletzten herausholen, wenn sie was verbrochen haben. Und wieviele Hirnverletzte haben Sie schon aus der Irrenanstalt geholt. Das ist doch bekannt."

„Du willst das scheinbar nicht begreifen, das ist etwas ganz anderes. Wenn Menschen in einem epileptischen Zustand etwas tun, dann sind sie nicht, oder nur bedingt, zurechnungsfähig. Aber wenn einer, wie du, glaubt, er dürfe sich alles erlauben, das hat mit Hirnverletzung gar nichts zu tun, das ist einfach schlechter Charakter, und das kann gar nicht schwer genug bestraft werden. Glaub nur nicht, daß ich dich irgendwo herausholen werde!"

„Haaa!" sagte er. Er wollte es nicht glauben.

Manuel hatte Wochenendurlaub und gab an, zu seiner Mutter zu fahren. Er kam am Sonntag abend nicht wie verabredet in die Abteilung zurück. Am Montag rief seine Mutter aufgeregt an. Es habe Streit gegeben, und Manuel sei mit einem Holzscheit auf sie losgegangen. Sie hätte laut um Hilfe geschrien und die Nachbarn hätten den Funkwagen geholt. Er habe sich dann mit den Polizisten herumgeschlagen. Schließlich, da er immer schrie, er sei Hirnverletzter, hätten sie ihn in die Irrenanstalt gebracht. Ob ich ihn dort nicht herausholen würde?

„Ich denke gar nicht daran. Er bleibt jetzt eine Weile dort. Und ich würde Ihnen vorschlagen, ihn dort nicht zu besuchen, ehe er Sie schriftlich um Verzeihung gebeten hat."

Kurz darauf rief der Kollege aus der Anstalt an. „Wir haben hier einen Manuel X bekommen, der in einem Erregungszustand ist. Können wir ihn Ihnen zurückbringen?"

„Lieber Kollege, Sie würden mir und ihm einen ganz großen Gefallen tun, wenn Sie ihn eine Weile behalten würden. Er ist doch wohl außer Rand und Band."

„Ja, er randaliert und schlägt mit den Fäusten gegen die Wände, er ist schlimmer als unsere Geisteskranken. Er verlangt Sie sofort zu sprechen, Sie würden ihn gleich mitnehmen."

„Darf ich Sie um eines bitten. Sagen Sie ihm, er befände sich in einem hochgradigen Erregungszustand, und es sei völlig unmöglich, ihn jetzt in eine offene Hirnverletztenabteilung überzuführen. Ich werde derweilen die Genehmigung vom Amtsarzt für die Einweisung in die geschlossene Abteilung besorgen und bitte Sie, ihn erst herauszulassen, wenn er eine Woche lang sich anständig benommen hat."

Ich verbot meinen Ärzten und Schwestern sowie den Patienten, Manuel in der geschlossenen Anstalt zu besuchen. Alle Patienten waren etwas bedrückt, sie waren sehr beeindruckt, daß ich Manuel nicht sofort herausholte. Jeder dachte an seine eigenen Chancen bei ähnlichen Gelegenheiten.

Vierzehn Tage später erschien Manuel bei uns. Ich holte ihn in das Ordinationszimmer. „Na, geht es wieder besser, ist der Erregungszustand abgeklungen?"

„Sie sind ein Verräter! Warum haben Sie mich nicht herausgeholt, ich habe Sie doch so sehr darum gebeten?!"

„Ganz einfach. Ich habe dich so sehr darum gebeten, dich ordentlich zu benehmen, und du hast alle meine Mahnungen in den Wind geschlagen. Du hast mich mißachtet und verraten und ich habe dir mit gleicher Münze zurückgezahlt. Hat es dir gut gefallen in der Anstalt?"

„Es war grauenvoll. Ich bin doch nicht verrückt, daß ich unter den Verrückten sein muß!"

„Du bist noch viel schlimmer als verrückt, denn jene können nichts dafür, daß sie so sind, du aber steigerst dich selbst in die Erregung hinein. Mach nur so weiter, dann weißt du genau, wo du bei nächster Gelegenheit landen wirst, und du wirst auch dort bleiben. Die nächste gerichtliche Einweisung wird günstigstenfalls ein halbes Jahr betragen. Außerdem ist die Angelegenheit noch nicht zu Ende. Hier liegt eine Vorladung der Polizei. Das gibt noch ein gerichtliches Nachspiel, und da kommen eine Reihe von Paragraphen zusammen, Beleidigung und Widerstand gegen die Staatsgewalt, Sachbeschädigung. Du wirst dich noch wundern."

Er ließ den Kopf hängen. Ganz leise sagte er. „Werden Sie mich da auch im Stich lassen?"

„Wenn du das so nennst, ja. Du kannst dich entgegen deiner Überzeugung und deiner großsprecherischen Beteuerung, daß du als Hirnverletzter einen Freibrief habest, auf keinen Paragraphen berufen und wirst verurteilt. Weißt du, durch solche Leute wie dich werden Hunderte von Hirnverletzten desavouiert. In der Bevölkerung heißt es dann: »Natürlich, es war wieder mal ein Hirnverletzter!« Die meisten Hirnverletzten sind ordentliche und arbeitsame Menschen. Wenn es einige gibt, die sich betrinken, so tun sie es nicht, weil sie hirnverletzt sind, sondern sie betrinken sich wie andere Gesunde, die es auch nicht tun sollten. Du solltest endlich begreifen, daß du als Hirnverletzter genau die gleiche Pflicht hast, an dir selbst zu arbeiten und dich anständig zu benehmen, wie jeder andere Mensch. Wenn du das nicht tust, bist du Ausschuß und wirst als solcher behandelt."

Manuel mußte zur Polizei und bekam später eine Vorladung zur Gerichtsverhandlung. Er war davon sehr beeindruckt und mußte sich Luft machen. Er erwartete Mitleid. Ich teilte vielen Hirnverletzten den Termin mit und lud sie ein hinzugehen.

Der Zuhörerraum im Gerichtssaal war gepfropft voll mit Hirnverletzten. Der Richter machte große Augen. Solche Fülle war man eigentlich nur bei Schwurgerichtsprozessen gewohnt.

Die übliche Prozedur der Verlesung der Anklageschrift, der Erhebung der Personalien, der Belehrung der Zeugen rollte ab. Nachdem Manuel über die Vorfälle befragt und die Zeugen gehört worden waren, mußte ich mein Gutachten abgeben.

Ich schilderte Manuel vor der Verletzung als unausgereiften Jungen, dann die Folgen der Verletzung und den Entwicklungsstop... „Soweit sind die Schwierigkeiten, die in der Person verankert sind, bedingt durch die Umstände der Kriegszeit und das ungünstige häusliche Milieu und verschlimmert durch die schwere Hirnverletzung. Aber abgesehen davon, und von einer gewissen Kritikschwäche, hat sich Manuel, wie leider auch eine ganze Reihe von Hirnverletzten, die meist vor der Verletzung bereits Psychopathen waren, in die Vorstellung hineingesteigert, daß sie fest im Besitze des Paragraphen 51 seien, daß ihnen alles erlaubt sei und sie deshalb straflos ausgehen müßten. Das ist ein böser und verhängnisvoller Irrtum. Kein Hirnverletzter, auch wenn er erregbar ist, hat das Recht, einen anderen Menschen oder ein Ding zu verletzen. Er muß sich den Gepflogenheiten der Gesellschaft genau so anpassen wie jeder andere. Ausnahmen bilden da nur epileptische Anfälle oder Drang- und Verstimmungszustände. Diese kann Manuel nicht für sich in Anspruch nehmen. Der Grad der Erregheit und Enthemmung durch die Hirnverletzung ist zwar ein hoher und muß bei der Strafzumessung berücksichtigt werden, aber er rechtfertigt nicht den Paragraphen 51,1 oder 51,2. Ich gebe allerdings zu bedenken, daß er vierzehn Tage inoffizielle Strafe in der geschlossenen Anstalt erduldet hat. Wenn es auch keine Gerichtsstrafe war, so doch ein empfindlicher Denkzettel."

Der Richter lächelte verschmitzt. „Also kein Paragraph einundfünfzig?"

„Nein."

„Auch nicht Absatz zwei?"

„Nein."

„Also Absatz drei, wie wir zu sagen pflegen."

„Genau das!"

Das Gericht zog sich zur Beratung zurück. Dann wurde das Urteil verlesen. Unter Berücksichtigung seiner Jugend und der Hirnverletzung, und weil er noch nicht vorbestraft war, habe er eine Buße von fünfzig Mark an das Rote Kreuz zu zahlen. Manuel atmete erleichtert auf. — Das war seine letzte Strafe.

Die Zuschauer waren von der Verhandlung sehr beeindruckt. Das Ereignis wurde überall weitererzählt und die Parole: „Ich bin hirnverletzt, mir kann keiner" versiegte.

SIZILIANISCHE RACHE

Zum ersten Mal sahen wir sie kurz nach Kriegsende in der Straßenbahn. Sie hatte einen zauberhaften winzigen Bologneser auf dem Schoß. Ich kann an keinem Hund vorbeigehen, ohne ihn zu streicheln. Ich sprach das Hündchen an, das aufgeregt zu bellen begann. Seine Besitzerin war eine zierliche alte Dame, sie erinnerte an Miniaturen aus der Rokokozeit. Wir kamen ins Gespräch. Sie erzählte bereitwilligst, daß sie die Stiefmutter eines berühmten Schauspielers sei. Seit dem Tode ihres Mannes sei das Hündchen ihre einzige Freude und ihr Trost.

Einige Jahre später erschien sie in meiner Sprechstunde, sie sah gealtert und bekümmert aus. „Der Amtsarzt schickt mich zu Ihnen, Herr Doktor, Sie möchten feststellen, ob ich verrückt sei."

„Konnte er es denn nicht allein feststellen?"

„Ich weiß es nicht, er hat gelacht und gemeint, ich sollte zu Ihnen gehen."

„Halten Sie sich selbst denn für verrückt?"

„Gott bewahre, ich halte mich für ganz normal. Aber das tun ja alle Verrückten."

„Was ist denn der Anlaß, daß Sie verrückt sein sollen, haben Sie Krach mit irgendwelchen Nachbarn oder Behörden, zanken Sie sich mit ihnen herum, oder lassen Sie Ihre Wohnung verkommen?"

„Nein, ich lebe in Frieden mit den Nachbarn, in der Wohnung ist nichts zu vernachlässigen, denn es ist fast nichts mehr drin, und Geld habe ich auch keines mehr."

„Aber was ist denn eigentlich los?"

„Also hören Sie zu. Mein Bologneserhündchen ist gestorben und ich fühlte mich sehr einsam. Da las ich in der Zeitung eine Annonce. Ein Mann, Ende Fünfzig, alleinstehend, häuslich, liebebedürftig, suchte eine Lebensgefährtin. Ich dachte, schreibst mal hin, — und ich schrieb. Er erschien. Was soll ich Ihnen sagen, jeder Zoll ein Graf, Milch und Blut. Ein großer starker Mann, gut aussehend, gute Manieren, Charme. Ich war vom ersten Augenblick an bezaubert. Er sah mich an, sah meine hübsche Wohnung und meinte gleich, wir seien füreinander geschaffen. Solch ein Frauchen und solch ein Heim habe er sich immer erträumt. Und von jenem Augenblick an blieb er da. Es war Liebe auf den ersten Blick. Nie zuvor war ich so glücklich, er trug mich auf seinen starken Händen.

Wir beschlossen zu heiraten. Er kam aus der Ostzone, war Flüchtling. Da er aber kein politisch Verfolgter war, konnte er keinen Zuzug nach Berlin bekommen, außer wenn er hier einheiratete. Ich sah das ein und besorgte die nötigen Papiere, damit wir bald das Aufgebot machen könnten. Er bekam auch keine Arbeit, ehe er den Zuzug hatte, Geld hatte er natürlich auch nicht. Ich hatte eine kleine Rente von meinem verstorbenen Mann. Es ist doch nur ganz natürlich, daß man alles mit einem Menschen, den man liebt, teilt, und so teilte ich. Aber es reichte offenbar nicht, und so holte er mit meinem Einverständnis nach und nach die kostbarsten Möbel aus meiner Wohnung und verkaufte sie beim Antiquar. Was er dafür bekam, sagte er nicht, er verbrauchte das Geld auch meist für sich, kaufte sich Hemden und Anzüge. Fein sah er aus, vornehm, die Frauen schauten sich um nach ihm. Das imponierte mir natürlich.

Schließlich gaben wir das Aufgebot auf, und er bekam, als er das Papier vorwies, den Zuzug und auch Arbeit beim Magistrat. Was war ich froh! Geld hatte er aber noch keines, und er verschacherte weiter meine Möbel. Aber er tröstete mich: »Warte, wir werden gut verdienen und dann kaufen wir uns alles neu.« Ich glaubte ihm alles. Als letztes holte er mein Radio weg. Es blieb nur noch das Bett und ein Nachttisch und ein Paar Sachen, die man nicht verkaufen konnte. Und dann war er plötzlich verschwunden.

Sie können sich denken, wie verzweifelt ich war. Zuerst dachte ich, es sei ihm etwas zugestoßen oder er sei vielleicht verschleppt worden, ich konnte es mir nicht erklären. Schließlich ging ich zur Polizei, dort war aber nichts von einem Unfall oder einer Verschleppung bekannt. Ich machte eine Vermißtenmeldung. Ich hörte nichts. Leider wußte ich nicht, wo er Arbeit bekommen hatte. Geld bekam ich auch nicht; als der Rentenzahltag kam, ging ich zur Post und mußte erfahren, daß er meine Rente für mehrere Monate verpfändet hatte, er hatte ja Vollmacht von mir!

Ich mußte also mit meinen siebzig Jahren als Putzfrau arbeiten gehen, um mich am Leben zu erhalten. Schließlich kam ich auf die Idee zu allen Amtsstellen zu gehen und fragte, ob er dort beschäftigt sei. Endlich gelang es mir, die Stelle zu erfahren, man sagte mir auch, wo er wohne. Und da beschloß ich, nicht mehr locker zu lassen. Er hatte mein Leben zerstört, nun schwor ich, ihn entweder zurückzugewinnen oder sein Leben zu zerstören.

Eines Morgens um sechs pilgerte ich, mit einem Besenstiel bewaffnet, zu Fuß — denn ich hatte kein Geld für die Straßenbahn, ich hatte schlechte Schuhe und die Füße schmerzten mich — sechs Kilometer zu seiner Wohnung und wartete hinter einem Hausvorsprung auf ihn. Was meinen Sie, wie er erschrak, als er mich sah, er wollte davonlaufen, aber ich hielt ihn mit aller Kraft fest. Er versuchte mir alle möglichen Geschichten zu erzählen, man sei auf seiner Fährte und wolle ihn verschleppen und da hätte er sich verbergen müssen, doch halte er weiter zu mir.

Ich ging immer neben ihm her. Er bestieg die Straßenbahn, ich auch, er mußte für mich bezahlen. Ich schimpfte halblaut, aber immerhin so, daß die Leute es hören konnten: »Du Schuft, du Verbrecher, du Heiratsschwindler, du Betrüger«, und noch mehr dergleichen. Ich stieg mit ihm aus und ging mit ins Amt.

»Wohin gehst du?«, fragte er.

»Wohin soll ich schon gehen, natürlich zum Herrn Stadtrat, ich werde ihm alles erzählen.« Er wurde blaß. Ich ging natürlich noch nicht hin, denn ich hoffte, er würde vielleicht doch zu mir zurückkehren.

Und so machte ich es alle Tage, manchmal auch nachmittags nach Dienstschluß. Ich liebe ihn und ich will ihn zurückhaben, aber wenn er nicht zurückkommt, so soll er wenigstens keine andere bekommen, die er wieder unglücklich macht. Das geht nun schon fast ein Jahr. Er ist völlig fertig, er zittert nur noch, wenn er mich sieht, er schläft schon keine Nacht mehr, aber zu mir zurück will er nicht. Der Fall ist doch klar, er hat mich ausgenommen wie eine dumme Gans, und damit hatte er sein Ziel erreicht, nun sollte eine andere dran kommen. Aber das lasse ich nicht zu, und wenn er in eine andere Stadt zieht, ich ziehe mit, und sei es zu Fuß, von mir kommt er nicht los.

Nun hat er mich bei der Staatsanwaltschaft angezeigt, ich wolle ihn verschleppen lassen und ich sei verrückt; er lief zum Amtsarzt und behauptete, ich müßte in eine Anstalt. Der Amtsarzt bestellte mich, ich habe ihm alles erzählt, er hat gelacht und mich zu Ihnen geschickt, sie sollten feststellen, ob ich verrückt sei!"

Auch ich mußte schmunzeln. „Ich kenne Sie ja schon länger, und ich glaube nicht, daß Sie verrückt sind. Ihre Methode allerdings ist in Deutschland ungewöhnlich. In Sizilien, wo es noch Blutrache gibt, da wäre sie richtig am Platze, man würde Sie deswegen verehren. Bei uns ist man eine so konsequente Haltung nicht gewohnt, sie erscheint uns absonderlich. Aber Sie haben recht, wenn Sie von ihm nicht lassen wollen. Und gerichtlich können Sie gegen ihn kaum vorgehen, da er Sie ja mit Ihrem Willen ausgeraubt hat; also können Sie eine private Sühneaktion veranstalten und keiner kann Sie der Verrücktheit bezichtigen. Im Gegenteil, auf diese Weise verhüten Sie weitere Verbrechen dieses Mannes."

Sie schüttelte mir kräftig und dankbar die Hand. Inzwischen wurde die Geschichte im Ort, wo sie wohnte, bekannt. Die Frauen schauten ihr morgens nach, wenn sie mit ihren abgetretenen Schuhen, mit einem Besenstiel bewaffnet, zu ihrer allmorgendlichen Racheaktion loszog. Man bedauerte und bewunderte sie und es war viel Schadenfreude gegenüber dem Heiratsschwindler dabei. Die Männer schüttelten die Köpfe und fanden sie reichlich überspannt.

Eines Tages stand ein großer kräftiger Mann in meinem Sprechzimmer, er sah aus wie ein Kriminalbeamter, er hatte ein sicheres Auftreten. Er nannte seinen Namen und sagte, er käme in der Angelegenheit der Frau X. Um so mehr wurde ich im Glauben bestärkt, er sei ein Kriminalbeamter und es sei ihr etwas zugestoßen, vielleicht sei sie von dem Manne ermordet oder in eine Irrenanstalt verbracht worden.

„Was ist denn los mit ihr?", fragte ich.

„Na, sie ist total verrückt und gehört in eine geschlossene Anstalt oder ins Gefängnis. Und deshalb bin ich hier. Ich begreife nicht, daß Sie als Nervenarzt nicht merken, daß sie verrückt ist. Solche Personen kann man doch nicht auf die Menschheit loslassen! Ich wollte gegen Sie eine Beschwerde einreichen, daß Sie andere Menschen dadurch gefährden, daß Sie die Frau nicht einweisen!"

„Hören Sie mal, mein Herr, Sie riskieren eine große Lippe. Sie sind ein Heiratsschwindler, Sie haben die Frau ausgenommen nach Strich und Faden, und Sie wagen es noch, jetzt zu verlangen, daß man sie einsperrt, weil sie Ihnen unbequem geworden ist! Ich habe so viel Unverfrorenheit lange nicht mehr gesehen. Wenn einer hinter Gitter gehört, dann sind Sie es! Die arme Frau täte auch besser daran, Sie bei der Staatsanwaltschaft anzuzeigen, als um Sie noch zu kämpfen."

„Hat sie mich bei Ihnen also auch schlecht gemacht? Sie untergräbt überall meinen Ruf, ich kann mich nirgends mehr blicken lassen."

„Reden Sie nicht so geschwollen, die Frau spricht die Wahrheit. Ich bin überzeugt, daß sie nicht ein Wort mehr gesagt hat, als was sich zugetragen hat. Kehren Sie doch zu ihr zurück! Sie konnten doch schließlich so lange mit ihr leben, bis das letzte Möbelstück aus dem Haus gebracht war! Und ihre Rente haben Sie auch verpfändet. Aber jetzt kann man es Ihnen natürlich nicht mehr zumuten, mit der alten Frau eine Ehegemeinschaft zu führen! Es ist nur gut, daß es noch Frauen von solcher Charakterstärke und Konsequenz gibt. Und ich gebe Ihnen den guten Rat, lassen Sie die Laufereien zum Amtsarzt und zum Staatsanwalt bleiben! Wir alle werden die arme Frau gegen Sie beschützen."

„Aber mein ganzes Leben ist dadurch ruiniert. Machen Sie es einmal monatelang mit, daß sie jeden Morgen Ihnen auflauert, mit Ihnen in der Bahn fährt und Sie halblaut beschimpft und droht zum Stadtrat zu gehen; ich bin doch keine Minute meines Lebens mehr sicher!"

„Sie haben ihr Leben ruiniert durch falsche Versprechen und durch reinen Diebstahl und Betrug, und nun ist das die Rache; sie ging nicht zum Staatsanwalt, sie nahm die Angelegenheit selbst in die Hand, und diese Methode ist viel wirksamer, außerdem verhütet sie, daß Sie sich ein neues Opfer aussuchen, und das ist gut so. Und nun verlassen Sie mein Haus. Meine Meinung kennen Sie. Ich bewundere nur Ihre Unverfrorenheit und Naivität, daß Sie als Heiratsschwindler es überhaupt wagen, zu einem Amtsarzt oder zu mir zu gehen, das zeigt mir nur, wie grundverdorben und gewissenlos Sie sind." Ich öffnete die Tür und er entfernte sich schleunigst.

Die arme Frau kam wieder. Inzwischen hatte sie ihre Rente wieder bekommen, und da die Rentenzahlungen normalisiert worden waren, konnte sie recht gut davon leben. Sie lächelte mich verschmitzt an. „Wissen Sie, Herr Doktor, jetzt brauch' ich nicht mehr zu Fuß dorthin zu latschen, jetzt fahre ich mit der Straßenbahn, ich könnte mir sogar eine Taxe leisten."

„Haben Sie denn immer noch Freude daran, Ihr Kaninchen zu quälen?"

„Ja, ich liebe ihn immer noch, und auf diese Weise sehe ich ihn jeden Tag, und das bereitet mir eine gewisse Genugtuung. Daß er nicht mehr zu mir zurückkommt, das habe ich inzwischen begriffen, ich möchte ihn auch gar nicht mehr haben. Aber sehen Sie, das ist zu einer Art Hobby geworden. Ich habe keinen Menschen, keinen Hund, ich bin alt. Diesen Mann habe ich geliebt, er hat mich eine Weile glücklich gemacht, ehe ich merkte, daß er ein Heiratsschwindler ist. Wissen Sie, Herr Doktor, wenn man einsam ist, und es kommt einer, dann ist man so blind vor Freude und Glück, daß man zunächst immer glaubt, er kommt meinetwegen. Man kann noch so alt und häßlich sein, aber so etwas möchte man immer glauben, und daher fallen wir dummen Weibsleute so leicht auf die plumpsten Heiratsschwindler herein. Und jetzt, da schwelge ich in den Erinnerungen meines Glücks und ich sehe ihn, und so verhindere ich, daß er sich an andere heranmacht."

„Ich müßte Ihnen eigentlich sagen, daß man aus christlicher Gesinnung verzeihen sollte, aber Sie sind eben so etwas wie eine alte Sizilianerin oder eine Heldin der griechischen oder germanischen Heldensage, und so bewundere ich Sie!"

VIRUSKRANKHEIT GELTUNGSDRANG

Unerträgliche Migräne, Herzklopfen und Bedrückung in der Herzgrube peinigten sie seit mehreren Jahren. Sie sah gesund aus, hatte eine gerade Haltung und sprach ein gewähltes Deutsch. Sie hätte Lehrerin sein können. Man hatte sofort Kontakt mit ihr. Ich untersuchte sie genau. Das Röntgenbild ergab eine krankhaft veränderte Wirbelsäule mit Einengungen der Öffnungen, aus denen die Nerven aus dem Rückenmark heraustreten. Der Nacken war stark verspannt und es krachte dort, wenn sie den Kopf bewegte. Ich überwies sie einem namhaften Orthopäden mit der Bitte, die Wirbelsäule zu redressieren. Mit einigen Handgriffen gelang es, den Kopfschmerz zu beseitigen. Sie war ganz glücklich, endlich nach langer Zeit fühlte sie sich wieder frisch und arbeitsfähig. Sie hatte einen Mann, der bei der Stadtverwaltung arbeitete, einen Sohn von dreizehn und eine Tochter von elf Jahren. Die Ehe sei gut und sie habe keinerlei Kummer.

Sie kam mehrmals und erhielt Medikamente, und gelegentlich wurde die Wirbelsäule redressiert. Aber eines Tages klagte sie wieder über Migräne und Herzbeklemmungen, sie sei genötigt gewesen, nachts einen Arzt kommen zu lassen. Ich fragte wieder, ob sie nicht Ärger gehabt habe, da weinte sie und öffnete die Schleusen.

„Sie hatten mich schon zu Anfang danach gefragt und ich war etwas darüber betroffen und dachte, das gehöre doch gar nicht zur Behandlung, und da habe ich nichts gesagt. Das sind Dinge, die man für sich behält. Aber nun bin ich am Ende. Er hat mich so tief beleidigt und bloßgestellt, und das kann ich mir nicht gefallen lassen!"

„Was ist denn passiert, und wer ist »er«?"

„Mein Mann; wo er kann, versucht er mich zu ducken. Wir waren zu einer Geburtstagsfeier bei einem Vetter und es waren viele Verwandte da. Einige wußten, daß ich arbeiten gehe und 35 Mark in der Woche verdiene. Sie meinten, das hätte ich doch gar nicht nötig bei dem Gehalt meines Mannes. Da sagte er, ich sei verschwenderisch und brauchte das Geld für unnützes Zeugs, für Näschereien und Kosmetika. Ich mußte weinen. Und Sie wissen ja, wie es bei Verwandten zugeht: sie haben sich darüber gefreut, einige haben meine Partei ergriffen, die anderen sind über mich hergefallen, ich hätte es doch gar nicht nötig und ich entzöge mich der Familie.

In Wirklichkeit muß ich dazuverdienen, weil wir uns von diesem Geld ernähren. Ich muß die ganze Familie von den 35 Mark in der Woche verköstigen. Mein Mann ist kein schlechter Kerl, er trinkt nicht und tut nichts Unrechtes, aber er ist ein großer Angeber, und das macht mich krank. Seit ich verheiratet bin, komme ich nicht zur Ruhe, wir leben immer in Not und Bedrängnis, und der Gerichtsvollzieher ist ein ständiger Gast im Hause.

Ich habe ein Haus mit Garten geerbt, darin wohnen wir und das Haus ist in Ordnung. Ich halte es sauber, es ist gemütlich. Die Kinder sind artig und lernen gut. Mein Mann verdient nur 800 Mark. Aber um anzugeben, mußte er sich ein Auto kaufen, natürlich eines, das über seine Verhältnisse ist. Er konnte es nicht bezahlen und hat Wechsel unterschrieben. Ich mußte gegenzeichnen! Er stellte mich vor vollendete Tatsachen. Ich mußte eine große Hypothek auf das Haus aufnehmen. Er verlangt, ich solle ihn als Mitbesitzer des Hauses eintragen. Aber ich habe mich bisher geweigert, weiß ich, was er mit dem Haus macht, wenn er Verfügungsrecht darüber hat?!

Dann mußte er sich zu dem Auto einen feschen Mantel, einen Shawl, gelbe Handschuhe, einen Anzug und Schuhe kaufen, alles ohne mich zu fragen. Schon wieder mußte ich einen Schuldschein über zweitausend Mark unterschreiben. Sein ganzes Gehalt geht drauf für solche völlig unnötige Anschaffungen. Jeden Tag fährt er mit dem Wagen vor sein Amt wie ein Generaldirektor, nur um anzugeben, und sein ganzer Verdienst wird durch den Wagen aufgezehrt. Und er macht immer neue Schulden. Ich war genötigt, mir Arbeit zu suchen, um die Familie zu ernähren.

Meine Kinder beschwören ihn, er solle mit der Straßenbahn zur Arbeit fahren, wie es die anderen auch tun, aber nein, er muß sich aufspielen. Er gönnt sich alles, Zigarren und Bier und Wein und neue Sachen zum Anziehen. Wenn ich sage, die Kinder brauchten etwas, dann murrt er und findet, ich sei verschwenderisch. Wir dürfen uns nichts leisten, aber er selbst ist nicht bereit, auf die geringste Kleinigkeit zu verzichten."

„Ist er denn freundlich zu Ihnen und zu den Kindern? Bringt er Ihnen etwas mit? Blumen, Schokolade, einen kleinen Schmuck?"

„O, Herr Doktor, davor habe ich die größte Angst. Wenn er mit

Blümchen oder mit Schokolade ankommt, dann weiß ich schon, in der anderen Tasche hat er einen neuen Schuldschein, den er mir zum Unterschreiben vorlegen wird. Der Junge bettelt: „Vater, verkauf doch das Auto, du bringst uns alle ins Unglück damit!" Aber er denkt nicht daran, er denkt nur an sein Prestige. Was würden die Mitarbeiter sagen, wenn er ohne Wagen ankäme? Sie würden sich freuen und über ihn spotten. Das könnte er nicht ertragen. Aber daß wir alle keine frohe Minute zu Hause haben, das läßt ihn völlig kalt. Abends kommt er mit drei Zeitungen und einem Haufen Illustrierten nach Hause. Ich mache ihm Vorwürfe, wir haben doch eine Zeitung abonniert und haben Fernsehen. Es steht ja überall dasselbe drin, und es gehen wieder ein paar Mark drauf, aber nein, er braucht sie!

Ich bin so nervös und schlafe keine Nacht mehr, ich habe Angst vor dem Gerichtsvollzieher; immer wenn es an der Tür läutet, denke ich, das ist er oder ein anderer Gläubiger, der Geld haben will. Machen Sie das einmal jahrelang mit, man wird ganz mürbe davon. Er lebt nur von solchen Äußerlichkeiten. Wenn er mit uns ausgeht — das kommt Gott sei Dank nur selten vor —, auch dann gibt er an, sucht auf der Speisekarte die teuersten Sachen aus, bestellt wie ein Pascha und schaut, ob die Leute das auch sehen. Sogar meine Kinder genieren sich deswegen, sie wollen nicht mit ihm ausgehen, sie finden es unerträglich. Er merkt auch nicht, wie albern und unwürdig das alles ist.

Ich habe bisher nicht gewagt, irgendjemandem davon zu erzählen; wer will schon sein eigenes Nest beschmutzen? Kein Mensch weiß etwas davon, auch meine Kinder fressen es in sich hinein; aber ich fühle, wie sie ihren Vater deswegen verachten. Nun aber fragten Sie mich, ob ich Kummer hätte, und ich dachte, das geht niemanden etwas an. Aber heute konnte ich es einfach nicht mehr bei mir behalten. Dazu hat er mich zu tief gekränkt, und nur aus Angeberei! Er wollte nicht, daß die Verwandten merken, daß bei uns wirtschaftlich etwas nicht in Ordnung ist. Am Tag danach brachte er mir eine Schachtel Pralinen. Ich habe sie nicht angenommen, habe sie den Kindern gegeben. Ich hätte sie nicht essen können, es ist zu primitiv: erst beleidigen und kränken, und dann darauf Schokolade. Aber es ist nie eine echte Reue dabei, er denkt, damit ist wieder alles abgetan. Was soll ich bloß tun? Wenn ich denke, ich bin erst fünfunddreißig, und daß das noch vierzig Jahre so weitergehen kann, dann möchte ich mich aufhängen."

„Meinen Sie nicht, daß auch Sie an der Großmannssucht Ihres Mannes sich mitschuldig machen?"

„Wieso denn, was mache ich denn falsch?"

„Sie machen vieles falsch. Warum unterschreiben Sie seine Schuldscheine?"

„Ich muß es doch, er hat sie ja schon unterschrieben, was hätte ich denn tun sollen?"

„Ganz einfach: nicht unterschreiben! Den Mut dazu besitzen, es ihm abzuschlagen. Gewiß, er wird dann versuchen, andere Wege zu finden, aber es wäre schon eine Hemmung für ihn, wenn er weiß, daß er bei Ihnen auf Granit beißt. Aber so denkt er in seinem leichtsinnigen Kopf, Sie werden letzten Endes doch nachgeben. Fragen Sie mal Ihre Kinder, was sie dazu meinen, sie werden dasselbe sagen. Verlangen Sie eisern und unnachgiebig, er solle das Auto verkaufen, Sie würden sonst zu seinem Chef gehen und ihm alles erzählen. Damit würde doch seine Angeberei wie ein Kartenhaus zusammenfallen."

„Ich kann es nicht, ich glaube er schlägt mich tot!"

„Niemanden schlägt er tot! Sie wissen so gut wie ich, daß er ein ganz erbärmlicher Feigling ist wie alle Angeber, die mehr scheinen wollen, als sie sind, weil sie nicht den Mut haben, das zu sein, was sie wirklich sind. Solche Leute, die nicht genügend Rückgrat haben, brauchen eine feste Hand, und die fehlt ihm. Sie sind eine prachtvolle Frau und eine gute Mutter, aber eines haben Sie versäumt, das Bürschchen an die Kandare zu nehmen. Als Sie merkten, daß er an dieser Krankheit leidet, hätten Sie gleich die Zügel in die Hand nehmen müssen, und dann wäre es nicht so weit gekommen, und es wäre ihm selbst wohler dabei. Aber so ist es eine Spirale ohne Ende, er muß immer mehr angeben. Und Ihre Krankheit ist auch nur ein Symbol Ihrer eigenen Rückgratlosigkeit! Sie haben Angst vor ihm und gehen den Weg des geringsten Widerstandes, und das ist falsch! Nur darum stellt er Sie bloß in der Gesellschaft, weil er die Erfahrung gemacht hat, daß Sie sich nicht wehren. Wenn Sie ihm einmal sagen würden: »Warte, Bürschchen, mach das noch einmal! Ich packe dann mit allem aus, mit deiner ganzen faulen Wichtigtuerei, mit deinen Schulden, und daß wir zu Hause uns durchhungern, weil du solch ein Versager bist!« Glauben Sie, er würde es dann wagen, Sie bloßzustellen? Gehen Sie jetzt heim und denken Sie an meine Worte, und fangen Sie heute mit der Erziehung Ihres minderjährigen Mannes an! Die Kinder werden Ihnen dabei helfen und es wird Ihnen allen leichter sein, glauben Sie mir!"

Sie stand auf und reichte mir die Hand. „Ich danke Ihnen, Herr Doktor. Wie gut, daß mein Faß übergelaufen ist, sonst hätte ich noch jahrelang alles in mich hineingefressen und keinen Ausweg gewußt. In der Aussprache wird alles klarer, und Dinge, die einem unmöglich erschienen, werden plötzlich ganz einfach. Ich habe heute vieles begriffen, und seien Sie versichert, ich werde es durchführen, und es wird gehen. Ich glaube, der heutige Tag bedeutet eine Wende in unserem Leben."

SPÄTZÜNDUNG DES GEWISSENS

DAS HERZ DES GENERALS

Mai 1945. Der Krieg war zu Ende. Wieviele alte Menschen hatte ich sagen hören: „Ich möchte auf alle Fälle noch das Ende des Krieges erleben." Ich lächelte skeptisch: „Dieses Ende wird weder Frieden noch Erlösung bringen, es wird ein vollkommener Zusammenbruch werden."

Das Ende war da. Kein Glockengeläut, keine Böllerschüsse verkündeten es. Es stand auch nicht in den Zeitungen, denn es gab keine Zeitungen mehr. Meine Frau und ich gingen durch den großen Wald in Berlin-Schulzendorf. Da klebte an einem Baum ein schmieriger Zettel. Eine zitterige Hand hatte die Worte mit rotem Stift darauf gekritzelt: „Der Krieg ist aus."

Wir hatten all unsere Habe durch eine Mine verloren und bauten uns in Schulzendorf mit eigenen Händen ein Behelfsheim auf. Mit siebzehn Nägeln befestigten wir das Dach über den Wänden. Aus den restlichen Brettern zimmerten wir uns Tische, Bänke und Stühle. Der Herd fehlte noch. Wir schichteten draußen Ziegelsteine aufeinander. Reisig gab es genug im Garten. Aus jungen Brennesseln und Löwenzahnwurzeln kochten wir uns eine Suppe.

Russische Soldaten kamen vorbei oder torkelten auf requirierten Fahrrädern herzu, betrachteten unsere an prähistorische Zustände erinnernde Behausung und sahen unserer Kochkunst zu, schüttelten betrübt die Köpfe und sagten: „Nix Kultura". Einer ging weg. Bald darauf hörte man in der Ferne Geschrei und Frauengezeter. Dann kam der Soldat wieder und brachte in seiner Mütze ein halbes Dutzend Eier mit, die er irgendwo in der Nähe requiriert hatte. Wir brachten das Geschrei mit jenem Akt in Verbindung. Er reichte uns strahlend die Mütze: „Hier, schnell essen, Hunger!"

Das Fleisch von verendeten Pferden wurde in Portionen zerschnitten und an die hungernde Bevölkerung verteilt. Berlin zerfiel wie in Urzeiten in hunderte von Dörfern und Flecken. Es gab keine Verbindungen mehr. Die Stadtbahn, die Trambahn funktionierten nicht mehr. Die Telefondrähte waren beschädigt. Kein Postbote brachte Briefe ins Haus. Das Licht brannte nicht. Heiligensee und Schulzendorf zählten sechzehntausend Einwohner. Das vier Kilometer entfernte Tegel war irgendwo, ganz weit weg. Es war unser Einkaufszentrum gewesen; da es nichts mehr einzukaufen gab, verlor es an Aktualität.

Irgendetwas mußte bald geschehen, ehe eine schreckliche Hungersnot und Seuchen ausbrachen. Tag für Tag zogen hunderte von Flüchtlingen mit Handwagen, mit hungernden Greisen und weinenden Kindern durch unseren Ort. Wir richteten die leergewordene Kaserne ein, um sie aufzunehmen und ihnen Rast für einige Tage zu gewähren. Einige beherzte Männer entschlossen sich, zum Kommandanten zu gehen und ihn zu bitten, er möge uns einen Lastwagen geben, damit wir aus den umliegenden Dörfern Lebensmittel organisieren könnten.

Ich trug ihm unser Ansinnen vor. „Wozu braucht ihr einen Wagen? Habt ihr nicht genug vom Krieg, willst du noch mehr Krieg haben?", herrschte er mich an.

„Nein, wir haben genug vom Krieg. Ich bin Arzt und bin für die Bevölkerung verantwortlich. Wir müssen auf die Dörfer gehen, um Lebensmittel für die Bevölkerung zu beschaffen."

Sein Gesicht hellte sich auf. „Du bist Doktor!" Er zog mühsam seine Uniform aus, hob das Hemd hoch und zeigte viele vereiterte Wunden am Rücken und auf der Brust. „Kannst du mir helfen? Verstehst du das?" Ich nickte. Verbandszeug wurde geholt und ich behandelte seine Wunden.

„Wie wollt Ihr denn die Lebensmittel bezahlen? Es wird euch doch keiner etwas geben."

„Wir können sie nicht bezahlen, aber wenn wir auf die Dörfer gehen, kann ich nach den Kranken sehen. Wir haben viele Frauen und einige Männer und Jugendliche, die jetzt keine Arbeit haben, die nehmen wir mit, sie können auf den Dörfern bei der Frühjahrsbestellung mithelfen und manches reparieren. Verstehen Sie: eine gegenseitige Hilfe."

Er nickte. „Habt Ihr denn Benzin? Ich kann euch keines geben."

„Das ist kein Problem, überall auf den Straßen liegen massenhaft Benzinkanister herum. Wir brauchten nur einen mittleren Lastwagen."

„Choroscho!", sagte er. „Den sollt Ihr haben."

Wir bekamen einen etwas abgetakelten requirierten Wagen. Unsere Techniker brachten ihn in Ordnung. Wir fuhren los über totes Land. Verbrannte Gehöfte, zerschossene Bäume. Tote Tiere und Menschen, zerborstene Autos und Panzer, Kisten mit Munition lagen an den Straßenrändern. Kein lebender Mensch war zu sehen. „So könnte vielleicht eine Mondlandschaft aussehen", dachte ich. Nur das junge Gras war grün, der Löwenzahn blühte strahlend gelb wie vor tausenden von Jahren.

Die wenigen Bewohner der Dörfer waren verängstigt, sie sahen uns mißtrauisch an. Wir waren die ersten deutschen Zivilisten, die ihnen begegneten. Man sah fast keine Männer, sie waren aus dem Krieg nicht zurückgekehrt oder verschleppt worden. Wir erklärten den Bauern unser Vorhaben, ich besuchte derweilen die Kranken und versorgte sie mit Medikamenten. Wir hatten ein großes Depot von Heilmitteln in der Kaserne gefunden.

Wir antichambrierten bei hochfahrenden und mißtrauischen Kommandanten. Als sie hörten, daß ich Arzt sei, baten sie mich um Behandlung. „Hast du Sulfonamide?", war die häufigste Frage. Ich konnte ihnen helfen. Als Entgelt forderte ich, sie möchten mir die Genehmigung geben, Buttermilch, Kartoffeln, Getreide und Speiseöl von den Bauern einzuhandeln. Wir ließen unsere jungen Menschen in den Dörfern, die freudig an die Arbeit gingen.

So fuhren wir von Dorf zu Dorf. In den meisten Dörfern kam der Handel zustande. Wir hatten den Wagen voll mit Lebensmitteln, dagegen bekamen die Bauern Arbeitskräfte und ärztliche Behandlung. Von den Straßenrändern sammelten wir alles, was wir benötigten, Benzinkanister, Autoreifen und Ersatzteile, Zeltbahnen und alles, was man brauchen konnte, außer Munition.

Bei unserer Ankunft wurden wir mit Jubel begrüßt. Wir sorgten dafür, daß zuerst die 130 Säuglinge Milch bekamen. Dann wurden die Alten und Kranken bevorzugt. Aber für jeden fiel etwas ab.

Wir fuhren dreimal wöchentlich übers Land. Es entstanden gute Beziehungen zu den Bauern, zu den Kommandanten und den Soldaten. Wenn unser Wagen, wohl der einzige Zivilwagen damals, durch die Schlagbaumsperre mußte, sprang einer der Soldaten lachend herbei und zog den Schlagbaum hoch. Lange winkte er uns nach, manchmal warf er uns ein Päckchen Papirossen in den Wagen.

So ging das viele Wochen. Keiner unserer Säuglinge starb an Entkräftung oder Hunger. Wenn auch die Lebensmittel, die wir brachten, nicht ausreichten, um die Bevölkerung satt zu machen, so war es doch eine spürbare Hilfe.

An einem heißen Julitag ereilte uns das Unglück. Die Bauersfrauen standen mit versteinerten Gesichtern. „Keine Milch! Keine Lebensmittel!"

„Aber um Gottes Willen, warum denn nicht? Ihr hattet es uns doch bisher gegeben! Unsere Kinder, was wird aus ihnen!"

„Es geht nicht, wir dürfen nicht mehr. Man hat uns bedroht, man hat es uns strengstens verboten."

„Wer denn, warum denn?", schrien wir.

„Die Besatzung. Wir wissen nicht warum, aber es geht nicht mehr."

Im nächsten und all den anderen Dörfern die gleiche Situation. Betretenes Schweigen, Abwehr, verhangene Blicke. Kein Wort des Trostes.

Wir ließen uns beim Kommandanten melden. Er fuhr uns barsch an. „Verschwindet hier, ihr Schwarzhändler, aber rasch, sonst mache ich euch Beine!"

„Ich begreife Sie nicht, gestern waren Sie noch ein Mensch und wir sprachen freundschaftlich miteinander, und heute behandeln Sie uns wie Feinde, brüllen uns an. Was ist denn zwischen gestern und heute passiert? Warum bekommen wir nicht mehr die Buttermilch und die Lebensmittel, die man uns bewilligte?"

Er sah mir nicht in die Augen. „Darum und basta! Ich bin dir keine Erklärungen schuldig. Verstehst du das, du begreifst wohl nicht, vor wem du stehst?! Es gibt keine Lebensmittel, und basta! Wenn ihr hier noch lange herumsteht, lasse ich euch verhaften. Es ist ein Befehl von oben!"

Er tat uns leid. Wie kann ein Mensch sich von heute auf morgen so verändern? Resigniert, mit hängenden Köpfen, verließen wir das Dorf. Kein mitleidiger Mensch schaute uns nach oder winkte uns. Als ob der Teufel in sie alle gefahren wäre.

Schließlich erfuhr ich von einem Kommandanten, den ich behandelte, es sei ein strikter Befehl vom General gekommen, der von unserer Aktion erfahren habe, es dürften uns keine Lebensmittel mehr gegeben werden. Die Buttermilch solle an die Schweine verfüttert werden.

Ich ließ den Kopf hängen, ich war dem Weinen nahe. „Unsere Kinder! Hundertdreißig Säuglinge. Haben Sie Kinder, Hauptmann?" Er nickte lächelnd. „Wissen Sie, wie es ist, wenn die Mütter vor den Leichen ihrer Kinder sitzen? Das ist furchtbar." Er nahm meine Hand und hielt sie fest. Das tröstete.

„Glauben Sie, daß ich den General sprechen kann?", fragte ich. Meine Stimme war heiser, Schweiß stand auf meiner Stirn.

„Ich glaube kaum, daß Sie etwas ausrichten würden. Sie wissen doch, wie es beim Militär ist: Befehl ist Befehl. Wir jedenfalls können nichts daran ändern."

Ich dankte ihm für seine Freundlichkeit und für seine Hilfe. Wir bestiegen den Wagen und fuhren los. Er stand noch lange da und schaute uns nach. Er winkte. Ein einziger Mensch. Das war tröstlich, aber es half unseren Kindern nicht.

„Wir fahren nach Kremmen!", befahl ich mit dem Mut der Verzweiflung. Der Fahrer zeigte mir den Vogel, er tippte mit dem Zeigefinger gegen seine Schläfe.

„Doktor, bei dir piept es wohl. Du willst zum General; die lassen dich doch gar nicht vor oder verhaften dich und dann, heidi, ab nach Sibirien."

Was sollte ich dazu sagen. Ich murmelte nur: „Und unsere Kinder?" Sein Gesicht wurde wieder ernst. „Also auf, in die Höhle des Löwen!"

Wir kamen in Kremmen an und hielten vor dem Rathaus. Auf dem Platz war ein Soldatenfriedhof, unzählige hölzerne Obelisken standen in Reih und Glied, sie wurden von roten Sowjetsternen gekrönt. Große rote Sterne zierten auch den Eingang zum Rathaus. Die Wachen vertraten mir den Eingang mit ihren Maschinenpistolen. Ich fragte nach dem Adjutanten.

Ein Leutnant wurde geholt und führte mich in die Halle. Ich begehrte den General zu sprechen. Ein langes mißtrauisches Verhör folgte. Der Offizier ging weg und ließ mich allein. Eine Stunde, zwei Stunden... Schon glaubte ich mich verhaftet.

Schließlich hörte ich Schritte. Ein Major erschien und fragte wieder nach meinem Begehren und wies mich ab. Der General denke gar nicht daran, deutsche Zivilisten anzuhören. Ich ließ nicht locker. Der Major ging verärgert weg und kam nicht wieder.

Eine Ewigkeit verging. Schließlich kam ein Offizier mit strenger Miene und forderte mich auf ihm zu folgen. „Nun bist du wohl doch verhaftet", dachte ich, meine Knie waren weich, ich schwankte. Eine Tür wurde geöffnet. Der Offizier stand stramm und salutierte. Ich stand in einem großen Raum, dessen Wand mit roten Fahnen geschmückt war. Vor mir saß der General, ein etwa fünfundvierzigjähriger, schwerer Mann mit hochgezogenen Schultern. An seiner Brust hingen zwei Sowjetsterne. Er schaute mich mit verächtlich herabgezogenen Mundwinkeln an.

„Sie sind sehr unverschämt. Was wollen Sie, wieso wagen Sie es, mich zu belästigen?"

„Verzeihen Sie, General, ich würde es niemals für mich persönlich gewagt haben. Aber ich betreue in einem Bezirk Berlins als Arzt die Bevölkerung, und darunter sind hundertdreißig Kleinkinder. Seit Monaten haben wir ein Abkommen mit Bauern von verschiedenen Dörfern, daß sie uns im Austausch gegen Arbeitskräfte und ärztliche Behandlung einige Lebensmittel, darunter Buttermilch für unsere Kinder und unsere Bevölkerung geben."

„Wer hat Sie denn dazu autorisiert?"

„Meine Pflicht als Mensch und als Arzt. Ich konnte nicht warten, bis alle meine Säuglinge verhungerten."

„Bah! Große Worte, habt ihr gerade nötig, die ihr Kinder und Frauen ermordetet. Ihr habt meine Frau und zwei meiner Kinder ermordet! Und ich soll euch jetzt dafür Nahrung geben, damit eure Säuglinge, wenn sie groß werden, wieder auf uns schießen. Denkst du! Von mir aus könnt ihr und eure Brut verhungern. Ihr habt uns auch verhungern lassen, und niemand hat sich um uns gekümmert!"

„Wir alle wissen, was im Krieg geschehen ist, General, und es war über alle Maßen furchtbar. Der Krieg ist aber jetzt zu Ende, und es geht um Leben und Tod von kleinen Kindern, die an alledem unschuldig sind. Und ich bitte Sie nur, Ihren Befehl zu widerrufen und uns die dreihundert Liter Buttermilch, die wir jede Woche abholen konnten, zu gewähren."

„Wo denkst du hin, die Milch und die Lebensmittel werden an Schwarzhändler und Hamsterer vergeudet! Wir brauchen sie selbst für die Aufzucht von Jungvieh. Die Unterhaltung ist beendet. Basta!"

„Ist das wirklich Ihr letztes Wort?", fragte ich mit zitternder Stimme. Ich konnte mich nicht mehr beherrschen. Tränen rannen mir aus den Augen.

„Mein letztes, und Sie brauchen nicht weiter in mich zu dringen. Befehl ist Befehl!"

„Gut, General! Wenn das Ihr letztes Wort ist, hier ist mein letztes. Mir ist seit dem Kriegsende kein Kleinkind gestorben, weil alle Ihre Kommandanten und die Bauern Menschen waren und unseren Hunger und unsere Not begriffen haben. Zum ersten Mal seit Monaten kehre ich heute ohne Milch und ohne Nahrungsmittel heim. Einige Hundert Frauen und viele Alte werden wie gewöhnlich auf dem Platz stehen und ungeduldig und doch freudig warten auf Nahrung, die wir ihnen mitbringen. Heute werde ich mit gebrochenem Herzen und mit leeren Händen ankommen. Und ich werde ihnen sagen: »Der General hat es verboten. Ein General, der an seiner Brust zwei Sterne trug, ein Held der Sowjetunion. Er hat es verboten. Es ist ihm egal, ob Ihr verhungert.« Und von diesem Tage an werden meine Kinder, eines nach dem anderen, den qualvollen, langsamen Hungertod sterben. Ihretwegen, Herr General! Vielleicht werden Sie trotzdem gut schlafen. Aber jedes dieser verhungerten Kinder wird auf Ihrer Seele liegen!"

Ich nahm stramme Haltung an, drehte mich um und ließ den verblüfften Mann, der ohne mich zu unterbrechen zugehört hatte, sitzen. Ich lief über den Platz zum Wagen und stieg auf. Der Fahrer sagte: „Mensch, wir wollten schon wegfahren, wir waren sicher, daß du verschütt gegangen bist. War doch alles umsonst, Doktor!"

„Alles umsonst", seufzte ich. Er warf den Motor an. Durch den Lärm des Motors hörten wir jemanden rufen.

Der General war auf den Platz herausgelaufen, er keuchte und schrie: „Stoi! Stoi!" „Nun bist du doch verhaftet!", dachte ich. Ich stieg aus und ging auf ihn zu. „Idi sa mnoi!" (folge mir!), sagte er. Er ging voran. Wir gelangten wieder in sein Zimmer. Er schrieb einen Zettel, stempelte ihn und reichte ihn mir. „Beri!" (nimm), sagte er. Ich nahm zaghaft den Zettel und las. „Milch und Lebensmittel sind dem Überbringer wie bisher auszuliefern", stand darauf.

Ich ergriff seine Hand und küßte sie. Er legte seine schwere Hand auf meine Schulter. Dann begleitete er mich die Treppe hinunter bis zum Platz. Als wir abfuhren, stand er noch sinnend da.

„Zurück in die Dörfer!", sagte ich meinen Mitfahrern.

„Mensch, Doktor, ist das wahr!" frohlockten sie.

JUGENDLICHER MASSENMÖRDER

Ein seltsames Ding ist das Gewissen, eine späte Frucht der Erkenntnis von Gut und Böse. Ohne diese Erkenntnis gibt es kein Gewissen, sie ist das Merkmal des kultivierten Menschen. Je undifferenzierter und gröber ein Mensch ist, desto unentwickelter ist auch sein Gewissen. Das Kind, das im Affekt seine Mutter schlägt oder sich mit anderen Kindern zankt und prügelt oder hilflose Tiere quält und tötet, weiß nichts über das Böse und Verwerfliche seiner Tat.

Das Gewissen ist ein Spiegelbild der Gesinnung des Menschen. Jahrtausende lang fand die Menschheit nichts Verwerfliches daran, andere Menschen zu Sklaven zu machen und über sie wie Zugvieh zu verfügen. Bis 1848 wurden in Afrika Neger wie wilde Tiere mit Gewalt eingefangen, in Schiffen zusammengepfercht und in fremde Länder verfrachtet. Bluthunde wurden dazu abgerichtet, die Sklaven zu bewachen und sie im Falle einer Flucht zu zerreißen. In Kriegen wurden Gefangene, Feinde, Andersgläubige, Andersfarbige der Einfachheit halber niedergemetzelt. Zu Zeiten der öffentlichen Todesstrafen versammelte sich das Volk, um den fürchterlichen Torturen der Verbrecher mit Wollust zuzuschauen. Niemand kam auf die Idee, Mitleid mit den Unglücklichen zu haben. Dasselbe geschah mit den Ketzern, die zu Gottes größerem Ruhm lebendig verbrannt wurden.

Obwohl es sich nicht um Heiden, sondern um Christen handelte, die von der Lehre Christi wußten, schlief ihr Gewissen. Es schläft auch heute noch, wenn Menschen übereinander klatschen, einander die Ehre abschneiden, einander beneiden und hassen und den Nachbarn mit bösen Gedanken verfolgen.

Wir kennen die Gebote, aber noch ist unser Gewissen unterentwickelt und es läßt uns ruhig schlafen, auch wenn wir uns gegen die Lehren Christi versündigen. Verfeinert sich der Mensch in zunehmendem Alter, wird er sittlich reifer und rücksichtsvoller gegen seine Mitkreaturen, so wird auch sein Gewissen sensibler. Und es geschieht fast immer, daß längst vergangene Taten in einer neuen, schmerzhaften Sicht erscheinen und einen nicht zur Ruhe kommen lassen, ehe man eine neue Ordnung in sich selbst geschaffen hat.

Wird sich der Mensch erst seiner Schuld bewußt, so muß er danach trachten, sie abzubauen; denn es läßt sich nicht gut leben mit der Schuld, mit dem schlechten Gewissen, sie ersticken jede Freude im Keim. Wie aber geschieht die Tilgung einer Schuld? Durch die Gnade der Vergebung, durch die Wiedergutmachung, dadurch, daß man um Verzeihung bittet, und durch die Umkehr und Buße. Im Raum der Kirche gibt es das Sündenbekenntnis der Beichte und die Vergebung.

Nicht jeder, der sich schuldig macht, hat auch ein schlechtes Gewissen, das Gewissen meldet sich oft erst später. Gäbe es ein aprioristisches Gewissen, so könnten keine bösen Taten geschehen. Der Mörder, der Räuber, der Dieb, der Betrüger, der Sexualverbrecher, keiner von ihnen könnte eine schuldhafte Tat begehen, wenn ihr Gewissen sie vor der Tat warnen würde. Das Gewissen der Menschheit zu sensibilisieren, ist das vornehmste Anliegen der Gesellschaft.

„Es gibt nur eine Rettung", sagt Fedor Dostojewski, „mache dich selbst für die Sünden der Menschen verantwortlich."

1947 wurde Peter auf einer Bahre in unsere Abteilung gebracht. Er hatte im Kriege als achtzehnjähriger eine Hirnverletzung erlitten und es hatten sich epileptische Anfälle eingestellt. In letzter Zeit hatte sich die Häufigkeit und Schwere der Anfälle dermaßen gesteigert, daß er in klinische Behandlung überwiesen werden mußte. Wir dachten an einen Hirnabszeß, doch bestätigten vielfache Spezialuntersuchungen diesen Verdacht nicht. Trotz gezielter medizinischer antiepileptischer Behandlung verminderten sich die Anfälle nicht.

Peter war ein lang aufgeschossener, schlanker Junge von auffallender, klassischer Schönheit, sein Gesicht hätte aus einem Fresco von Masaccio stammen können. Er hatte gute Manieren und bestach die Schwestern und die Kameraden durch seinen Charme. Durch die mehrmals am Tage auftretenden Anfälle war er so geschwächt, daß er das Krankenlager kaum verließ.

Die anamnestischen Angaben in der Krankengeschichte waren dürftig. Er war 1926 geboren. Sein Vater war Beamter, der schon 1933 Parteigenosse geworden war, er war aus der evangelischen Kirche ausgetreten und erzog seine drei Kinder in nationalsozialistischer Ideologie. Die Mutter, eine stille und ängstliche Person, fügte sich der Autorität ihres Mannes. Die Kinder kamen mit ihren Fragen und Wünschen zum Vater, der sie streng und gerecht erzog. Sie wurden erst ins Jungvolk, dann in die HJ aufgenommen. Peter war mit Begeisterung dabei. Mit fünfzehn war er schon HJ-Führer und war sehr stolz auf dieses Ehrenamt. Mit siebzehn meldete er sich aus Begeisterung zu den Soldaten und es gelang ihm schließlich auch, in die SS aufgenommen zu werden. Er war stolz auf die schwarze Uniform. Er wurde an die Front abkommandiert. Er war der Typ des Helden, tapfer, ehrlich, aufrichtig, ein ausgezeichneter Kamerad.

Kurz vor Kriegsende wurde er durch einen Granatsplitter am Kopf verwundet und kam in ein Lazarett. Dort erlebte er den Zusammenbruch. Er konnte es nicht fassen, daß der Krieg für die Deutschen verloren war. Bis zuletzt hatte er blind an die Siegesparolen geglaubt. Er geriet in russische Gefangenschaft, wurde aber wegen der Hirnverletzung und der epileptischen Anfälle bald entlassen. Er kam nach Hause. Sein Vater verlor wegen seiner Zugehörigkeit zur NSDAP seine Stellung als Beamter und mußte als Hilfsarbeiter auf den Bau gehen, er war ein gebrochener Mann. Er hatte nie an der Richtigkeit der Ideologie seiner Partei gezweifelt, auch jetzt versuchte er sie zu rechtfertigen und schob die Schuld an den Geschehnissen anderen zu. Die Mutter bewährte sich jetzt als Persönlichkeit, sie ging in fremde Haushalte putzen und nähte noch in der freien Zeit, ohne ihren Haushalt zu vernachlässigen. Sie wurde zum Mittelpunkt der Familie.

Peters Ideologie war zusammengebrochen, was er für gut und recht gehalten hatte, war jetzt schlecht und verbrecherisch. Er war in den Nationalsozialismus hineingewachsen, ohne Vergleich, ohne Urteil, er hatte sich gleichschalten lassen. Er war schneidig und forsch gewesen und hatte seine Erfüllung in soldatischer Haltung gefunden. Nun wurde sein ganzes Leben zum Problem, seine Verwundung, seine Anfälle, seine Arbeitsunfähigkeit und die Ratlosigkeit der meisten Menschen gegenüber dem vollständigen Ruin.

Trotz bester Pflege verschlechterte sich sein Gesundheitszustand zunehmend, obwohl keine organische Grundlage dafür vorhanden war.

„Ob er irgendeinen anderen seelischen Kummer hat? Der Zusammenbruch seines Weltbildes erscheint mir nicht ausreichend für das Zustandsbild." Meine Assistenten waren der gleichen Meinung. Wie in allen Krankenhäusern seit alters her war auch bei uns die Chefvisite ein kleiner Auflauf von Assistenten, Psychologen, der Oberschwester und anderen Schwestern. Ein Gespräch zwischen Chefarzt und Patient konnte sich unter solchen Umständen nicht entfalten. Wenn ein Kranker den Wunsch hatte, den Chefarzt persönlich zu sprechen, so wurde er nach der Visite ins Ordinationszimmer gebeten.

Eines Nachmittags ging ich allein durch die Krankenräume, weil ich einen Patienten etwas fragen wollte. Ich mußte am Bett von Peter vorbei, ich nickte ihm zu. In seinen Augen war ein flehender Ausdruck, ich konnte nicht an ihm vorbeigehen, ich setzte mich zu ihm.

„Wie geht es dir, Peter?"

„Danke, immer dasselbe."

Ich merkte, daß irgend etwas ihn quälte.

„Hast du etwas auf dem Herzen?"

Ganz leise sagte er: „Ja, ich möchte sehr gerne unter vier Augen mit Ihnen sprechen, aber es darf niemand dabei sein, und es muß ganz unter uns bleiben."

„Gut, hast du die Kraft, jetzt zu mir herunterzukommen?"

Er bejahte. Ich half ihm, sich zu erheben, und stützte ihn. Ich bat Schwester Klara, keine Besucher zu mir hereinzulassen und keine telefonischen Gespräche zu vermitteln. Peter lehnte sich in einen Sessel, er atmete angestrengt und sah sehr blaß aus.

„Nun rede mal!"

„Versprechen Sie mir auch, daß Sie keinem ein Wort darüber sagen werden und daß es nicht in meine Krankenpapiere hineinkommt?"

„Ich verspreche es dir."

„Was ich Ihnen erzählen werde, ist furchtbar. Sie werden mich sicherlich danach hassen und verachten. Aber ich kann es nicht mehr bei mir behalten, ich gehe daran zugrunde."

„Ich bin Arzt, Peter, ich bin es gewohnt, Geheimnisse anderer Menschen nicht preiszugeben, und ich höre viel Schreckliches; aber es ist nicht mein Amt, einen Menschen zu verurteilen."

„Sie wissen, daß mein Vater Nazi war. Ich war es auch und ich war von Jugend an begeistert dafür. Ich war im Jungvolk und in der HJ, ich war Führer und ich war stolz darauf. Bei uns herrschte gute Kameradschaft. Aus Begeisterung meldete ich mich freiwillig in den Krieg und ruhte nicht eher, als bis man mich in die SS aufnahm, die schöne, schneidige Uniform hatte es mir angetan. Ich wollte ein Held des Vaterlandes werden, das war mein höchstes Ideal.

Aber dann wurde meine Formation zur Liquidierung von Juden abkommandiert. Man schärfte uns ein, daß es sich um Volksschädlinge handle und daß zu dem Kommando ebensoviel Mut gehöre wie zum Einsatz vor dem Feinde. Mit Maschinengewehren metzelten wir die uns völlig unbekannten Menschen, Frauen und Kinder, nieder — in Massen, immer neue Gruppen von Juden. In unseren Augen waren es keine Menschen, es war wie auf einer Treibjagd oder wie bei einer Vernichtung von Ungeziefer. Wir ekelten uns wohl vor der Tätigkeit, aber alles, was sich dabei abspielte, berührte uns eigentlich nicht. Keiner war da, der sich geweigert hätte oder die Nerven verlor, wir hätten ihn auch als Feigling und als Memme verspottet.

Ich habe darüber in Briefen auch nicht nach Hause berichtet, weil es doch keine Heldentat war; ich wollte mich doch aber als Held bewähren. Schließlich kamen wir in Fronteinsatz, aber da wurde ich verwundet, war bewußtlos und litt bald darauf an diesen schrecklichen Anfällen. Dann war der Krieg zu Ende und ich geriet in Gefangenschaft, doch wurde ich bald nach Hause entlassen, weil ich zu schwach war.

Ich mußte mich im Rathaus unserer kleinen Stadt melden. Mein Vater war als Nazi aus dem Beamtenverhältnis entlassen und klopfte Steine, es waren lauter fremde Menschen in den Ämtern. Ich wurde vor den Bürgermeister zitiert. Vor mir saß ein freundlicher älterer Herr. Er bot mir Platz an und redete mich mit »Sie« an, obwohl ich doch erst achtzehn war. Er fragte mich nach der Verwundung und bedauerte mich, ich sollte mich erst richtig ausheilen. Weitläufig erzählte er mir, daß er Jude sei. Gute Freunde hätten ihn jahrelang in einem Kellerraum in einem alleinstehenden Bauernhaus versteckt gehalten. Er habe einige Jahre keinen Himmel und keine Sonne gesehen. Seine Frau und seine Familie seien vernichtet worden, ob vergast oder erschossen, das wisse er nicht, er versuche ihren Schicksalen nachzuforschen, aber er hätte bisher nichts erfahren können. Obwohl er vom deutschen Volk so Schreckliches erfahren habe — er sei selbst Deutscher, im ersten Weltkrieg habe er als Reserveoffizier an der Front gekämpft —, versuche er alles Furchtbare zu vergessen, zu verzeihen und zu helfen, das Land aus dem völligen Ruin zu retten. Er lächelte freundlich und schüttelte mir herzlich die Hand. »Ich werde dafür sorgen, daß Sie Krankenzulage bekommen, und wenn Sie mich brauchen, kommen Sie; so weit es in meiner Kraft liegt, werde ich Ihnen helfen!«

Ich schleppte mich nach Hause wie ein geschlagener Hund. Ich schloß mich in meinem Zimmer ein und heulte. Plötzlich standen all die Begebenheiten von den Judenerschießungen ganz lebendig vor meinen Augen, ich konnte mich jeder furchtbaren Einzelheit erinnern. Nur: damals war ich an der ganzen Geschichte völlig unbeteiligt gewesen. Jetzt aber wurde mir mit aller Deutlichkeit klar, daß ich, Peter, der Mörder von Hunderten völlig unschuldiger jüdischer Männer, Frauen und Kinder war, die mir nie etwas Böses getan hatten. Ich war ja vorher überhaupt nie Juden begegnet. Jener gütige Mann, der mir aus freien Stücken eine Lebensmittelzulage gewährte, war vielleicht der Ehemann oder Vater von jenen, die durch meine Hand fallen mußten. Ich sah plötzlich die einzelnen Gestalten und wie sie starben, wie sie sich auf der aufgeweichten Erde wälzten. Von jenem Augenblick an bis heute ließ mich mein Gewissen nicht eine Minute mehr in Ruhe.

Dann las ich die Zeitungen und hörte Radio, hörte von den Nürnberger Prozessen und von den Verurteilungen derer, die an Judenvernichtungen oder an Vernichtungen von Russen oder von Geisteskranken beteiligt waren. Ich war einer von ihnen. Während ich sonst mutig gewesen war und das Heldentum suchte, wurde ich plötzlich zu einem erbärmlichen Feigling. Meine Anfälle nahmen an Häufigkeit und an Heftigkeit zu.

Ich konnte mich niemandem anvertrauen. Mein Vater hatte mit sich selbst zu tun und war durch den Verlust seiner Beamtenstellung zerbrochen. Meine Mutter, die wir früher eigentlich nicht für ganz voll genommen hatten, weil sie keine Persönlichkeit war, arbeitete den ganzen Tag hart, um die Familie zu ernähren, ich fiel ihnen doch total zur Last. Vater war aus der Kirche ausgetreten, also konnte ich auch keinen Pastor aufsuchen. Der einzige Mensch, zu dem ich Vertrauen faßte, war der jüdische Bürgermeister. Insgeheim nahm ich mir vor, ihn aufzusuchen und ihm alles zu sagen. Dann dachte ich aber an den furchtbaren Kummer, den ich dem armen Mann zufügen würde. Ein paarmal war ich schon auf dem Wege zu ihm, dann wurde ich aber von Anfällen überrascht und man brachte mich nach Hause. Schließlich wurde ich durch die Hilfe des Bürgermeisters in Ihre Klinik eingewiesen. Er war der Einzige, der ein Auto zur Verfügung hatte. Er packte mich auf den Rücksitz und fuhr mich selbst ins Krankenhaus. Das war vielleicht das Unerträglichste. Ich wurde den Gedanken nicht los: »Er fährt den Mörder seiner Familie!«

Ich weiß nicht, was ich noch tun soll. Ich müßte mich den Gerichten melden, aber dann werde ich nach so vielem gefragt und muß

Namen nennen und frühere Kameraden verraten. Nein, das kann ich nicht! Ich weiß weder aus noch ein, ich bin völlig ratlos; was ich leide, ist schlimmer als alle Höllenqualen, die man sich vorstellen kann. Ich bin durch die Verwundung, durch die Anfälle und besonders durch die Qualen meines Gewissens so feige geworden, sonst hätte ich schon längst den Freitod gesucht.

Wie kann ich das je gut machen, was ich verbrochen habe? Die Menschen sind tot, ich weiß ja auch nichts von ihnen. Damals tat ich es automatisch, ohne mir der Tragweite der Tat bewußt zu werden. Und jetzt stehe ich ratlos vor dem Ungeheuer, das ich bin."

„Verzeih mir eine blöde Frage. Hast du je gebetet?"

„Ja, ganz früher als Kind mit meiner Mutter, die immer fromm war, auch in der Nazizeit. Vater hat sich oft darüber moquiert. Aber später, als wir aus der Kirche ausgetreten waren, da habe ich es ganz vergessen. Ich habe seit jener Zeit nicht mehr gebetet."

„Du kannst die geschehen Dinge nicht rückgängig machen, und es ist sehr die Frage, ob eine vom Gericht verhängte Strafe eine Wiedergutmachung wäre. Andererseits halte ich Gewissensqualen allein für fruchtlos, irgendwie müßte die Person, die Böses bewirkt hat, zu einer Läuterung kommen. Ein Weg wäre sicherlich das Gebet, Gebet um Vergebung, und Gebet für die Gemordeten. Ich weiß nicht, ob du meinen Gedanken folgen kannst, aber wie anders solltest du dich läutern? Wenn du gesund und leistungsfähig wärest, würde ich dir vorschlagen, irgendwohin zu gehen, wo du in härtester Selbstaufopferung für andere tätig sein könntest, als Pfleger in einer Leprösensiedlung, oder in einer Aufbauarbeit in Israel; das könntest du später immer noch tun, aber zur Zeit bist du noch ans Bett gefesselt. Und dennoch nutzt eine seelische Selbstzerfleischung niemandem, weder den unglücklichen Ermordeten noch dir selbst. Es liegt an dir, diese furchtbaren Dinge in dir zu transformieren. Du kennst doch noch das Vaterunser! Da sind Bitten drin, die auch du bitten könntest, das mit der Schuld zum Beispiel. Ich kann dir heute nicht mehr raten. Wie gerne möchte ich dir helfen!"

„Bleibt das Gespräch auch wirklich unter uns? Jetzt, nachdem Sie alles wissen, verachten und hassen Sie mich sicherlich. Muß ich weg aus dem Krankenhaus, können Sie einen solchen Menschen noch drin behalten?"

„Ich habe es dir versprochen, daß das Gespräch unter uns bleibt, und ich halte es. Wie soll ich dich verachten, du tust mir unendlich leid und ich wünschte, ich könnte dir mehr helfen."

Er wurde wieder in sein Zimmer gebracht. Bei der nächsten Visite hielt er meine Hand und flüsterte: „Ich habe es versucht, ich versuche es weiter." Er erschien mir etwas ruhiger. Die Ärzte berichteten, daß er mehr Kontakt zu den Kameraden zeige und sich gelegentlich in Gespräche mit ihnen einlasse.

Wenige Wochen später starb er in einem epileptischen Anfall.

Mein Assistenzarzt war sehr betrübt, daß es ihm nicht gelungen war, ihn aus dem Status epilepticus zu befreien. „Ich weiß nicht, ich werde das Gefühl nicht los, daß außer der Hirnverletzung ihn etwas unablässig quälte, etwas, mit dem er nicht fertig werden konnte", meinte er.

Ich nickte stumm.

WER ERLÖST MICH VON MEINER SCHULD?

Es gibt eine uralte Überlieferung, die besagt, daß es den Mörder magisch an den Ort seines Verbrechens zieht. Ich weiß nicht, ob es Statistiken darüber gibt, wieviele Mörder tatsächlich den Ort ihrer Untat wieder aufsuchten, aber gelegentlich liest man, daß sie tatsächlich am Tatort verhaftet wurden. Was ist es, das sie die Stätte des Grauens aufsuchen läßt? Vielleicht ist es das Unbegreifliche eines Mordes, das Unbegreifliche, das der Mörder sich ins Gedächtnis zurückrufen möchte, um wieder und wieder den Schlüssel zu der Tat zu suchen und in sich selbst zu begreifen.

In den seltensten Fällen wird ein Mord als solcher eingeplant. Die vordergründige Absicht ist der Raub, der Einbruch, der Diebstahl, die Notzucht. Erst wenn sich dem Täter ein Hindernis entgegenstellt, kommt es zu einem Totschlag oder einem Mord. Der Zeuge des Verbrechens soll beseitigt werden. Perfekte Morde, wie wir sie in Kriminalromanen lesen, sind recht selten, sie werden auch nur von äußerst intelligenten und kaltblütigen Personen vorbereitet. Den meisten Morden liegt ein Affekt zugrunde. Schrecken, Angst, Wut, Habgier, sexuelle Ekstase.

Mag es sich um eine Planung oder um einen Affekt handeln, kaum ein Mensch vermag im voraus etwas lückenlos zu konstruieren; das Irrationale, das im Leben eine gewaltige Rolle spielt, kommt ihm fast immer in die Quere. Er kann nicht einmal sich selbst und seine Reaktionen vorausberechnen. Er glaubt, daß nach der gelungenen und vollendeten Tat, wie im Theater nach dem fünften Akt, das Drama zu Ende sei und die Akteure und die Zuschauer nach Hause gehen. Doch es kommt anders. Abgesehen von den Konsequenzen seiner Tat, wirkt sie in ihm nach, ja sie beginnt erst auf eine geheimnisvolle Weise in ihm lebendig zu werden. Sein Gewissen beginnt sich zu regen, sein Schuldgefühl, in seinem Unterbewußtsein wiederholen sich die Szenen des Mordes, sie begleiten ihn in den Schlaf und in die Gedanken des Alltags. Die Erinnyen, die schreckerzeugenden Rachegöttinnen der griechischen Sage, werden in ihm und um ihn lebendig und lassen ihn nicht mehr los.

Aus einem perfekten Mord, einem bis ins feinste ausgeklügelten System des Verbrechens entsteht schließlich etwas, über das der intelligente Planer nicht mehr Herr bleibt. Die vielleicht großartigste Psychologie eines solchen Mörders schildert Dostojewski in seinem Roman „Raskolnikow, oder Schuld und Sühne", dessen Modell er aus dem Leben gegriffen hatte, und zwar aus dem Mord des Studenten Danilow an der Geldverleiherin. Dostojewski verfolgte die Gerichtsverhandlungen, und so ist Raskolnikow nicht eine imaginäre Gestalt, sondern ein lebendiger Mensch, der in der Vorstellung lebt, dem Starken sei alles erlaubt, er könne tun, was er wolle, und der dann, nach vollendeter Tat, an seiner Tat seelisch zugrunde geht.

Auf Grund meiner Begegnungen mit zahlreichen Mördern und Totschlägern glaube ich nicht, daß es, mit Ausnahme von Geisteskranken, so robuste Personen gibt, die einen Mord oder Totschlag unbeschadet überstehen, auch wenn sie, was menschlich ist, ihr Gewissen durch zahlreiche fadenscheinige Entschuldigungen zu täuschen versuchen. Die einen geben die Schuld dem Alkohol, die anderen mißlichen wirtschaftlichen Verhältnissen, Hunger, Haß, Neid, Eifersucht, gekränkter Eigenliebe. In der Tiefe ihres Ichs wissen sie, daß diese Argumente nicht zur Beruhigung ihres Gemüts führen können. Hinzu kommt die Angst vor der Aufdeckung der Tat und vor der offiziellen Strafe. Die Strafe aber, die sein Gewissen dem Täter bereitet, ist schwerer und schrecklicher als alle denkbaren juristischen Bußen. Da hilft kein Schlafmittel und kein Entspanner, kein Morphium, kein Alkohol. Jenseits des Rausches steht die ungesühnte Tat als einzige Wirklichkeit vor dem Täter und vergiftet sein Dasein.

Einer der besten Kenner der menschlichen Seele, der Heilige Augustinus, sagt: „Ein Fehlgriff deines Triebes in der Wahl deines Gutes ist die Sünde. Denn in jeglicher Sünde, die du tust, langst du aus nach einem Gute und ersehnst eine Art Befriedigung. Werte sind es, die du suchst; übel aber werden sie für dich, wenn du Den hintansetzt, durch den allein sie gut sind."

Georg wurde nach einem mißlungenen Selbstmordversuch mit Schlaftabletten in die Hirnverletztenabteilung eingewiesen. Er war in tiefer Bewußtlosigkeit, aber es gelang uns schließlich, ihn wieder zum Leben zu erwecken. Als er zu sich kam, wußte er nicht, wo er war. Wir erklärten es ihm.

„Mußte das sein?", fragte er vorwurfsvoll, „wird denn der Wille und die Entscheidung eines Menschen nicht respektiert? Glauben

Sie, daß ich es in Leichtsinn tat? Nun kann die Quälerei von neuem beginnen." Er drehte sich unwillig zur Seite und war nicht mehr zu sprechen. Später versuchten wir den Grund seiner Selbstmordabsicht zu erfahren. Er wich aber aus, er gab an, er sei im Leben nicht mehr zurechtgekommen. Er sei aus der Ostzone geflüchtet, seine Ehe sei in die Brüche gegangen, hier habe er niemanden und komme sich völlig nutzlos vor. Arbeit bekomme er auch nicht und er lebe von der Sozialunterstützung. Er habe weder Bekannte noch Freunde, er laufe wie ein toller Hund durch die Straßen, sehe sich die vollbeladenen Schaufenster an, ohne sich irgend etwas kaufen zu können; er sei völlig allein in dieser unermeßlich großen Stadt.

Wir behielten ihn im Krankenhaus. Wir erfuhren, daß er einziges Kind einfacher Handwerksleute sei. Die Eltern hatten ihn sehr verwöhnt und ihm keinen Wunsch abgeschlagen. In der Schule gehörte er zu den Besten, er war intelligent, aber nicht strebsam. Mit fünfzehn Jahren trat er in die HJ ein; er hatte keine Freude daran und drückte sich, wo er nur konnte. Die Ideologie sagte ihm nicht zu, er war Individualist. Mit siebzehn Jahren meldete er sich freiwillig in den Krieg, weil die anderen es auch taten, es war etwas Neues und Aufregendes. Kurz vor Kriegsende wurde er am Kopf verwundet und erlitt eine Hirnverletzung. Die Eltern nahmen ihn zu Hause auf und pflegten ihn. Bald danach heiratete er ein Mädchen, das er schon lange kannte und liebte. Zuerst war die Ehe glücklich, aber bald stellten sich Zänkereien und Zerwürfnisse ein. Als seine Frau ihm schließlich drohte, ihn wegen kommunistenfeindlicher Gesinnung zu denunzieren, floh er nach Westberlin.

Obwohl wir uns sehr eingehend mit ihm beschäftigten, gelang es nicht, ihn an geregelte Arbeit zu gewöhnen. Er entzog sich immer wieder jeder Ordnung, er war gereizt, brütete vor sich hin, klagte über Kopfschmerzen und zankte sich mit den Kameraden, die ihn wegen seines unausgeglichenen Wesens ablehnten.

Eines Tages erlitt er, nach einer nichtigen Auseinandersetzung mit einer Krankenschwester, einen hysterischen Anfall. Er schrie gellend, schlug mit den Armen um sich, warf sich zu Boden und weinte. Als er sich wieder einigermaßen beruhigt hatte, bat er, mich sprechen zu dürfen.

„Was ist los, Georg, müssen Sie sich so benehmen, daß die anderen sich über Sie ärgern?"

„Ich kann nicht anders, es ist, als ob ein Teufel in mir säße. Ich habe eine Freude, die Leute zu provozieren, ich kenne mich selbst nicht mehr aus. Hättet Ihr mich damals nicht wieder zum Leben erweckt, es wäre alles gut geworden und ich hätte jetzt Ruhe. Das Entsetzliche ist ja gar nicht meine Hirnverletzung, es ist etwas ganz anderes. Ich habe etwas getan, was mir niemand abnehmen kann. Ich habe einen Menschen auf dem Gewissen."

„Nun, Sie waren doch im Krieg, da wird töten zur Gewohnheit, und leider macht sich niemand deswegen Gewissensbisse, im Gegenteil, er wird mit Orden geschmückt."

„Für meine Tat gibt es keine Orden. Merkwürdigerweise hatte ich keine Gewissensbisse wegen jener, die ich als Soldat vielleicht getötet habe, aber der eine Fall läßt mir keine Ruhe.

Ich wurde als Bursche zu einem Offizier abkommandiert. Es war ein junger feiner Kerl, Hauptmann war er. Ich war froh, aus dem Fronteinsatz herauszukommen. Er behandelte mich sehr kameradschaftlich. Ich hätte es nicht besser haben können.

Aber einige Monate später wurde ich angerufen und zum Sicherheitsdienst befohlen. Ein Uniformierter eröffnete mir, mein Hauptmann sei ein Spion und Landesverräter und solle unauffällig beseitigt werden, es dürfe nicht viel Staub aufgewirbelt werden. Er werde in zwei Tagen vorbeikommen und Haussuchung halten. Ich solle den Hauptmann erschießen. Wenn ich dazu zu feige sei, werde er den Hauptmann und mich umbringen. Ich hätte nur diese Wahl.

Was sollte ich tun. Ich war in einer furchtbaren Lage. Ich hatte wohl aus zahlreichen Bemerkungen und Gesprächen des Hauptmanns feststellen können, daß er gegen die Nazis sei, aber ich war es ja auch. Ich konnte ihm nichts von der Sache sagen, auch hätten wir doch nicht fliehen können, wir wurden beobachtet. So behielt ich das Wissen für mich, es war grauenvoll. Zwei Tage später erschienen zwei SD-Männer, erklärten den Hauptmann für verhaftet und wollten eine Haussuchung durchführen. In diesem Augenblick sollte ich die Pistole zücken und meinen Chef erschießen. Der SD-Mann stieß mich in den Rücken. Ich schoß blindlings und streckte den Offizier mit einigen Schüssen nieder. Es war eine gemeine und feige Tat. Aber er wäre sonst von den beiden Männern erschossen worden und ich auch. Ich mußte noch zusehen, wie die Leiche aus dem Haus geschafft wurde, dann wurde das Haus von oben bis unten durchstöbert. Ich durfte an die vorderste Front zurückkehren. In dem Schlammassel der Kämpfe und des Rückzugs vergaß ich diesen Vorfall. Es war eben Krieg, und was geschah da nicht alles! Schließlich wurde ich verwundet.

Erst zu Hause fiel mir der Vorfall wieder ein. Die ganze Szene der Ermordung stand leibhaftig vor meinen Augen, in allen Einzelheiten. Ich erinnerte mich, wie nett und freundlich der Hauptmann immer zu mir gewesen war. Er hatte gerne von seinen Eltern und von seiner jungen Frau erzählt, manchmal hatte er mir etwas aus ihren Briefen vorgelesen. Plötzlich wurde mir klar, daß er verheiratet war und Eltern hatte. Ich wurde mir meiner Feigheit und Charakterlosigkeit bewußt. Seitdem läßt mich dieses Erlebnis nicht mehr los. Ich konnte mich niemandem mitteilen. Wie hätte ich es meinen alten Eltern erzählen können, das hätten sie doch gar nicht verstanden! Ich ertränkte mein Gewissen in Alkohol. Aber davon wurde alles noch schlimmer, ich wurde gereizt und zanksüchtig; man schickte mir die Gesundheitsbehörde auf den Hals.

Schließlich heiratete ich ein Mädchen, das ich von Kind an kannte, sie war hübsch, sanft und arbeitsam. Aber sie konnte mich vom Alkohol auch nicht abbringen. Weil ich mich quälte, bekam ich unbändige Lust, sie zu quälen. Ich suchte Streit, ich nörgelte über alles, es bereitete mir Freude sie zu verletzen. Schließlich wurde auch sie gereizt, ungeduldig und häßlich zu mir.

In einer schwachen Stunde unter dem Einfluß von Alkohol erzählte ich ihr in allen Einzelheiten die Geschichte des Mordes; ich sah, wie sie erschrak, aber es machte mir teuflische Lust, sie weiter zu ängstigen. Als ich später wieder nüchtern war, ahnte ich, daß ich ihr wohl etwas erzählt hätte; aber ich konnte mich an den Vorfall nicht genau erinnern, und ich hatte Angst, das Thema noch einmal anzuschneiden. Das Verhalten meiner Frau mir gegenüber war seitdem verändert. Vorher hatte sie mich wegen meiner Hirnverletzung bemitleidet und Rücksicht auf mich genommen. Jetzt aber mied sie mich, sie schaute mir nicht mehr in die Augen, und sie ging auch oft unter irgendeinem Vorwand aus dem Hause.

Während eines Streits wurde sie schrecklich erregt, sie sprang auf mich los und schrie immer wieder: »Du Mörder! Du Mörder! Dir werde ich es zeigen!« Dann lief sie in den Gang, und ich sah, wie sie sich eiligst den Mantel anzog. Ich begriff, daß sie weglief, um mich zu denunzieren. Ich ergriff meine Mappe, stopfte ein Paar Hemden und Unterhosen und einen Pullover hinein und stürmte hinaus. Ich nahm den nächsten Zug und setzte mich nach Westberlin ab. Ich weiß, ich bin an allem selbst schuld, an allem. Aber es ist mir, als wenn ich nicht ich selbst sei, sondern ein Teufel in mir wirkte. Ich könnte mich ja bei der Staatsanwaltschaft selbst anzeigen. Aber ich habe keine Zeugen, ich weiß doch nicht einmal den Namen der beiden SD-Männer. Und vielleicht glaubt man mir es dann nicht und steckt mich wieder in die Irrenanstalt.

Ich suche immer nach einem Ausweg. Wenn ich katholisch wäre, würde ich zu einem Priester gehen, aber ich kann das nicht, ich glaube doch an nichts mehr. Ich hatte vor, die Eltern oder die Frau des Hauptmannes zu suchen, mich ihnen anzuvertrauen und sie um Verzeihung zu bitten. Aber dann wurde mir klar, daß das eine neue unverantwortliche Brutalität wäre, es hätte niemandem genützt."

Er sackte nach dieser Beichte in sich zusammen und weinte. Welche Worte des Trostes hätte man ihm sagen können? Jedes Wort wäre mir banal erschienen. Ich hielt seine Hand eine Weile fest, er klammerte sich an meine Hand.

„Sie wissen, Georg, daß nichts von dem, was hier gesprochen wurde, je ein anderer erfährt, auch niemand meiner engsten Mitarbeiter. Darauf können Sie sich fest verlassen, und haben Sie deswegen keine Angst. Sie sind jetzt in einer schrecklichen Lage, und was das Schlimmste ist, Sie haben sich selbst aus der Hand gegeben. Der Mensch sollte sich nie aufgeben. Ich kann zu einem Kranken nicht wie Jesus sagen: »Stehe auf, deine Sünden sind dir vergeben!« Wie gerne möchte ich das sagen können. Auch der Gottlose darf um Vergebung bitten. »Herr, hilf meinem Unglauben!«, ruft in der Bibel einer, dessen Glaube zu schwach ist. Aber Sie haben nicht versucht, aus sich selbst etwas zu machen. Sie haben einfach vor der Schuld kapituliert. Das ist falsch. Wir sind alle mit Schuld beladen. Wir töten nicht immer mit der Pistole und mit Gift, aber wie oft töten wir potentiell mit bösen Gedanken, mit Haß, mit Zank, mit Klatsch, mit Neid, mit Lieblosigkeit, und wir leben dennoch.

Was haben Sie bisher getan? Sie quälten sich zu Recht oder zu Unrecht für eine Tat, die Sie begangen haben, und Sie haben einfach stellvertretend andere gequält, bis aufs Blut gequält! Das ist kein gangbarer Weg, und so können Sie dem Teufel in sich selbst nicht entrinnen. Nehmen Sie sich an die Kandare, wie man ein ungebärdiges Pferd dressiert, und wenden Sie sich zum Guten. Beherrschen Sie sich, hören Sie auf, sich mit Alkohol und mit Schlafmitteln oder Schlimmerem zu betäuben. Mit Liebe und Freundlichkeit, mit Demut und Hilfsbereitschaft kann der Mensch sehr vieles gut machen. Aber das geht nicht von heute auf morgen, man muß es langsam und stetig tun, und man muß Geduld mit sich selbst haben."

Als er wegging, lächelte er. War es ein Hoffnungsfunke oder Resignation?

Einige Zeit später bat er um Urlaub, er müsse in ein Amt gehen, um seine Papiere in Ordnung zu bringen. Er bekam, wie alle anderen Patienten, Ausgang, wenn er darum bat.

Am Nachmittag läutete das Telefon.

„Herr Chefarzt, Sie werden von der Kriminalpolizei verlangt."

„Ist Ihnen ein Georg... bekannt?"

„Ja, natürlich, er liegt auf unserer Abteilung."

„Nicht mehr, er hat sich vor drei Stunden aus dem siebten Stockwerk herabgestürzt. Können Sie uns dazu etwas sagen, war es ein Unglücksfall, oder war es ein Selbstmord?"

„Das ist schwer zu sagen, er war hirnverletzt und litt unter Schwindelzuständen, außerdem war er auch depressiv."

„Sie halten es also für wahrscheinlich, daß es ein Unglücksfall war?"

„Ja, ich halte es für wahrscheinlich, auf jeden Fall war es ein Unglück!"

„Danke!"

GIB MIR DIE VERDIENTE STRAFE!

Ein Heimleiter rief an und bat, ob er mich mit einem Jugendlichen aufsuchen dürfe. Der Junge sei erst seit kurzem im Heim, er mache jedoch solche Schwierigkeiten, daß man ihn wohl nicht mehr dort behalten könne. Er habe sich einem Lehrer offenbart, daß er vor Jahren einen Mord begangen hätte. Der Lehrer sei darüber derart aufgebracht, daß er es für unverantwortlich halte, den Jungen auch nur eine weitere Nacht in Gemeinschaft mit den anderen im Heim zu belassen.

Der Junge erschien in Begleitung des Heimleiters, der mich zuerst sprechen wollte. „Sie ahnen gar nicht, in welch schwieriger Situation wir stecken. Das Lehrerkollegium ist wie ein aufgewirbelter Ameisenhaufen. Zunächst war der Junge unauffällig, ruhig, dickfellig, kontaktarm. Nach einer Weile bat er seinen Klassenlehrer um eine Unterredung. Dabei beichtete er, daß er ein Mörder sei, und verlangte stürmisch bestraft zu werden; wenn es nicht gleich geschehe, werde er Lärm schlagen und die Angelegenheit der Presse übergeben. Der Lehrer reagierte auch mit einem Affekt und forderte, daß wir den Jungen sofort aus dem Heim entfernten, es würde ein Skandal entstehen, wenn die Öffentlichkeit erführe, daß ein Mörder sich im Heim befinde. Man weiß ja noch gar nicht, ob es nicht bare Phantasie ist, vielleicht ist der Junge geisteskrank. Man muß doch die Sache erst untersuchen. Jedenfalls beschloß ich, ihn zuerst zu Ihnen zu bringen, damit Sie ihn untersuchen und mit ihm sprechen, dann erst können wir überlegen, was wir weiter zu unternehmen haben."

Ich bat den Heimleiter hinauszugehen und ließ den Jungen hereinkommen. Er war hochaufgeschossen, hatte unbeholfene Bewegungen, wußte nicht, wohin er seine langen Arme mit den roten Händen stecken sollte. Er schaute sich scheu im Zimmer um.

„Setz dich bitte. Dein Heimleiter berichtete mir von deinem Kummer. Willst du — wenn du magst natürlich — mir erzählen, was dich quält?"

Er setzte sich schwer und atmete angestrengt, er vermied es, mich anzusehen.

„Ich habe etwas Schreckliches getan, und ich muß dafür bestraft werden, ich kann ohne Strafe nicht weiter leben. Es muß sehr bald geschehen, ich halte es sonst nicht mehr aus!"

„Wann geschah denn das, was du getan hast?"

„Es war im letzten Kriegsjahr. Ich habe einen Nachbarjungen ermordet."

„Aber das ist doch schon ewig lange her. Du mußt damals noch ganz jung gewesen sein."

„Ich war elf. Jetzt bin ich sechzehn."

„So lange hast du alles mit dir herumgetragen?"

„Ja, oder nein, ich hatte es eigentlich ganz vergessen. Es ist mir plötzlich eingefallen, und nun kann ich nicht mehr. Es muß etwas geschehen, ich muß ins Gefängnis, ich muß bestraft werden!"

„Du bist doch nicht dumm. Du wirst doch gehört haben, daß man Kinder gar nicht ins Gefängnis steckt. Erst ab achtzehn Jahren wird man für eine böse Tat bestraft. Und du bist jetzt erst sechzehn."

„Was soll ich aber tun, ich habe die Tat begangen und ich muß sie büßen, sonst kann ich nicht leben, ich bin ein Ausgestoßener!"

„Wer hat dich denn ausgestoßen?"

„Gott, die Menschen, alle!"

„Du solltest mal weniger pathetisch sein. Es gibt genug Menschen, die etwas Ungutes getan haben, und sie leben auch noch alle, und kaum einer drängt sich zum Richter. Was ist nun wirklich vorgefallen?"

„Meine Mutter, die in Berlin arbeitete, hatte mich in den letzten Kriegsjahren in einem pommerschen Dorf bei Bauersleuten untergebracht. Ich wohnte dort und wurde verpflegt, andere Kinder waren nicht da. Ich ging dort zur Schule und mußte in der Landwirtschaft helfen. Die Leute waren freundlich zu mir. Ab und zu kam meine Mutter und besuchte mich. Ich spielte mit den anderen Kindern aus dem Dorf. Erst war ich ja fremd, aber dann gewöhnten wir uns aneinander. Nun war da ein Nachbarsjunge, der war ein Jahr älter als ich und größer und stärker. Der gab immer so an. Er war der frechste in der Schule, und bei den Spielen hatte er auch immer ein großes Maul. Er boxte uns oft, und so heimtückisch, ganz plötzlich mit der Faust in die Magengrube, ich bekam danach Magenkrämpfe. Wenn ich mich wehrte, dann schlug er mich blau. Ich konnte ihn nicht leiden, wir alle konnten ihn nicht leiden, aber wir hatten Angst vor ihm. Manche Eltern beschwerten sich bei seinen Eltern. Er bekam dann Haue, aber er rächte sich später an uns. Wenn er uns allein zu fassen kriegte, dann quälte er uns. Wir waren so verschüchtert, daß wir es auch nicht wagten, ihn gemeinschaftlich anzufallen.

Ich war schon über ein Jahr dort. Meine schönste Beschäftigung war, mit dem Vieh umzugehen, mit den Kühen, Pferden, den Hühnern, Tauben und mit dem Hund. Stundenlang hielt ich mich bei ihnen auf, ich sprach mit ihnen und sie verstanden mich. Dort in dem Stall war mein wahres Zuhause. Die Leute ließen mich gewähren, sie waren weder nett noch unfreundlich.

Eines Tages im November kam der Karl auf den Hof. Der Hund lief ihm schwanzwedelnd entgegen. Er gab ihm einen Tritt, daß der Köter winselnd sich verkroch. Ich hatte eine Mordswut auf den Burschen. Er forderte mich auf, mit ihm in den Wald zu gehen. Aus Feigheit ging ich mit. Dort begann er wieder in seiner gemeinen Art mich zu boxen und zu puffen. Ich wollte mich wehren und gab ihm einen Tritt. Er rutschte aus und fiel und verknackste sich einen Knöchel, er schrie. In unbeschreiblicher Wut trat ich ihn mit Füßen. Dann sah ich einen dicken Ast daliegen, ich ergriff ihn und schlug wild auf den Burschen ein. Erst schrie er und versuchte sich zu wehren, dann war er plötzlich still. Ich sah, daß er sich nicht mehr rührte, er mußte wohl tot sein. Ich schleppte ihn mit Mühe in eine Kuhle am Waldrand und ging heim. Es war mir unheimlich zumute, aber auf der anderen Seite empfand ich eine Art Erleichterung. Mein Feind und Quäler war nicht mehr, nie würde er mich wieder quälen können!

Am Abend kamen Leute und fragten, ob einer den Karl gesehen habe. Ich verneinte. In der Lokalzeitung wurde ein Bild von Karl mit der Beschreibung seiner Person veröffentlicht. Ich hatte das Bild ausgeschnitten und auf den Boden meines Koffers gelegt. Die Front war inzwischen ganz nahe herangekommen. Meine Bauersleute und die anderen rüsteten zur Flucht. Wir nahmen auf dem Treck alles mit, was wir konnten. Die Kühe, die Pferde und der Hund kamen mit. Es war eine schreckliche, kalte Zeit und wir hungerten. Wir nächtigten in Schulen, Fabrikgebäuden und Scheunen. Es dauerte Wochen, bis wir uns an einem Ort in der Mark niederlassen konnten. Viele Alte und Kinder starben."

„Hast du denn an deine Tat noch viel denken müssen?"

„Nein, gar nicht, ich hatte das Ganze vergessen. Es war so viel Trubel und Aufregung, ich mußte auch unterwegs für die Tiere sorgen, man hatte keine Zeit an etwas anderes zu denken."

„Wie ging es denn weiter? Bliebst du bei den Bauern?"

„Ja, der Krieg war zu Ende. Wir bekamen eine kleine Siedlerstelle, ich blieb da und versorgte das Vieh, wir hatten ein Pferd und zwei Kühe und den Hund, ja sogar vier Hühner bei der Flucht gerettet. Schweinchen haben wir uns später angeschafft. Wir mußten hart arbeiten, aber wir hatten doch wieder Land und Tiere, und ich war ganz glücklich. Nachher mußte ich in dem Ort wieder zur Schule gehen. Na ja, das war nicht so wichtig, Hauptsache, ich hatte meine Tiere. Es waren noch mehr Flüchtlinge im Ort, aber niemand aus unserem Dorf, die hatte es woanders hin verschlagen.

„Hast du denn von deiner Mutter nichts mehr gehört?"

„Doch, nach fünf Jahren. Ich hatte schon gedacht, sie sei bei der Bombardierung von Berlin umgekommen. Ich hatte mal an ihre alte Adresse geschrieben, aber es kam keine Antwort. Eines Tages stand sie da. Ich habe sie gleich erkannt, sie war älter geworden. Aber sie erkannte mich nicht mehr. Sie wußte nicht, ob sie sich freuen sollte. Es war eine komische Begrüßung, wir waren uns ganz fremd geworden. Die Bauern bewirteten sie. Man sprach über die Erlebnisse. Meine Wirtsleute waren geldgierig und unverschämt, sie verlangten, die Mutter solle für die fünf Jahre Kostgeld für mich bezahlen. Das war eine tolle Unverschämtheit. Schließlich habe ich alle Stallarbeit gemacht wie ein Knecht, und zum Anziehen haben sie mir kaum etwas gekauft, nur das Notwendigste. Das hat mich mächtig aufgeregt.

»Du kommst mit mir!«, rief die Mutter. Ich wußte nicht, was ich tun sollte. Ich wollte nicht mit ihr gehen, schon gar nicht in die Stadt. Aber ich wollte auch nicht bei den Leuten bleiben, sollten sie nur schauen, wo sie ohne meine Hilfe blieben! Aber die Tiere taten mir schrecklich leid. Ich lief in den Stall, umarmte die Kühe und das Pferd und heulte mich aus. Dann ging ich in meine Kammer, holte den alten Koffer und machte mich fertig. Es tat den Bauern sicherlich leid, das mit der Geldforderung, aber sie waren zu stur, um es wieder ungeschehen zu machen. So gingen wir, kaum daß wir uns nach so vielen Jahren des gemeinsamen Schicksals zum Abschied die Hand gaben. Die Frau holte noch eine Seite Speck und reichte sie mir: »Da, nimm!«. Ich nahm sie und nickte zum Dank. Dann gingen wir wortlos weg, wie Fremde. Wir wandten uns nicht um, aber ich wußte, daß die beiden noch lange da standen. Plötzlich wurde es ihnen klar, was Dummes sie getan, es tat ihnen auch sicherlich leid."

„Dann bist du mit der Mutter nach Berlin gekommen, sie war doch gewiß gar nicht darauf eingerichtet, dich bei sich aufzunehmen?"

„Das war einfach entsetzlich! Sie wohnte in einem kleinen Stübchen im Souterrain. Wir mußten in einem Bett schlafen, es war auch kein Platz für ein anderes Bett oder eine Matratze vorhanden. Am Abend packte sie meinen Koffer aus, sie nahm die paar Habseligkeiten heraus, da fand sie auf seinem Boden das ausgeschnittene Bild von Karl. Ich erschrak fürchterlich, hatte ich doch die ganze Geschichte schon längst vergessen. — »Was ist denn das?«, fragte sie. »Das ist ja ein Steckbrief!« — Ich sagte kleinlaut, es sei ein Bild von einem Jungen, der kurz vor unserer Flucht verschollen sei. Sie gab sich damit zufrieden.

Ich schlief die ganze Nacht nicht. Es war ja auch sehr unbequem, ich hatte noch nie mit jemandem in einem Bett geschlafen. Aber die längst vergessene Mordgeschichte stand in allen Einzelheiten vor meinen Augen, als ob alles gestern geschehen wäre. Und von da ab ließ mich die Tat nicht mehr los. Als es passiert war, ging alles so plötzlich und schnell; nachher kam die Flucht, es war, als ob ich an der Tat gar nicht beteiligt gewesen wäre. Aber jetzt, nach fünf Jahren, überfiel mich das Schuldgefühl. »Mörder, Mörder«, schrie eine Stimme in mir. Ich konnte keinem Menschen mehr in die Augen sehen.

In Berlin war ich fremd, ich hatte niemanden. Meine Mutter blieb mir fremd, sie arbeitete und sorgte für mich, sie kleidete mich sogar von ihren kleinen Ersparnissen ein, aber wir hatten uns nichts zu sagen. Ich hatte keine Arbeit, ich sehnte mich nach meinen geliebten Tieren, sogar meine langweiligen und wortkargen Pflegeeltern erschienen mir lieb. Ich wäre gerne zu Fuß zurückgelaufen, um nur wieder bei meinen Tieren zu sein. Ich ging in Lokale und trank, was ich noch nie getan hatte. Bei einer Razzia griff man mich auf. Ich wurde zum Jugendamt beordert. Schließlich steckte man mich in dieses Heim für Schwererziehbare.

Ich habe nur einen Wunsch, ich möchte bestraft werden für die schreckliche Tat, ich möchte sühnen. Ich weiß, daß ich ein Scheusal bin, ich gehöre nicht unter Menschen, ich bin ein Auswurf. Es muß doch eine Möglichkeit geben, daß man mich verurteilt und einsperrt und nicht wieder auf die Menschheit losläßt!"

„Ich glaube nicht, daß in dieser Welt dich irgendjemand verurteilen kann. Wir haben hier zwei Arten von Justiz. Die zivile, die nach den von Menschen geschaffenen Gesetzen verurteilt. Sie gibt Strafen, Freiheitsentzug für so und so viele Monate oder Jahre, schreckliches Eingesperrtsein hinter Gefängnismauern. Ob dieser Aufenthalt wirklich dazu dient, den Menschen zu bessern, ihn zu erziehen und ihn von der Schuld zu reinigen, möchte ich sehr bezweifeln. Viele verrohen dort erst recht, werden noch primitiver und lernen Böses dazu. Und ob ihr Gewissen, wenn sie eines haben, gerade in dieser Zeitspanne, die die Richter ihm geben, sich gereinigt hat, ist sehr fraglich.

Die andere Justiz ist das eigene Herz, das eigene Gewissen. Du hast es an dir selbst erfahren. Es kann jahrelang schlafen. Durch irgendeinen äußeren oder inneren Anstoß wird es lebendig und fängt an einen zu quälen, und dann erlebt dieser die Hölle in sich, und niemand kann ihn diesem Zauberkreis entziehen, wenn er sich nicht der Gnade und Führung eines Höheren anvertraut."

„Wenn das nicht aufhört und ich werde nicht eingesperrt und bestraft, dann hänge ich mich auf!"

„Das steht bei dir. Du bist jung, und du rennst wie ein wilder Stier gegen ein verrammeltes Tor. Du weißt nicht ein noch aus, und du siehst auch keinen Ausweg. Ich bin durchaus mit dir einverstanden, daß du dich nicht deiner Mutter anvertrauen konntest, du hättest sie erschreckt, und sie hätte in ihrer Ratlosigkeit dir doch nicht helfen können. Und du hast einen guten Schutzengel gehabt, daß du nicht zu deinen Kameraden davon gesprochen hast. Das gäbe nur eine Sensation und ein Geschrei, und die schlechtesten Instinkte der anderen würden geweckt. Du hast aber schon gemerkt, daß du auch den Lehrer, einen erwachsenen Menschen, mit deiner Beichte erschreckt hast, auch er ist in kleinbürgerlichen Vorurteilen befangen. Für ihn ist einer, der einen Totschlag — denn es war kein Mord, es war ein Totschlag in Notwehr, merk dir das — begangen hat, ein Bösewicht. Ich möchte dich darum beschwören: behalte, auch wenn es dich noch so schmerzt, die Geschichte für dich, die Folgen eines Breittretens sind unübersehbar!

Die Justiz kann dir nichts mehr tun. Du warst noch ein Kind, als das Unglück geschah. Darüberhinaus ist die Sache auch noch verjährt. Das Einzige, was dir passieren kann, ist, daß man dich bis zum achtzehnten oder einundzwanzigsten Jahr in Fürsorgeerziehung steckt, da lebst du dann mit jugendlichen Rechtsbrechern, mit Verwahrlosten. Und sei doch ehrlich, du bist ein anständiger und ordentlicher Kerl! Die schwere Schuld, daß du ein Menschenleben ausgelöscht hast, kannst du nur in dir selbst abtragen. In früheren Zeiten gingen Menschen, deren Gewissen sie schwer belastete, ins Kloster. Sie entsagten den Lebensfreuden, lebten in der Enthaltsamkeit und im Gebet, sie beteten um Vergebung und für die Seelen der Geschädigten. Oder sie begaben sich in höchste Gefahr, sie gingen in die Fremdenlegion oder auf schwierige Expeditionen, oder sie widmeten sich der Pflege der Armen und Kranken.

Sieh, es hat einen Mann gegeben, der einen berühmten und großartigen Minister, der Jude war, aus Antisemitismus ermordete. Die Mutter des Ministers schrieb einen Brief an die Mutter des Mörders und bedauerte sie als unglückliche Frau. Jener Mörder hat seine Schuld gesühnt. In der Nazizeit machte er es sich zur Aufgabe, Juden unter höchster Lebensgefahr zur Flucht über die Grenze zu verhelfen. Glaubst du, daß ihm sein Mord verziehen worden ist?!

Ein anderer, ein russischer Fürst, der einen politischen Mord an einem übelbeleumdeten Mann beging — er lebte viele Jahre, ohne daß man gemerkt hätte, daß sein Gewissen sich gemeldet hätte —, lebt jetzt nur noch der Hilfe an Armen und Kranken, er ist zum Engel der Elenden geworden. Ich bin überzeugt, daß sein Herz Ruhe vor dem Gewissen bekommen hat."

Seine Augen leuchteten auf. „Wie wäre es mit der Fremdenlegion, das wäre doch eine Idee?!"

„Das wäre keine Idee, du bist erst sechzehn, dich nehmen sie gar nicht, und das wäre wieder der Weg des geringsten Widerstandes. Du bist gesund und kräftig, und dumm bist du auch nicht. Werde doch Diakon. Du bist evangelisch. Ich weiß, du schüttelst ungläubig den Kopf, du seist kein Kirchenläufer und dein Glaube sei auch nur schwach, und wer wird schon einen Totschläger zum Diakon nehmen? Das ist es, was du sagen willst. Nun, du hast keine schlechten Vorfahren: Moses war ein Totschläger und wurde zum größten Propheten, König David war ein Ehebrecher und hat sich selbst zum Leuchten gebracht, und der Apostel Paulus beteiligte sich an der Ermordung des Heiligen Stephanus und verriet die Christen. Das macht doch gerade den Menschen aus, daß er durch viel Schweres und Schreckliches und Selbstverschuldetes gehen mag, daß er aber sich selbst zur Reife und Güte und Weisheit entwickelt. Und dein Weg ist dir ebenso wenig verstellt wie jedem anderen."

„Was soll aber aus mir werden? In dem Heim komme ich um!"

„Ja, dort kommst du um. Überleg dir aber noch etwas ganz

genau. Nehmen wir an, das Gewissen hätte sich in dir geregt, als du noch bei den Bauersleuten warst. Wie wäre es dann geworden? Du hattest dort deine Ordnung, dein Heim, deine Tiere, für die du sorgen mußtest. Wäre es dann auch so schlimm geworden? Oder hättest du dir gesagt: »Ich kann mich hier nicht gehen lassen, die Tiere sind an alledem nicht schuld und ich kann sie deshalb nicht vernachlässigen.« Und glaubst du nicht, in der täglichen Pflichterfüllung und in der Liebe zu den Tieren hätte sich die Qual gelegt? Es ist doch alles so schlimm gekommen, weil du in Berlin dir selbst entfremdet wurdest, du hattest keine Pflichten, keine Freundschaften, keine Ansprache, und dann kamst du auf Abwege.

Sein Gesicht entspannte sich, der Ausdruck von Angst und Gejagtsein verschwand, er sah wieder aus wie ein unbeholfener Junge von sechzehn.

„Ich mache dir einen Vorschlag. Du bist krank, du bist aus dem seelischen Gleichgewicht. Ich nehme dich für einige Wochen in mein Krankenhaus. Du wirst dich dort wohl fühlen. Ich werde dich in unserer Tischlerei beschäftigen und du wirst tüchtig an der Pflege der Gelähmten und der Epileptiker mithelfen, außerdem ernenne ich dich zum Oberaufseher des Raben Kudl! Sein Freund Peter wird morgen entlassen, der zahme Rabe wird ganz untröstlich sein, du wirst fortan für ihn gut sorgen!"

„Ein wirklicher Rabe? Ich habe noch nie einen zahmen Raben gesehen!"

„Der ist schon fast zwei Jahre bei uns, Patienten fanden den kleinen Kerl mit einer Beinverletzung und zogen ihn auf. Er gehört zu uns, und alle lieben ihn. Du mußt mir nur eines in die Hand versprechen. Du darfst von deinem Erlebnis zu keinem Menschen außer zu mir und zu Frau von Gebhardt sprechen! Ich will nicht, daß jemand im Krankenhaus oder sonstwo etwas über die Angelegenheit erfährt; und lerne es, solche Dinge nicht leichtfertig preiszugeben. Wenn du damit einverstanden bist, will ich dich später zu einem Freund aufs Land schicken, er ist Arzt, ein rechter Christ, er hat ein Heim für kranke und verkrüppelte Kinder und Alte und er hat Landwirtschaft und Tierzucht. Zuerst möchte ich, daß du dort dich den Tieren widmest, aber zugleich sollst du auch die kranken Menschen betreuen. Dort wirst du ein rechtes Zuhause finden, und aus dem, was einmal Böse gewesen ist, wird Gutes und Lichtes. Aber es ist an dir, was du aus dir selbst machst, wir können dir nur die helfende Hand dazu reichen."

Ich teilte dem Heimleiter meine Absicht mit. Er war sichtlich erleichtert, daß ihm die Verantwortung abgenommen wurde. Ich instruierte meine Mitarbeiterin, Maria von Gebhardt, und bat sie, mit dem Jungen jeden Tag ein Gespräch zu führen und ihn zu beaufsichtigen.

Am übernächsten Tag bei der Visite stand Roland in der Pose eines Falconiere. Der Rabe Kudl saß auf seiner Hand. Beide hatten sich auf den ersten Blick lieb gewonnen. Er hatte wieder eine Aufgabe und ein Ziel.

„Na, der Rabe wird es schon wieder in Ordnung bringen!", sagte ich zu Maria von Gebhardt.

WEISHEIT
STEHT ÜBER DEM SCHICKSAL

JEDEN TAG EINE GUTE TAT

Seit Jahren kommt er jede zweite Woche und läßt sich etwas gegen seine Beschwerden verschreiben. Er hat eine riesige, tief eingezogene Narbe auf der linken Stirn, die bis zum Auge hinabreicht; das linke Auge steht viel tiefer als das rechte. Man sieht sofort, daß er eine schwere Hirnverletzung erlitten hat. Das Gesicht ist arg entstellt; da er aber viel lächelt, erscheint es trotz der Narbe verschönt. Er sitzt ganz still im Wartezimmer, er hört sich das gereimte oder auch ungereimte Gespräch der Patienten an. Wenn manche in überquellendem Geltungsdrang sich allzulaut produzieren, sagt er leise und höflich: „Kinder, der Doktor kann sein eigenes Wort nicht verstehen, wenn ihr so laut seid!" Alle lachen, niemand ist beleidigt, und es wird wieder leise im Wartezimmer.

Ich weiß, daß er sehr unter Kopfschmerzen und gelegentlichen heftigen epileptischen Anfällen leidet, zu Hause hat er eine erblindete Frau. Er muß den ganzen Haushalt, die Einkäufe, das Putzen, das Waschen verrichten. Er muß die Frau führen, wenn sie spazieren gehen, aber nie kommt eine Klage über seine Lippen.

Für meine Frau und mich ist die Begegnung mit ihm eine Labsal. Den ganzen Tag werden einem ungelöste Probleme, Ängste, Verstimmungen, Erregungen, Entzweiungen, Schmerzen und Klagen vorgetragen, und man muß alle Last auf sich nehmen und sich bemühen, nicht nur die Probleme zu lösen, sondern sie auch mitzutragen. Glücklich ist man, wenn es einem gelingt, dem Hilfesuchenden einen Weg zu weisen, den er auch als seinen Weg anerkennt. Kommt aber, was selten genug geschieht, ein Reifer, ein Weiser in die Sprechstunde, dann ist man dankbar beschämt, weil man der Beschenkte ist.

Seit langem machte die Tür zum Sprechzimmer, wenn man sie öffnete, eine traurige Musik; es klang, als ob es ihr weh täte, Patienten hereinzulassen, und sie selbst nach einem Arzt verlangte. Ich vergaß es immer, die Scharniere zu schmieren, offen gestanden hatte ich auch nicht die erforderlichen Werkzeuge. Unser Freund hörte sich die Musik an. „Ihre Tür müßte mal geschmiert werden, sie quietscht!"

„Ja", sagte ich, „das müßte sie schon längst, doch vergesse ich

es immer, Öl und den kleinen Tropfkanister zu kaufen, aber vielleicht stört es manche nervösen Patienten?"
„Sind Sie heute Nachmittag zu Hause?"
„Ja, wir sind zu Hause."
„Ich habe alles Nötige daheim, ich bringe es mit und in einer Minute ist der Schaden behoben."
„Das ist wirklich zu nett von Ihnen, aber Sie haben fast eine Stunde Fahrt zu uns, das können wir nicht annehmen!", sagte ich.
„Wenn ich es Ihnen doch anbiete! Sie tun auch immer etwas für andere, warum soll ich das nicht für Sie tun?"
Er kam nachmittags, er klopfte leise an die Tür. Er schmierte alle Türen und sah sich im Hause um, offenbar um zu prüfen, wo noch Schäden vorhanden wären, die er beheben könnte. Er fand auch eine Menge.
„Ich bringe Werkzeug und Gips mit, und in wenigen Minuten ist auch dies erledigt. Sie allein können das nicht machen, und bis Sie einen Handwerker bekommen, ärgern Sie sich krank. Ich bin gelernter Schlosser, mir wird es ein Vergnügen sein."
Er kam und reparierte, er hatte große grobe Hände, aber er faßte alles behutsam an und die Dinge fügten sich ihm. Wir dankten ihm gerührt, wir wagten zu fragen, was wir ihm schuldig seien. Er wies dieses Ansinnen entrüstet von sich, wir sollten ihm doch die Freude gönnen, daß er uns helfe.
„Wir bewundern Sie schon immer, wie Sie Ihr Schicksal tragen, ohne zu jammern und zu murren. Wir haben Sie noch nie ungeduldig oder erregt gesehen."
„Warum sollte ich auch jammern und mich aufregen? Ich habe diese schwere Verwundung erlitten, ich bin aus meinen Beruf, den ich sehr liebte, ausgestiegen — nicht genug, meine liebe Frau ist durch Glaukome erblindet. Ich sagte mir: Du hast es dir nicht selbst geholt, Gott hat es dir gegeben, Er wird schon wissen warum. Ich habe mich gefügt, auch in die Schmerzen, auch in die Anfälle, und ich bin innerlich ruhig geworden. Ich sehe doch täglich, wie die Leute — wie Blinde gegen das Schicksal — gegen ihre Krankheit oder ihre Gebrechen, gegen andere Menschen, die nicht schlechter sind als sie selbst, anrennen und wüten. Sie zappeln wie ein Fisch auf dem Trocknen, und sie verdanken ihr Unglück schließlich sich selbst, weil sie nicht sehen, wieviel Schönes und Gutes ihnen immer noch bleibt. Sie sehen nur das, was man ihnen genommen hat, als ob es ihr verbrieftes Recht wäre, dieses zu besitzen.

Das ist doch ein Irrtum. Alles wird uns geschenkt, und gelegentlich wird das Geschenkte auch zurückgenommen, und doch müssen wir für das Geschenkte danken. Aber danken tun wir zu wenig, um so mehr jammern und klagen wir über das, was uns genommen wurde oder, was noch viel schlimmer ist, über das, was uns nach unserer Meinung zusteht, weil wir sehen, daß ein anderer es besitzt, und wir glauben, es auch besitzen zu müssen; auch das macht uns unfroh und unglücklich.

Als mir das Unglück zustieß, war ich sehr niedergeschlagen, glauben Sie mir! Ich war jung verheiratet. Immer mußte ich daran denken, wie ich mit dieser fürchterlichen Entstellung vor meine Frau treten würde; wie wird sie erschrecken, wird sie es ertragen können? Ich wollte mich schon verkriechen, weglaufen und gar nicht heimkehren. Und als sie mich schließlich ohne Verband sah, erschrak sie auch sehr, sie schrie auf und ihr Gesicht verzerrte sich. Aber dann tat es ihr sofort leid. Ich wollte jedoch kein Mitleid.

»Lisa, ich gehe lieber fort. Ich kann es dir nicht zumuten, mit einem Krüppel zusammenzuleben!«, und ich wandte mich ab, um zu gehen; es war mir ganz ernst, es war kein Theater. Sie ergriff meinen Arm und zog mich an sich, sie umarmte mich und führte mich in die arg zerbombte Wohnung.

»Wir sind alle Krüppel«, sagte sie, »sieh dir die Wohnung an, und ich bin durch den Hunger und die Bombennächte und die Angst um dich auch nicht schöner geworden. Bleib bei mir, wohin du gehörst, und wir wollen Gott danken, daß wir wieder beisammen sind!«

Ich schaute sie an, sie sah zum Erbarmen aus, dünn und ausgemergelt, die Augen hatten keinen Glanz mehr und die Lippen waren ganz schmal geworden. Da habe ich mir geschworen, ich werde Gott für die Errettung, und daß wir uns wieder begegnen durften, immer dankbar sein, und ich will alles tun, um sie meine Entstellung vergessen zu machen."

„Wie kann man denn das tun?"

„Man kann sehr viel, wenn man will und an sich arbeitet, Doktor. Ich beobachte gut, wenn ich durch die Straßen gehe. Es gibt ungezählte elegant gekleidete Damen, sie sind schlank und kokett, die Haare sind zu einem Ballon aufgeplustert wie eine Amsel im kalten Winter, und sie sind tadellos geschminkt. Sie glauben, sie seien schön. Aber sie betrügen nur sich selbst, durch die Frisur und die Schminke kann das bißchen Herz nicht mehr hindurchstrahlen;

es ist wohl auch zu wenig vorhanden, weil all ihre Zeit auf die Pflege der Haut verwandt wird. Und wenn ich sie in ihrer vermeintlichen Schönheit ansehe, da muß ich mir immer wieder sagen: wie häßlich, wie wenig menschlich sind sie doch! Und dann sieht man manchmal eine einfache, dicke oder eine alte Frau, die ihr gutes Herz im Gesicht trägt, ohne Schminke, und ich staune, wieviel Schönheit aus ihr strahlt.

Und da versprach ich mir, ohne Schminke zu leben, mich meiner Verletzung und meiner Beschwerden nicht zu schämen, aber auch kein Kapital daraus zu schlagen. Und noch etwas: ich sah, wie gealtert meine Frau war, alle Schönheit war weg. Und da sagte ich mir: »Du hast sie geliebt, als sie jung und schön war. Sie ist doch dieselbe, wie ich derselbe bin, nur der Holzwurm der Zeit hat seine Spuren in und auf ihr hinterlassen. Aber ich liebte sie doch nicht nur wegen ihres Äußeren, ich will sie lieben und achten, so wie sie ist.« Und, glauben Sie mir, es ist mir ganz leicht gefallen, sie weiter zu lieben, auch jetzt, da sie erblindet ist, vielleicht sogar noch mehr. Und wir beide sind glücklich und zufrieden."

„Wie ging es denn weiter?"

„Wir haben gemeinsam aus dem Nichts die Wohnung wieder instand gesetzt. Ich bekam Arbeit, wir konnten uns wieder etwas anschaffen. Ich hatte viel Kopfschmerzen und Schwindelgefühle, und manchmal kamen die schrecklichen Anfälle, die mich sehr beunruhigten. Aber dann dachte ich an mein Gelübde, und wenn ich auch innerlich ungeduldig, verstimmt oder gereizt war, ich nahm mich an die Kandarre und bezwang mich. Wo kommen wir denn hin, wenn wir unsere Ungezogenheiten an unseren Nächsten auslassen?"

„Seit wann aber gehen Sie zu anderen, um ihnen zu helfen?"

„Seit meiner Heimkehr aus dem Kriege. Ich sah den Tod, den Hunger, die Ruinen, die Verwahrlosung, und auch den menschlichen Egoismus, die Rücksichtslosigkeit, die Vereinsamung. Da entschloß ich mich, nicht nur an mein und meiner Familie Wohl zu denken, sondern auch an die anderen. Was habe ich schon getan? Meine Frau und ich gingen im Hause zu den alten Leutchen, verklebten ihnen die Fenster und mauerten die eingefallenen Wände auf, später brachten wir ihnen die Kohlen herauf oder halfen sonstwie. Es kostete uns fast kein Geld, nur etwas Zeit. Aber was meinen Sie, wieviel Freude wir uns selbst damit bereiteten. Wir hatten gar keine Zeit, uns miteinander zu zanken, und es war uns hell ums Herz. Wir tun, was wir nur können. Es soll uns niemand sagen: helfen ist so schwer, wo findet man denn Leute, die der Hilfe bedürfen? Es gibt sie überall, und wenn man die Augen und das Herz aufmacht, dann spürt man, wo Not ist und wo einer auf Hilfe wartet.

In unserer Zivilisation ist alles fein säuberlich eingeteilt, die Woche der Brüderlichkeit, die Woche des Gebets, die Woche der Freundlichkeit, der Valentinstag, die Passion, der Karneval, als ob die Dinge nicht alle zugleich im Menschen Platz hätten. Wir haben uns entschlossen, die Woche der Brüderlichkeit auf das ganze Jahr auszudehnen.

Heute, bei der allgemeinen Sattheit bei uns und der Überfütterung, heißt die Parole »FdH« (friß die Hälfte); unsere Parole heißt »TegT« (täglich eine gute Tat)." Er lächelte.

„Ich bewundere Sie! Wieviele Menschen haben Sie froh und glücklich gemacht, und das alles ohne Reklame, im Stillen und aus eigener Kraft."

„Nun ist meine Frau blind und kann nicht mehr mitwirken, und ich muß im Haushalt viel mehr tun. Aber jeden Tag sagt sie mir: »Geh doch los und schau, wo du helfen kannst, ich bleibe zu Hause und warte auf dich.« So ist sie."

„Finden Sie denn wirklich immer der Hilfe bedürftige Menschen?"

„Immer. Manchmal sehe ich, wie alte und gebrechliche oder fast blinde oder taube Menschen am Straßenrand stehen. Sie wollen hinüber, sehen aber nicht die Verkehrsampeln oder wissen damit nichts anzufangen und versuchen bei rot loszugehen, weil rot die schönere Farbe ist. Ich greife sie dann unter dem Arm und bringe sie hinüber. Sie danken und sind froh. Ich frage sie: »Warum bitten Sie nicht einen, daß er Sie hinüberführt, es stehen doch so viele Menschen herum?« Sie meinen, sie wagten es nicht, und die Menschen seien auch so egoistisch, jeder denke nur an sich. Dann belehre ich sie: »Wissen Sie, das sollten Sie nicht sagen. Die Menschen sind gar nicht schlecht, dumm sind sie und unaufmerksam, sie schauen weder nach rechts noch nach links, Aber Sie dürften doch auch den Mund auftun und bitten, das man Sie führt; glauben Sie, einer würde es Ihnen abschlagen?« — »Nein, das vielleicht nicht, Sie haben recht, aber man möchte doch niemanden belästigen.« — »So, zu Gott bitten Sie um dieses und jenes, aber Seine Kinder, die Menschen, die wagen Sie nicht einmal um eine Kleinigkeit zu bitten! Sie versperren ihnen die Möglichkeit, etwas Gutes zu tun. Das nächste Mal überwinden Sie sich bitte und schämen sich nicht, jemanden um Hilfe zu bitten, und Sie werden sehen, sie brauchen dann nicht mehr zu glauben, daß die Welt schlecht und egoistisch sei.«"

Ich drückte ihm gerührt und aufgewühlt die Hand. „Sie kommen zu mir zur Behandlung, aber eigentlich sind Sie es, der mich behandelt. Ich danke Ihnen. Durch Ihren Mund hat Gott zu mir gesprochen, und ich werde es beherzigen!"

DER DUMME WEISE

Seit siebzehn Jahren betreue ich Emil B. Jetzt ist er über siebzig. Er erlitt im ersten Weltkrieg eine schwere Hirnverletzung. Seitdem hat er nicht mehr gearbeitet und bezog eine bescheidene Rente. Seine fleißige Frau betrieb einen Seifen- und Parfümerieladen. Emils Mitarbeit im Geschäft beschränkte sich darauf, daß er hübschen jungen Damen insgeheim hinter dem Ladentisch kostbare Parfumflacons oder Seifen mit der galanten Geste eines Pariser Lebemanns überreichte, was natürlich immer einen Affektausbruch seiner Frau zur Folge hatte. Er hüstelte dann verlegen, klopfte ihr auf die Schulter und beschwichtigte sie. „Na, Alte, nimm's nicht so tragisch, wenn du so jung und schön wärest, würde ich dir auch einen Flacon schenken."

Emil war immer nach der neusten Mode gekleidet. Ich hatte ihn nie traurig oder verstimmt gesehen. Seiner Frau ging seine unbekümmerte Fröhlichkeit sehr auf die Nerven. Er aber meinte gelassen: „Laß die Alte nur kläffen wie ein oller Kettenhund, die beißt doch nicht, hat nur noch falsche Zähne. Wissen Sie, Doktor, das ist ihr Naturell, sie ärgert sich und regt sich über alles auf; sie will jetzt schon wissen, was in zehn Jahren an diesem Tag los sein wird. Mich ficht das nicht an, ich freue mich an jedem Augenblick!"

Im Wartezimmer brachte er die Patienten mit seiner guten Laune und den komischen Bemerkungen immer zum Lachen. Galant ließ er solche, die vorgaben, keine Zeit zu haben, vor. Nie machte er sich auf Kosten der anderen lustig. Er hatte keine Feinde. Er hatte eine Menge von Freundinnen, die ihn zum Tee oder Abendessen einluden. Eine Freundin wohnte im Ostsektor von Berlin, sie stammte wie er aus Pommern.

„Wenn meine Alte vor lauter Wut und böser Laune eingegangen sein wird, dann heirate ich die Helene", sagte er lachend.

Eines Tages, es war kurz nach dem 13. August 1961, nach der Errichtung der Mauer, kam seine Frau weinend zu mir.

„Was ist geschehen? Ist dem Emil etwas passiert, ist er gestorben?", fragte ich.

„Nein, gestorben ist er nicht", weinte sie, „aber noch viel Schlimmeres ist passiert. Er ist zu seiner Pommerin, der Helene, in den

Ostsektor gegangen. Die wollte er doch immer heiraten, wenn ich nicht mehr da bin. Soll er, soll er, allein verkommt er doch! Und da haben sie inzwischen die Mauer aufgebaut. Und wie er wieder zurückwollte, hat er den Volkspolizisten die Meinung gesagt. Und nun haben sie ihn eingelocht. Hier ist der Brief vom Rechtsanwalt. Ein Jahr hat er gekriegt. Und hier diesen Zettel hat er selbst geschrieben."

Sie kramte in ihrer Tasche und holte einen kleinen zerknitterten und verschmierten Zettel hervor. Darin stand: „Liebe Emma. Ich schreibe dir aus dem Gefängnis. Ein Jährchen bleibe ich dort. Reg' dich nicht auf, ich habe alles, was nötig ist, und nette Gesellschaft ist auch da, keine Langeweile. Alle sind nett und freundlich zu mir, ist wie im Kurort, nur ohne Ausgang. Erhole dich gut. Wiedersehen in einem Jahr. Dein Emil."

„Nun haben Sie ein Weilchen Ruhe vor ihm, er hat Sie doch tüchtig geärgert."

Sie schluchzte auf und wischte sich die Tränen mit den Fingern ab.

„Es wäre mir schon lieber, er wäre wieder da, auch wenn er mich immer ärgerte. Denn so vergehe ich vor Kummer. Was wird bloß aus ihm werden? Soll er nur seinen Quatsch machen, wenn er nur wieder da wäre! Das Jahr hält er doch mit seiner Hirnverletzung gar nicht aus. Könnten Sie helfen, Herr Doktor, daß sie ihn wieder herauslassen?"

Ich schrieb ein Attest, daß Emil hirnverletzt, politisch völlig unreif und sehr erregbar sei und daß er irgendwelche abfällige Äußerungen nur in Erregung gemacht haben konnte. Ich bat, man möge ihn freilassen. Ich händigte der unglücklichen Frau das Attest aus und riet ihr, es an den Rechtsanwalt zu senden.

Ein halbes Jahr verging. Da stand Emil wieder strahlend, frisch und elegant im Wartezimmer. Die Haft schien keine Spuren an ihm hinterlassen zu haben. Alle Patienten begrüßten ihn freudig. Meine Frau und ich schüttelten ihm die Hand. Emil brummte: „Was haben Sie da bloß angerichtet, Doktor. Sie haben mich ja ein halbes Jahr zu früh aus dem Gefängnis herausgeholt! Ein ganzes halbes Jahr haben Sie mir geraubt. Das können Sie doch gar nicht verantworten!"

„Sie sind wohl nicht ganz gescheit, Emil. Wir mühen uns, Sie dort herauszukommen, Ihre Frau weint sich die Augen aus dem Kopf, und Sie schimpfen!"

„Hab' ich auch allen Grund zu, Herr Doktor! War eine herrliche Zeit dort, und ich hätte das Jährchen gerne abgesessen. Und was denken Sie, unverhofft, wie aus heiterem Himmel, mitten im Damenspiel, wir waren ganz vertieft, dreht sich der Schlüssel in der Tür, der Wachtmeister kommt herein und schreit: »Emil, los, packen!« Ich erschrak, mir zitterten die Knie. »Was hab' ich denn verbrochen, Herr Wachtmeister, daß ich verlegt werde?« — »Du wirst nicht verlegt, Emil, du wirst entlassen, es geht in die Freiheit! Nu mach schon, daß du fertig wirst!«

Die anderen waren starr. Sie wollten es nicht glauben, und geweint haben sie. Ich habe auch geweint. Gefleht habe ich den Wachtmeister und später den Gefängnisvorsteher, sie möchten mich doch das Jährchen absitzen lassen. Ich sei doch noch gar nicht gebessert und gar nicht reif für die Freiheit. Aber was meinen Sie, nichts half. Nicht einmal als ich drohte, ich würde die Regierung noch toller beschimpfen. Sie hatten kein Erbarmen mit mir."

„Haben Sie sich denn dort so wohl gefühlt?"

„Und ob! Sogar die Polizisten und der Richter haben über mich gelacht und waren sehr freundlich mit mir. Ich habe ja nichts abgestritten und alles wiederholt, was ich vor der Mauer den Vopos gesagt hatte, als sie mich nicht nach Westberlin herauslassen wollten. Da meinten die Richter, das wäre ihnen noch nicht passiert, daß einer nicht alles ableugnet, sondern frei bekennt, was er meint. Ich hatte ja auch nichts zu verbergen. Das war genau meine Meinung, was ich gesagt hatte."

„Bekamen Sie satt zu essen?"

„O ja!", meinte er und zupfte an seiner Weste, die genau so stramm sein Bäuchlein umspannte wie früher. „Gott, die Küche war nicht gerade wie bei Muttern. Ich hatte auch großen Appetit, und da haben mir die Kameraden ausgeholfen. Und was denken Sie, es war wie im Paradies, wie im Sanatorium. Alle Menschen waren nett und lieb. Keine Frau, die an einem von morgens bis abends etwas auszusetzen hat und keift. Die Kameradschaft war prima. Sagen durfte man, was man wollte, es waren alles Gesinnungsgenossen. Und man hatte seine Ordnung, Doktor! Aufstehen, Essen, Spazieren, Schlafengehen, alles nach der Uhr. Man brauchte sich keine Gedanken zu machen: was fängst du heute an, was gibt es zu essen, wen besuchst du? Alles wurde von oben geregelt. Kam ich zu Hause eine oder zwei Stunden später zum Essen, da gab es ein Donnerwetter. Und Sie werden es kaum glauben, aber viel

Spaß haben wir gehabt, ich habe sie alle aufgemuntert. Ich sagte: »Zählt doch mal eure Jahre, wie alt seid ihr und wie alt könnt ihr noch werden. Was ist dagegen solch ein Jährchen oder zwei! Und es fehlt euch doch gar nichts, das erhält jung!« Und da mußten sie lachen und waren wieder fröhlich. Und in all den Frieden und die Eintracht, da kommt die Entlassung. Das hat mich umgeschmissen, sag' ich Ihnen!"

„Emil, Sie sind ein Lebenskünstler. Aus jeder Lebenssituation verstehen Sie etwas Gutes und Positives zu machen. Ich kann mir vorstellen, was Ihre Gegenwart für Ihre Kameraden bedeutete. Mit Ihrem Gleichmut und Ihrer Freundlichkeit haben Sie ihnen vorgelebt, daß man, wenn man die rechte Einstellung zum Leben hat, sogar in der furchtbaren Eingeschlossenheit seine innere Freiheit und seine Menschenwürde behalten kann. Sie werden den Kameraden dieses geschenkte halbe Jahr sehr fehlen. Gott hatte Ihnen eine schöne Aufgabe gestellt, und Sie haben sie wunderbar gelöst. Und wenn Sie auch so tun, als ob alles nur Spiel und Vergnügen gewesen wäre, ich weiß es besser: es war Ihre konsequente Haltung dem Leben gegenüber, aus allem das Beste zu machen. Und das kann nur aus echter Gläubigkeit geschehen, alter Junge!"

Er klopfte mir gönnerhaft auf die Schulter. „Laß man, Doktor. Ich bin ein Narr, und ich bleibe ein Narr!" Aber er wischte sich heimlich eine Träne aus dem Auge.

DIE ALTE DAME

Es war vorweihnachtliche Zeit, wir machten Einkäufe und beschlossen, unsere Landsmännin Katharina Nowikowa zu besuchen und ihr einige Kleinigkeiten zu schenken. Das Aleksanderheim liegt gegenüber der alten russischen Kirche und dem Friedhof in Tegel, es ist ein großes altes Haus, im Stile eines Bojarenschlosses erbaut. Wir klopften an Katharinas Tür, aber niemand öffnete uns. Die Nebentür ging auf und eine alte Dame schaute uns an. Ich stellte mich vor.

„Ah, Wladimir Aleksandrowitsch, ich kenne Sie schon lange, kommen Sie bitte herein, Frau Nowikowa ist in die Kathedrale zum Gottesdienst gefahren. Gerne wäre ich mitgegangen, aber ich bin schon zu alt und zu gebrechlich, so muß ich zu Hause bleiben und für mich allein vor den Ikonen beten. Bitte nehmen Sie doch einen Augenblick Platz, geben Sie mir die Ehre!"

Sie schob uns zwei Stühle heran und wir setzten uns. Der Raum war groß, hell und warm. Er atmete Gemütlichkeit. In der östlichen Ecke hingen die Ikonen der Mutter Gottes, Christi, des Heiligen Nikolaus, des Heiligen Georg, des Heiligen Panteleimon und des Erzengels Michael. Ein Licht in einer roten Lampade brannte vor ihnen. In der anderen Ecke hing eine sehr große Photographie eines auffallend schönen und edlen jungen Mannes, auch vor diesem Bild brannte ein Lämpchen. Die alte Dame sah unseren Blick.

„Das ist mein verstorbener Sohn Kolja, er studierte Medizin und wollte, wie Sie, Arzt werden. Gott hat aber anders entschieden, er starb an Grippe und Hirnhautentzündung in der Blüte seiner Jugend. Mein Letzter. Sein älterer Bruder Georg kam in Rußland um. Ich hatte für Kolja gearbeitet, um ihn zu ernähren und studieren zu lassen. Sehen Sie, mit dieser Ikone des Heiligen Panteleimon, des jugendlichen Patrons der Ärzte, hatte ich ihn für das Studium gesegnet. Er ging nie weg, ohne vor ihr niederzuknien und sich zu bekreuzigen. Nun ist es lange her, daß Gott ihn zu sich genommen hat, aber ich habe ihn nicht vergessen; er lebt in meinem Herzen und jeden Tag freue ich mich an seinem Anblick. Ich bin darüber alt geworden, auch er wäre jetzt ein älterer Mann, für mich ist er der Jüngling geblieben, so wie ihn Gott hinwegnahm."

Sie schaute uns freundlich an. Ihr Gesicht hatte tausend Falten, aber die Augen sahen jung und gütig aus. Ihre Bewegungen waren ruhig und gelassen, ihr ganzer Raum atmete eine Atmosphäre von Ruhe und Frieden.

„Blieben Sie seither allein?", fragten wir.

„Nein, ich mußte ja weiter arbeiten, um zu leben. Ich hatte nun keine Verwandten mehr, aber dann dachte ich an Kolenka, daß er, wenn er es erlebt hätte, Arzt geworden wäre und anderen, fremden Menschen geholfen hätte. Und dann dachte ich mir, er kann es nun nicht mehr, aber du könntest doch helfen. Es gibt so viele Menschen, die der Hilfe bedürfen, und du bist allein, du bist unausgefüllt, und du könntest im Namen Koljas anderen helfen."

„Und haben Sie es auch ausgeführt?"

„Gewiß habe ich das. Ich arbeitete in einem Übersetzungsbüro, ich konnte ja russisch, polnisch und französisch. Da waren viele Mitarbeiter. Als sie merkten, daß ich mich nicht ausschließlich mit meiner Gesundheit und meinen Problemen beschäftigte, da kamen sie mit ihren kleinen und großen Sorgen zu mir. Was mußte ich mir alles anhören — und ich behielt alles für mich. Da waren unglücklich Verliebte und unglücklich Verheiratete, Depressive und Unglückliche, Schwächlinge und Ängstliche, abartig Veranlagte, Einsame und manchmal auch nur Alberne. Erst dachte ich, ich sei überfordert, und manche Nacht schlief ich nicht und fragte mich, ob ich auch den rechten Rat gegeben hätte. Aber mit der Zeit wuchs mir die Kraft und der Mut.

Ich war nur eine schwache und eigentlich kränkliche Frau, aber nach und nach vergaß ich krank zu sein, ich hatte einfach keine Zeit dazu, und je weniger ich mich wichtig nahm, um so widerstandsfähiger wurde ich. Wildfremde Menschen begannen mich »Tante« oder »Oma« zu nennen und baten um die Gunst, mich als ihre Angehörige zu betrachten.

So hatte ich zwei Söhne verloren, aber viele andere Kinder gefunden, die meinem Herzen sehr nahe waren. Sehen Sie diese Nelken, sie stammen von einer kleinen Frau, die kürzlich geheiratet hat. Auf ihrer Hochzeitsreise besuchte sie mich, sie wollte mir ihren Mann vorstellen. »Großmama« sagte sie zu mir, sie hatte keine Großmutter, sie war unehelich geboren. Ihre Mutter war damals verzweifelt, sie kam zu mir und wollte von mir Geld borgen, um abzutreiben. Ich redete ihr zu und verließ sie nicht in ihrer Not, ich beschützte sie gegen üble Nachreden. Und schließlich zog ich das kleine Kind auf, die Mutter mußte doch arbeiten. Nun ist es gut gediehen, ein prachtvolles Mädel und hat einen netten und fleißigen Jungen zum Mann."

Sie stand mühsam auf und zupfte die Blumen liebevoll zurecht. Wir sahen, daß ihre Beine dick geschwollen waren, sie wölbten sich über den Schuhen.

„Wasser?", fragte ich und wies auf die Füße.

Sie lächelte und winkte mit der Hand ab. „Wasser, ich bin doch schon über fünfundachtzig, das gehört dazu, Herzmuskelschwäche, Atemnot, ist halt das Alter. Alles hat ein Ende und ich freue mich darauf; nicht daß ich von diesem alten Roß von verbrauchtem Körper befreit werde, aber schließlich habe ich genug gelebt, und irgendwo werde ich meinem Kolja und meinem Jurotschka begegnen. Wissen Sie, wenn man hier schon auf der Erde, von der manche meinen, sie sei ein Jammertal, so glücklich und so reich war, wie schön und herrlich wird es erst drüben sein. Und so freue ich mich auf das Hier und noch mehr auf das Drüben!"

Ich schaute gerührt auf das Bild Koljas, das so lebendig war; man hatte die Empfindung, als ob er einen aus seinen ernsten Augen ansähe.

„Aber der Verlust des geliebten Sohnes muß doch furchtbar für Sie gewesen sein. Sie waren allein in der Fremde. Plötzlich waren doch alle Pläne, alle Absichten zunichte. Wie haben Sie das ertragen?"

„Es war auch furchtbar, wie es immer furchtbar ist, wenn des Menschen Absichten von den Absichten Gottes abweichen. Man glaubt, man zerbricht — diese furchtbare Leere, die entsteht; die Liebe bleibt ohne Objekt. Es geht bis zur Selbstvernichtung. Aber dann demütigte ich mich vor Gott und schämte mich meines Kleinglaubens und bat Ihn um Verzeihung. Und es wurde mir eine große Gnade zuteil. Kolja erschien mir im Traum, er war so fröhlich und strahlend und zärtlich, er lächelte mich an. Ich weiß nicht, ob er zu mir sprach, aber sein Antlitz war sprechend. Und dadurch kam die Umkehr. Es wurde mir klar, daß ich mich selbst bemitleidete und gar nicht meinen Sohn meinte. Sein Lebensweg war eben vollendet, auch ehe er sein Studium beenden konnte und Arzt wurde, und ich begriff, daß ich das zu respektieren hatte. Darauf bat ich Gott um Demut. Und dann beschloß ich, in Koljas Namen zu wirken. Einen kleinen und bescheidenen Teil dessen, was er als Arzt hätte tun wollen, übernahm ich, und so wurde mir leicht.

Jetzt sehe ich zu seinem Antlitz auf wie zu einer Ikone, wie zum Bild eines Seligen. Kein Papst und kein Patriarch hat ihn selig gesprochen, aber für mich ist er selig."

Tief ergriffen von dieser Begegnung erhoben wir uns und umarmten die alte Dame.

„Wenn Sie wieder zu Katharina kommen, schauen Sie bitte bei mir herein, ich freue mich immer darüber!"

DER TOD ALS ERLÖSER

KATJAS SCHWIERIGES STERBEN

Wie einfach war es in einer religiös fest gefügten Welt: der Mensch hatte das Bewußtsein, daß er auf der Erde ein Gast sei und daß dieses Leben im physischen Leib nur ein Wachsen, Reifen und Vorbereiten auf ein anderes, größeres, erhabeneres bedeute. Infolge mangelhafter Hygiene war die Sterblichkeit sehr groß, man begegnete dem Sterben und dem Tod allenthalben. Die Menschen erlebten ganz deutlich, daß sie dem Tode ausgeliefert seien, und sie bereiteten sich auf ihn gebührend vor. In jedem Gebet, in jeder Besinnung und Gewissenserforschung dachte man an dieses unvermeidliche Ereignis und man fügte sich darein.

Jeder religiös gebundene Mensch legte größten Wert darauf, nicht unvorbereitet zu sterben und den Segen seiner Kirche vor diesem geheimnisvollen Schritt in Gestalt der letzten Ölung oder der letzten Kommunion zu empfangen, selbstverständlich nicht ohne vorher sein Gewissen erforscht und gereinigt zu haben.

Weil man nicht unvorbereitet vor dem Thron des Allerhöchsten erscheinen wollte, betete man: „Und bewahre uns vor einem plötzlichen Tode".

Ich erinnere mich vieler Sterbender in meiner alten Heimat. Welch ein majestätischer Akt war das! Der oder die Sterbende bestimmte selbst seine Beerdigungszeremonie, er bat, von seinen Freunden und Bekannten Abschied nehmen zu dürfen. Wie oft wurden wir Kinder feierlich zurechtgemacht und defilierten vor dem Sterbebett eines Onkels oder einer Tante oder sogar von Schulkameraden, gaben ihnen den letzten Kuß und empfingen den Segen. Es war ein gewaltiger Lebensabschluß, der uns immer sehr beeindruckte.

Als meine polnische Urgroßmutter, eine grand old lady, mit 96 Jahren starb, erbot sich der Nuntius Achille Ratti, späterer Papst Pius XI., der viel bei ihr im Hause verkehrte, ihr die Sterbesakramente zu reichen. Sie gab ihm die Hand und sagte: „Eccelenza, wir haben so viele schöne Stunden miteinander im Gespräch und im Bridgespiel verbracht, lassen Sie mich die Sakramente aus der Hand meines polnischen Gemeindepriesters empfangen."

Eine achtzigjährige Gräfin Hoensbroech lebte in einem adligen

Stift. Als ihr Neffe erschien, um sie zu besuchen, bat sie ihn: „Bitte, Fritz, geh ein Weilchen hinaus, du bist zu einem etwas unpassenden Zeitpunkt gekommen, ich bereite mich gerade aufs Sterben vor." Als er nach einer halben Stunde das Zimmer wieder betrat, war sie in aller Ruhe und Grandezza gestorben.

In der heutigen Zeit weiß man nicht mehr viel vom Sterben. Die meisten Menschen sterben in einem Krankenhaus oder Altersheim, oder bei einem Unfall oder an einem Herzinfarkt. Sehr wenige bereiten sich bewußt auf den Tod vor. Ebensowenige fragen überhaupt nach dem Tod. Unter den zahlreichen Patienten, die mir begegnen — und es sind Schwerkranke darunter —, gibt es kaum einen, der mich fragt, ob er sich auf den Tod vorbereiten solle. Den meisten ist diese Vorstellung sehr fern. Wir Ärzte stehen oft vor einem schweren Problem. Dürfen wir es einem Menschen, von dem wir annehmen, daß er vor den Pforten der Ewigkeit steht, sagen und ihm die Empfehlung geben, sich darauf vorzubereiten, oder sollen wir diese Tatsache verheimlichen oder gar lügen. Die Entscheidung ist dem Arzt allein überlassen. Es können aus solchen Offenbarungen sehr schwere Konsequenzen entstehen.

Ich erinnere mich eines sehr eindrücklichen Falles. Ich traf als junger Assistent bei meinem verehrten Lehrer Professor Siebeck einen jungen Mann aus sehr reichem Hause, dessen Lungen durch Tuberkulose schwer zerstört waren. Nach unserer Auffassung konnte er nur noch wenige Wochen leben. Er selbst und seine Mutter fragten den Professor, ob er sich von einem längeren Aufenthalt in Davos etwas verspreche. Der Professor nickte bejahend mit dem Kopf. Die Mutter freute sich und faßte Hoffnung.

Als der Kranke gegangen war, fragte ich den Professor bestürzt, warum er ihnen zugeraten hätte; er wisse doch selbst, daß es zwecklos sei. Ich war in meiner Jugend natürlich ein Unbedingter und empfand jede Lüge oder Verschleierung als unstatthaft. Der Professor lächelte: „Das, Kollege, werden Sie später noch lernen. Wir wissen nicht alles, und wenn der Mensch selbst noch Hoffnung hat, soll man sie ihm nicht nehmen. In der Hoffnung sind ungeahnte vitale Kräfte verborgen." Ich begriff seine Bemerkung damals nicht und hielt sie für eine Ausflucht.

Zwei Jahre später stieg in derselben Klinik ein junger Mann mit elastischen Schritten die Treppe zum Ordinationszimmer des Professors hinauf. Er kam mir bekannt vor. Er hatte große Ähnlichkeit mit dem schwindsüchtigen jungen Mann. Ich fragte ihn: „Sie sind sicher der Bruder des verstorbenen Herrn X?" Er lachte mich freundlich an: „Nein, ich bin es selbst. Ich habe in Davos auf die Liegekuren gepfiffen, ich bin in den Bergen umhergekraxelt, und ich bin wieder gesund geworden. Ich arbeite im väterlichen Geschäft und treibe jeden Sport."

Ich war entsetzt und beglückt. Mit Schrecken dachte ich darüber nach, was geschehen wäre, wenn ich aus sogenanntem Wahrheitsdrang ihm gesagt hätte, daß er ein Todeskandidat sei. Hätte er dann auch den Mut aufgebracht, nach Davos zu gehen und gesund zu werden?

Eine zweite Erfahrung machte ich in der eigenen Familie. Meine Mutter Jadwiga erkrankte in Berlin an Leberkrebs. Sie war zum Skelett abgemagert und hatte Wasser im Bauch. Sie lag in der Charité bei Professor von Bergmann. Wera, Passenka und ich besuchten sie häufig, sie war fröhlich trotz heftiger Schmerzen und scherzte mit uns; sie wollte vor uns nicht zugeben, daß sie litt. „Wartet, wenn ich hier wieder herauskomme, fahre ich nach Capri und pumpe mich voll Sonne und Wärme, dann werde ich schnell wieder gesund!" Wir lachten, aber die Tränen standen uns näher als das Lachen.

Ich fragte Professor von Bergmann, was er von meiner Mutter hielte. „Sie sehen es doch selbst, Herr Kollege." — „Wird sie noch lange leiden müssen?" — „Bei dem Zustand wohl kaum, ich rechne, daß es noch höchstens drei oder vier Wochen dauern kann." — „Würden Sie dann erlauben, daß wir sie nach Hause nehmen. Wir möchten gerne, daß sie in ihrer vertrauten Umgebung stirbt." Er erlaubte es. Wir nahmen die Mutter heim. Nach einiger Zeit verschwand das Wasser aus dem Bauch. Sie verließ das Krankenlager, sie reiste noch dreimal nach Capri, sie reiste viel umher trotz schwerer Schmerzen; sie genoß das Leben, ihre Kinder und die vielen Freunde, die sie sich in Deutschland erworben hatte. Erst dreieinhalb Jahre nach ihrem Aufenthalt in der Charité starb sie 1934 in Berlin. Ihr Körper war so zerstört, daß außer ihren großen Augen fast nichts mehr übrig war; aber ihr Geist und die übersprudelnde Lebensfreude und die allverstehende und verzeihende Güte wurden von der Krankheit nicht berührt. Sie hat das Leben bis zum letzten Tropfen ausgekostet. Sie wußte um den Tod und war für ihn immer bereit. Hätten wir ihr aber gesagt, daß sie so kurz vor ihrem Ende stehe, so hätte sie sich nicht dagegen gewehrt, sie hätte sich gefügt und wäre dreieinhalb Jahre früher gestorben.

Seit solchen Erlebnissen bin ich in der Prognose und auch in der Unterrichtung der Angehörigen oder des Kranken vorsichtiger geworden.

Wir kannten eine lebenslustige, heitere Fürsorgerin, die von ihren Schützlingen sehr geliebt und verehrt wurde. Sie kümmerte sich um jeden, hatte für jeden ein gutes Wort, ein kleines Geschenk und viel Trost. Bei den Alten, Kranken und Müttern mit kleinen Kindern half sie sogar im Haushalt oder in der Pflege. Sie nannte sich Katja. Natürlich hieß sie Katharina, aber sie las mit Begeisterung Dostojewski und Lesskow und liebte alles Russische; was war da natürlicher, als daß sie ihren Namen russifizierte.

Mit Bekümmernis stellten wir fest, daß sie magerer wurde und Schmerzen in der Magengrube hatte. Sie arbeitete weiter und bagatellisierte ihre Beschwerden. Wir überredeten sie, in ein Krankenhaus zu gehen. Zunächst stellte man Magengeschwüre fest und verordnete ihr Diät; aber ihr Zustand besserte sich nicht, sie behielt keine Speisen bei sich und magerte weiter ab. Schließlich entschloß man sich, eine Operation durchzuführen. Man wollte das Geschwür herausschneiden. Als man aufmachte, sah man, daß es kein Geschwür war, sondern Krebs, der bereits die Leber und andere Organe angegriffen hatte. Man machte wieder zu und sagte ihr, daß man das Geschwür herausgenommen hätte, sie würde aber noch längere Zeit Beschwerden haben. Sie nahm diese Nachricht gläubig hin.

Eine Freundin erbot sich, die Nächte bei ihr zuzubringen. Ohne uns zu befragen, eröffnete sie ihr eines Nachts, daß sie in Wirklichkeit an Krebs litte und ihr nur eine geringe Zeit zu leben übrigbliebe. Diese unverblümte und krasse Nachricht traf Katja aus heiterem Himmel. Sie hatte bisher die Möglichkeit des Sterbens gar nicht erwogen, sie stand noch mitten im Leben.

Sie erlitt einen schweren Schock, sie wurde von Weinkrämpfen geschüttelt; sie verweigerte das Essen, sie wollte niemanden mehr sehen, sie beschuldigte die Ärzte, daß sie sie betrogen und hintergangen hätten. Die Freundin war von der Wirkung ihrer voreiligen Handlung höchst überrascht, sie hatte diese drastische Reaktion nicht erwartet. Wir alle waren über die Brutalität eines solchen Frontalangriffs empört und machten ihr schwere Vorhaltungen. Wir baten den Pfarrer, Dr. Harald Poelchau, der Katja kannte und schätzte, sie zu besuchen und mit ihr zu reden. Nachdem er sie besucht hatte, ging ich zu ihr.

Sie saß, jammervoll abgemagert, mit verängstigtem Gesichtsausdruck da. „Ich will noch nicht sterben, ich bin noch gar nicht reif dazu und völlig unvorbereitet! Ich wehre mich dagegen, verstehst du das, ich will nicht!"

„Du sollst dich nicht darüber aufregen, Katja. Kein Mensch weiß, wann er sterben muß, und die Ärzte können sich irren. Außerdem haben die Ärzte es dir gar nicht gesagt, sondern deine vorlaute Bekannte aus eigener Machtvollkommenheit. Du weißt, daß alles für dich getan wird, um dich zu heilen. Hab Geduld und gib dich vertrauensvoll in die Hände der Ärzte."

„Wie soll ich ihnen vertrauen, wenn sie mich belogen haben? Ich habe doch schließlich das Recht, über meinen Zustand Bescheid zu wissen!"

„Gewiß hast du das Recht dazu. Aber die Ärzte lieben es nicht, den Patienten zu ängstigen und ihm dadurch die Lebenskraft zu schmälern. So lange man noch Hoffnung hat, wäre es töricht, sie einem Patienten zu nehmen. Deine Bekannte hatte keine Autorisation, dir eine solche Mitteilung zu machen, sie wußte nicht einmal etwas Genaueres, und sie hat dich erschreckt und verwirrt. Das kommt davon, wenn Unbefugte sich anmaßen, einen Kranken aufzuklären!"

„Bin ich denn nicht so krank?"

„Doch, du bist sehr schwer krank, und niemand weiß vorderhand, wie die Krankheit ausgeht. Aber die Ärzte geben den Kampf nicht auf, und es wird alles getan, um die Krankheit zu bekämpfen. Auf der anderen Seite bist du ein gütiger und denkender Mensch und weißt, daß jedes Leben einmal aufhören muß. Wann, das steht nicht in unserer Macht; aber ich glaube, es wäre nicht mehr als fair, wenn wir diese Möglichkeit auch in unser Leben einbeziehen und ein volles und offenes Ja dazu sagen würden. Was soll denn am Sterben so schrecklich sein? Seit Millionen von Jahren kommen die Kreaturen auf diese Erde, sie werden schmerzhaft geboren, leiden und freuen sich, und müssen diese gastliche Stätte wieder verlassen.

Du selbst hast doch schon so vielen Toten ins Antlitz geschaut, bei deinen Angehörigen und bei Patienten. Du hast gesehen, wie freudig und friedlich die meisten aussahen, und hast doch sicherlich gedacht: »Es muß jenseits dieses Todes etwas weit Größeres und Schöneres geben, das wir nicht zu begreifen vermögen. Aber der Ausdruck der Erhabenheit und Weihe gibt uns die Gewähr, daß es so ist.« Sieh, jede Nacht gehst du in den Schlaf und in den Traum, du betrittst unbekannte Gegenden und hast neue, unerwartete Erlebnisse, manchmal schöne, manchmal erregende. Du hast doch keine Angst vor dem Schlaf! Die meisten Menschen haben im Gegenteil panische Angst vor der Schlaflosigkeit. Und ist der Schlaf nicht jedesmal ein kleiner Tod? Weißt du, ob du aus ihm zurückkehrst?

Ganz gleich, ob du überlebst und gesund wirst oder zu deiner Stunde abberufen wirst, du solltest weder vor dem Leben noch vor dem Sterben Angst haben. Wir glauben vermessentlich, daß wir frei seien zu tun, was wir wollen, und in vielen Dingen können wir uns auch selbst entscheiden. Aber wie oft hat das Schicksal anderes mit uns vor, als wir meinen, und, ob wir wollen oder nicht, wir müssen uns fügen.

Es kommen Kriege, Revolutionen, Naturkatastrophen, Epidemien, und ganz persönliche Ereignisse, Unglücke, Unfälle, Krankheiten. Was nutzt es, daß wir uns aufbäumen — wir tun es meist auch gar nicht. Wir suchen vielmehr aus der neuen Situation etwas zu machen. Wir packen an, und siehe, aus etwas, das wir böse und schrecklich wähnten, wird wieder Leben, neues, anderes Leben — aber Leben. Und auch das, was nach dem Verlöschen der erdgebundenen Leiblichkeit kommt, ist doch auch wieder Leben, genau so gewohnt und genau so neu wie jeder neue Tag. Was bleibt, ist die Kontinuität der Person, unser Gedächtnis, unser Wille, unsere Gestaltungskraft, unsere Erlebnisse, und sie gehören uns, hier und woanders!"

„Hättest du keine Angst, wenn du abberufen würdest? Würdest du dich nicht mit allen Fasern deines Seins dagegen aufbäumen?"

„Ich hoffe, daß ich nicht so töricht wäre. Ich weiß doch um diese Dinge, ich erlebe sie in ihrem gesamten Sein. Es ist furchtbar schwer und schmerzlich, nahe Menschen zu verlieren; aber es ist ebenso schmerzlich, sie in ferne Länder zu entlassen. Es ist noch schwerer, sich selbst hinter sich zu lassen durch das Altern, das jeden Tag geschieht; aber wer wird denn vor Schmerz schreien, weil er älter wird? Der Törichte wird der Jugend nachtrauern, weil er vergessen hat, wieviel Schmerz die Jugendzeit in sich birgt: Unbeschütztheit, Unsicherheit, Angst, Verliebtheit, Sehnsüchte, unausgewogene sexuelle Triebe ... Der Weise wird für jeden Tag, der ihn zur Vollendung führt, dankbar sein, vorausgesetzt, daß er jeden Tag dazu nützt, gütiger, gelassener, reifer, verzeihender zu werden. Dann fällt auch alle Angst von ihm ab."

„Ich war eigentlich immer heiter und fast glücklich, ich möchte es auch immer sein. Diese plötzliche Mitteilung hat mich erschreckt und in Angst und Verzweiflung versetzt!"

„Ganz zu unrecht. Der Mensch muß mitten im Leben alle Möglichkeiten, auch die des Abberufenwerdens, einkalkulieren und soll sich nicht davon überraschen lassen. Schließlich war der Einbruch deiner Krankheit auch eine unerwartete Wende, und du hast dich widerspruchslos gefügt. Du gibst an, ein gläubiger Mensch zu sein; dann stelle es doch unter Beweis, daß du aus Gottes Hand alles, auch das Schwere zu nehmen bereit bist.

Und wer will denn behaupten, daß Sterben etwas Schweres sei? Ich habe oft von Menschen gehört, die in eine Ohnmacht — die eine Schwester des Todes ist — fielen und die gestanden, sie hätten ein Gefühl der Seligkeit und der Leichtigkeit empfunden wie nie zuvor im Leben. Und sie glauben, daß das Erlebnis des Sterbens etwas Ähnliches sei.

Sei bereit gleicherweise zum Leben wie zum Sterben, denn beides ist ein Geschenk Gottes. Aber lebe, solange du lebst; denn unser Auftrag hier und überall, auch jenseits des physischen Leibes, heißt leben!"

Sie reichte mir die Hand. „Ich danke dir, wie anders sehen die Dinge aus nach einem klärenden Gespräch. Es war einfach ein Schock, ein Überfall, und es ist natürlich meine Schuld, daß ich mit Entsetzen reagierte, ich hätte reifer sein müssen. Nun bin ich zu allem, was kommt, bereit. Bitte denkt mit helfenden Gedanken an mich!"

In jener Nacht schlief sie ein, ohne Todeskampf. Der kleine Schlaf mündete in den großen Schlaf.

BIS DASS DER TOD UNS SCHEIDE

„Seit drei Jahren hat er das Bett nicht verlassen. Wenn ich ihn anschaue, krampft sich mir das Herz zusammen, so elend sieht er aus. Ärmchen hat er wie ein Kind, die Augen sind eingefallen, die Nase ist ganz spitz geworden, wie ein Totenschädel sieht er aus. Nichts funktioniert mehr, aber eine Willenskraft hat er, da muß man staunen. Leben will er, alt will er werden, sehr alt."

„Mein Gott, merkt er denn gar nicht, daß er ein Sterbender ist? Hat es ihm nie ein Arzt oder ein Priester gesagt?"

„Direkt gesagt hat es ihm niemand. Der Arzt, der fast jeden Tag kommt und ihm eine Spritze verabreicht, deutete es ihm an; aber er will es nicht hören, er geht darüber hinweg. Und der Priester kommt nur gelegentlich, er betet mit ihm und spricht mit ihm vom Tode, aber mein Mann lenkt ihn dann immer ab. »Warum sprechen Sie darüber«, sagt er, »ich lebe doch bestimmt noch viele Jahre. Sie werden sehen, ich werde noch ganz gesund. Nicht wahr Mutter?« — Ich muß dann immer weinen und er tröstet mich. Aber ich habe keine Kraft mehr; die Pflege, und daß man immer ansehen muß, wie er sich quält, und das knappe Geld, und der lebhafte Junge — das geht über meine Kräfte." Sie weinte. Derweilen zappelte der achtjährige Junge im Zimmer umher, faßte bald den einen, bald den anderen Gegenstand. Die Mutter verfolgte aufmerksam seine Bewegungen.

„Manfred, du sollst nicht immer alles anfassen, du kannst die Dinge doch mit den Augen anschauen!"

„Nein, das kann ich nicht, ich muß sie mir mit den Fingern anschauen, da sieht man es besser", parierte er schlagfertig. „Sei nicht so nervös. Na warte, wenn Papa tot ist, dann wird alles besser, dann werden wir beide ruhiger werden." Er sah sie mit einem langen Blick an.

„Leidet er denn sehr, ist er sehr reizbar und unbeherrscht?"

„Er leidet furchtbar, er sitzt im Bett auf und bekommt keine Luft. Der Körper ist zum Skelett abgemagert, nur der Bauch ist wie ein Ballon aufgetrieben und drückt auf Lunge und Herz. Alle zwei Wochen punktiert der Doktor den Bauch. Dann hat er vielleicht drei Tage Erleichterung, danach ist aber alles wieder beim alten. Er beobachtet uns vom Bett aus, es entgeht ihm nichts; ich habe manchmal den Eindruck, daß er uns beneidet. Aber er ist geduldig und sagt uns kein böses Wort. Er hat nur die eine Idee, gesund zu werden und lange zu leben. Was er vom Leben hat und was er sich davon erwartet, weiß ich nicht, aber er will leben. Wenn er diesen eisernen Willen nicht hätte, wäre er schon längst tot. Aber er gibt nicht auf. Und das macht es mir so schwer. Ich weiß doch, daß er ein Sterbender ist, und der Junge weiß es auch; aber er verlangt von uns, daß wir sein Spiel mitspielen und daß wir ihm sagen, daß er noch gesund wird. Wie soll man aber Tag für Tag lügen, wenn man es nicht kann? Die Pflege wäre halb so schlimm, wenn nur dieses Versteckspiel mit dem Tode nicht wäre!"

„Sie wollen damit sagen, daß er nicht auf den Tod hin reift, daß er sich auf das andere, das Große, nicht vorbereitet und sich eigentlich auf der Flucht davor befindet? Und Sie haben nicht den Mut, es ihm zu sagen, ist es nicht so?"

„Wie sollte ich den Mut dazu haben?! Er ist doch mein Mann, der Vater meines Kindes. Nein, ich kann es nicht. Ich verstehe, was Sie meinen, er würde dann diesen unwürdigen und eigensinnigen Kampf aufgeben und sich auf den Tod vorbereiten. Aber bisher hat es keiner gewagt, mit ihm offen darüber zu sprechen. Und ich kann es nicht. Wie leicht könnte er sagen: »Du willst ja nur, daß ich sterbe, die Pflege ist für dich zu anstrengend, du möchtest mich los sein.« Solchen Vorwurf könnte ich nicht ertragen."

Der Junge hörte dem Gespräch aufmerksam zu. „Aber glaub mir, Mami, es wäre besser, wenn der Papa stürbe, für alle wäre es besser. Du schläfst doch schon seit Jahren keine Nacht mehr, und ich kann auch nicht schlafen."

„So etwas sollst du nicht sagen, er ist dein Vater, gönne ihm das Leben." Er zuckte darauf resigniert mit den Schultern.

„Verstehen Sie, Doktor, ich weiß, daß Sie mir nicht helfen können, es sind die Verhältnisse, aber ich müßte ruhiger werden, etwas mehr schlafen können und Kraft haben, um den Anforderungen gerecht zu werden."

Ich verschrieb ihr Kräftigungs- und Beruhigungsmittel. Sie erhob sich mühsam. Nach den Daten im Krankenschein war sie neununddreißig Jahre alt. Sie sah aus wie eine Fünfzigjährige, mager, blaß, mit tiefen Ringen unter den Augen, die keinen Glanz mehr hatten.

Sie kam oft wieder. Immer erkundigte ich mich nach dem Zustand ihres Mannes.

„Der Arzt meint, es könne wohl kaum länger als zwei Wochen dauern."

„Spielt er immer noch Versteck mit dem Tode?"

„Immer noch. Manchmal schaut er mich mißtrauisch und prüfend an und fragt: »Sag mal, manchmal denke ich, du wartest darauf, daß ich sterbe. Du brauchst nicht zu warten, ich sterbe noch lange nicht. Ich will nicht sterben, ich will leben, verstehst du?!« — »Aber Achim, das ist doch kein Leben, das du führst, das ist doch nur eine Qual, wie hältst du das bloß aus!?« — »Und wenn es tausendmal eine Qual ist, das ist meine Sache, aber sterben will ich nicht.« Da mußte ich weinen, ich brach das Gespräch ab. Was sollte ich ihm auch sagen, ich konnte doch nicht darauf bestehen, daß er sterben müsse!"

„Wie steht denn der Junge dazu? Er muß es doch merken und darunter leiden?"

„Er verwahrlost mir. Ich verbrauche all meine Kraft in der Pflege des Mannes; ich kann mich um das Kind nicht so kümmern, wie ich müßte. Er wird ungezogen und frech. Zu Hause muß er ganz leise und artig sein. Aber dann platzt die angestaute Vitalität aus ihm heraus, er läuft auf die Straße und ist wild. Er rauft sich mit den Jungen aus reinem Übermut, nicht aus Bosheit, kommt mit Beulen und zerfetztem Anzug nach Hause. Ich schimpfe ihn aus, da schaut er mich an wie ein geprügelter Hund. Dann sage ich nichts mehr. Ich verstehe es ja schließlich, aber es zerreißt mir das Herz. Wenn das noch lange so weitergeht, dann breche ich zusammen. Ich habe einfach keine Kraft mehr."

Ich fühlte, daß sie so oft kam, um sich auszusprechen, um ihren unlösbaren Kummer abzuladen. Ich hörte geduldig und mitfühlend zu. Helfen konnte man da nicht. Das Problem war unlösbar. Der sterbende Mann war mit so starken Banden an die Erde und an seine verlöschende Physis gebunden, es war wie eine Dämonie. Wer würde den Mut haben, ihn brutal an die Wirklichkeit des Sterbens zu mahnen?

Es verging mehr als ein Jahr nach unserer ersten Begegnung. „Der Arzt meint, jetzt könne es nur noch zwei oder drei Tage dauern. Er nimmt schon nichts mehr zu sich, bekommt keine Luft, kann auch nur mit Mühe sprechen und verlangt zu trinken."

Nach weiteren drei Wochen rief sie mich an und teilte mir mit, daß ihr Mann gestorben sei. Sie und der Junge seien zugegen gewesen, als er den letzten Atemzug tat. Der Junge habe aber nicht begriffen, daß der Vater tot sei. Sie habe ihn eiligst zu einer Cousine geschickt, damit er nicht erleben solle, wie der Vater aus dem Hause getragen werde. Als der Junge dann am nächsten Tage nach Hause kam, habe er erstaunt gefragt, wo denn der Vater sei. Sie habe nicht den Mut gehabt, ihm die Wahrheit zu sagen. Sie habe behauptet, der Vater sei ins Krankenhaus gebracht worden.

„Was sollte ich ihm auch sagen, ich hatte einfach nicht die Kraft, ihm die Wahrheit mitzuteilen."

„Sie müssen es ihm sofort sagen. Mit jeder Stunde wird die Situation schwieriger. Und Sie wollen doch selbst nicht, daß er es auf der Straße von Fremden oder von Kindern erfährt, dann verliert er das Vertrauen zu Ihnen!"

„Gut, ich sage es ihm gleich. Schließlich war er ja darauf all die Jahre vorbereitet."

Als sie mich später aufsuchte, drückte ich ihr die Hand. Was sollte ich ihr sagen? „Das war eine Erlösung."

Sie sah mich fragend an. „Ja, doch, sicherlich. Aber wissen Sie, er fehlt mir überall. Das Zimmer ist leer geworden, ich schaue immer das Bett an und will zu ihm, und dann fällt mir ein, daß er ja nicht mehr da ist. Und plötzlich ist alle Mühe der Pflege weg und die Hast und die Anstrengung, und ich weiß nichts mit mir anzufangen. Ich laufe von einem Raum zum anderen, wische völlig unnütz Staub, wo gar keiner liegt, und bin mir selbst nicht gut. Wissen Sie, man steht jahrelang im Angesicht des Todes, man wartet darauf, und wenn es Wirklichkeit geworden ist, dann kann man sich nicht daran gewöhnen."

„Wie ist er denn gestorben?"

„Ach, das Letzte war dann versöhnlich. Er wurde immer schwächer und atmete schwer. Ich fragte ihn: »Wie fühlst du dich?« — »Verzeih mir, ich sterbe, und wollte doch noch so alt werden, und habe euch damit gequält. Jetzt gebe ich es auf.« Sein Gesicht entspannte sich. Dann nahm er Verbindung mit seinen Toten auf. »Warte nur, Alfred«, sagte er und lächelte. Er meinte seinen verstorbenen Freund. Dann nickte er und meinte: »Oma, du hast einen leichten Tod gehabt. Bist du es Mutter?« Er war schon weit weg. Dann sah er mich an und flüsterte: »Danke dir. Wollte noch nicht. Danke.« Dann wurde sein Atem länger, zwischendurch hörte er ganz auf zu atmen. Ich saß bei ihm und hielt seine kalten Hände.

Manfred spielte im Zimmer und schaute manchmal zu uns herüber. Nach einer Weile merkte ich, daß mein Mann nicht mehr atmete. Sein Gesicht, das vorher noch schmerzverzerrt war, entspannte sich und es sah fast so aus, als ob er lächelte. Solch einen Ausdruck hatte er all die Jahre seiner Krankheit nicht gehabt. Er wirkte fremd, aber verschönt im Tode. Und wissen Sie, Doktor, wie ich ihn so ansah, da fiel von mir all der Kummer und die Last der schrecklichen Jahre ab, und ich dachte: »Nun hat er so viel Angst vor dem Tode gehabt und klammerte sich mit letzter Kraft an dieses bißchen Leben, und schließlich war der Tod so sanft und leicht, und ich bin glücklich, daß er mit Wissen gestorben ist.« Als er den Kampf aufgab, da entspannte er sich. Ich glaube, Gott wird ihm sein zähes Ringen um das Leben verzeihen."

DER SANFTE TOD

Der jüdische Talmud beschreibt verschiedene Todesarten, qualvolle, dramatische, gleichgültige, schmerzhafte, stille und sanfte. Die schönste Todesart wird der „Kuß" genannt. Von einem solchen Tode, der mich als jungen Assistenten tief beeindruckte, möchte ich berichten.

Ich arbeitete damals einige Wochen in der Chirurgischen Klinik. Ich hatte gerade Nachtdienst, als ein junger Mann eingeliefert wurde, der einen Motorradunfall erlitten hatte. Bei nebligem Wetter war er auf der Autobahn ausgerutscht und gestürzt. Ein nachfolgendes Auto war über ihn hinweggefahren. Er blieb auf der Straße liegen. Er versuchte, sich durch Winken und Schreien bemerkbar zu machen, aber die Autos sausten an ihm vorbei. Schließlich, nach einer halben Stunde, stoppte ein Wagen, und die Insassen luden ihn auf und brachten ihn ins Krankenhaus. Er hatte stark geblutet. Wir entkleideten ihn und fanden, daß das rechte Bein bis zur Hüfte schrecklich zugerichtet war. Es bestand wohl kaum Hoffnung, es zu erhalten. Zu jener Zeit gab es noch keine wirksamen Antiseptika wie Sulfonamide und Penizillin, und die Gefahr der Sepsis war sehr groß. Wir stillten die Blutung, versorgten die Wunden und legten das Bein ruhig, aber wir waren uns im klaren, daß das Bein nicht mehr zu retten sei. Der Patient hatte Fieber und wir sahen seinen Zustand als bedrohlich an. Inzwischen war es Morgen geworden, in zwei Stunden wurde der Professor erwartet.

Der junge Mann war sehr geschwächt, aber bei vollem Bewußtsein. Wir nahmen seine Personalien auf. Er stammte aus einer begüterten katholischen Familie, ein Onkel von ihm war Jesuitenpater. Er studierte Volkswirtschaft. Er bat, man möge seine Eltern und seinen Onkel verständigen, aber man möchte es so schonend wie möglich tun, denn die Mutter habe schwache Nerven und er möchte ihr keinen Kummer bereiten.

„Sie sind alle so gut zu mir, ich danke Ihnen. Das Bein sieht schrecklich aus, nicht wahr. Muß es abgenommen werden? Ist es überhaupt noch dran?"

„Sei nur ruhig, am besten du schläfst. Gleich kommt der Professor, und dann werden wir sehen, was zu machen ist. Natürlich werden wir versuchen, es zu erhalten. Hast du viel Schmerzen, kannst du es aushalten?"

„Kaum, es schmerzt und brennt fürchterlich, bis in den Bauch hinein. Vielleicht geben Sie mir eine Spritze, besonders wenn meine Verwandten kommen, damit ich ihnen nichts vorjammere. Wissen Sie, es ist ja niemand an dem Unglück schuld, es war so neblig und glatt, und da bin ich ausgerutscht und gestürzt. Ein Wagen war dicht hinter mir, er konnte gar nicht mehr stoppen. Aber er muß doch gemerkt haben, daß er mich überfuhr; daß die Leute einfach weitergefahren sind, das finde ich nicht nett, das ist nicht menschlich. Und so viele Wagen sind an mir vorbeigefahren, sie fuhren alle langsam wegen des Nebels. Sie müssen mich gesehen haben, und keiner von ihnen hielt an. Das ist furchtbar, einen verunglückten Menschen einfach so liegen zu lassen. Das ist entsetzlich! Wie wird den armen Menschen zumute sein? Ich verzeihe es ihnen, aber es ist doch schrecklich, einen einfach in seinem Blut liegen zu lassen. Ich bemühe mich es zu verstehen, aber ich kann es nicht. Glauben Sie, sie tun mir richtig leid, diese Menschen!"

Inzwischen kamen die Eltern und der Onkel des Jungen. Mir wurde die Aufgabe zuteil, sie über seinen Zustand aufzuklären. Für einen jungen Arzt ist diese Pflicht ungewöhnlich belastend. Die Angehörigen werden telefonisch oder von der Polizei benachrichtigt. Näheres wird ihnen nicht mitgeteilt, alle Varianten zwischen einem leichten Unfall, Trunkenheit und Tod sind möglich. Die Angehörigen kommen völlig verstört, aus dem Schlaf gerissen, an. Mit welchen Worten soll man es ihnen sagen? Wie werden sie reagieren? Die einen brechen zusammen und werden ohnmächtig, andere schreien, andere wieder erstarren. Und welchen Trost gibt man in solchen Situationen? Gibt es überhaupt einen Trost? Jedes Wort kommt einem falsch und verlogen vor angesichts der ganzen Tragik der Situation.

„Was ist mit unserem Sohn? Lebt er, ist er schwer verletzt?"

Ich erzählte der Mutter, was vorgefallen war, und daß der Junge sehr tapfer sei und nur die eine Sorge habe, die Eltern nicht zu betrüben.

Sie wankte, ich zwang sie in einen Stuhl. „Es besteht kaum Hoffnung, daß das Bein noch gerettet werden kann; er weiß es noch nicht, und wir wollen ihm nichts sagen, um ihn nicht aufzuregen."

„Um Gottes Willen, unser Junge ohne Bein! Das darf nicht sein, er ist doch noch so jung. Das Bein muß erhalten werden!"

„Nehmen Sie sich zusammen, ehe Sie zu ihm gehen, er ist trotz größter Schmerzen sehr tapfer; zwingen Sie ihn nicht dazu, daß er Sie trösten muß!"

„Danke, Doktor, ich fasse mich schon!" Sie schaute mich an und drückte mir fest die Hand. „Sie sind ja selbst noch ein Kind."

Der Professor kam und wurde in das Zimmer des Verunglückten geführt, er besah sich das Bein. „Laßt alles bereitmachen zur Operation."

Der Junge sah ihn bange an. „Werden Sie es amputieren?"

Der Professor zögerte. „Nein, wir werden es auf dem Operationstisch genau inspizieren, und wir versuchen es zu retten, mach dir keine unnötigen Sorgen."

„Ich könnte es besser ertragen, wenn Sie mir jetzt schon die volle Wahrheit sagen würden. Vielleicht stehe ich vor ganz anderen Toren, Sie verstehen, und da möchte ich keine Lüge und keine Beschönigung."

Der Professor sah ihn erstaunt an. „Das ist mir noch nicht vorgekommen, daß solch ein junger Mensch mich zurechtweist. Also hör zu, das Bein muß abgenommen werden, und zwar leider sehr hoch, schon im Hüftgelenk, weil die Zerstörungen sehr ausgedehnt sind. Du bist ein tapferer Bursche, meine Achtung." Er streichelte seine Wange.

Das Bein wurde im Hüftgelenk abgenommen. Der Patient wurde auf sein Zimmer gebracht. Es gelang uns nicht, der Temperatur Herr zu werden, der septische Prozeß breitete sich aus. Als Hubert nach dem Narkoseschlaf zu sich kam, hob er mühsam den Kopf und betrachtete die Stelle auf der Decke, unter der sein Bein gelegen hätte, die Stelle war ganz flach. Er sah mich fragend an. Ich nickte stumm.

„Du mußt jetzt sehr tapfer sein."

„Ja, ja, sehr tapfer, auf einem Bein, in meiner Jugend. Aus ist es mit Motorradfahren, mit Tanzen, mit Mädchen. Auf zwei Krücken und einem Bein. Hübsch wird das sein, und alte Damen in der Elektrischen werden vor mir aufstehen und mir ihren Platz anbieten, und überall werde ich Mitleid erregen. Das ist fürchterlich!" Er schüttelte ratlos den Kopf. Ich fand keine Worte des Trostes. Er ergriff meine Hand.

„Verzeihen Sie, Doktor, Sie können doch nichts dafür, es tut mir leid, daß ich laut gedacht habe. Aber gestern um diese Zeit hatte ich eine Verabredung mit einem netten Mädchen, in die ich ein bißchen verliebt bin, und heute abend wollten wir zusammen tanzen gehen. Und Sonnabend war ein Fußballspiel angesetzt. Ich bin nämlich in der Liga. Ich war in der Liga. In einer Sekunde hat sich alles verändert, es ist so unerklärlich. Es ging mir gut, alle waren gut zu mir und ich war immer heiter und froh, ich glaubte, ich sei ein Liebling Gottes. Oder bin ich es noch? Mit einem Bein, ein Krüppel?"

„Du bist es ganz sicher, vielleicht erst recht. Weißt du, wir sehen hier so viel Schreckliches, niemand weiß, wozu es gut ist; aber hier lernen wir, daß der Mensch mit seinem Schicksal ein unstabiles Wesen ist. Er glaubt sich in Sicherheit und tut alles, um sie zu erhöhen und zu untermauern, und Gott entscheidet im Bruchteil einer Sekunde anders. Wir müssen uns darunter beugen und es demütig hinnehmen."

Er schlief vor Schwäche ein. Sein Zustand verschlimmerte sich. Seine Mutter erwirkte vom Professor die Erlaubnis, Tag und Nacht bei ihm zu bleiben. Die Oberschwester widersprach, sie fand, das verstoße gegen die Ordnung des Hauses. Der Professor wurde böse. „Die Ordnung bestimme ich, vor der Majestät des Todes haben wir zu schweigen. Es ist selbstverständlich, daß die arme Mutter das Recht hat, die letzten Stunden bei ihrem Sohn zu sein." Wir baten sie, hinauszugehen, wenn ärztliche Visite oder ein Verbandswechsel vorgenommen wurde.

Er wurde immer schwächer, seine Stimme klang leise. „Doktor, ich weiß was", sagte er schalkhaft.

„Was weißt du, was ich nicht weiß?"

„Sie wissen es auch, aber ich weiß es. Meine Stunden hier sind gezählt. Ich bin ganz ruhig und ganz bereit. Aber ich sorge mich um meine Mutter, wie wird sie es ertragen, die Arme! Man kann es ihr doch nicht verbergen, und sie wird furchtbar leiden. Wenn das nur nicht wäre, alles andere, das Ende, das schreckt mich nicht. Ich möchte so gerne die Sterbesakramente aus der Hand meines Onkels Paul erhalten; aber die Mama ist doch immer hier, und sie darf nichts davon wissen."

„Hör zu, Hubert, nun kann ich es dir sagen. Deine Mama weiß es, und sie hat nur den einen Gedanken, daß du nichts davon merkst. Auch ihr sehnlichster Wunsch ist es, daß du die heiligen Sterbesakramente erhältst, aber sie wollte dich nicht beunruhigen. Du kannst ihr gar keine größere Freude bereiten, als um die Sterbesakramente zu bitten."

„Ist das wahr? Mir fällt ein Stein vom Herzen! Dann darf ich ja!"

„Was darfst du?"
„Was denken Sie wohl, sterben natürlich!"
Noch nie wohnte ich einer so feierlichen und tröstlichen Zeremonie der Sterbesakramente bei. Sogar der Professor ließ es sich nicht nehmen und kam dazu. „Mach ganz langsam", bat Hubert seinen Onkel, den Pater. Sie kosteten jedes Wort der Gebete aus, und es lag eine weihevolle Freude im Raum.

Seine Mutter und ich blieben noch bei dem Sterbenden, der verklärt aussah.

„Was meinst du, Mutter, wo werde ich jetzt hingehen?", fragte Hubert.

„Wo möchtest du denn hingehen?"

„Rate doch mal!"

„Na, sagen wir mal, wenn es dir besser geht und du wieder aufstehen kannst, dann fahren wir nach Davos, damit du eine andere Farbe bekommst!"

„Nein, ganz woanders hin."

„Sollen wir vielleicht eine lange Seereise machen?"

„Eine Reise, eine ganz lange Reise."

„Na, wo willst du denn hin, sag es doch!"

„Eine Reise in den Himmel, Mutti."

Die Mutter fing an zu weinen.

„Lächle doch wieder! Wie kann man weinen, wenn einer in den Himmel reist, da soll sich ein jeder freuen, sieh doch, ich freue mich auch!" Sie zwang sich zu lächeln, er nahm ihre Hand und behielt sie in der seinen. Dann schlief er ein. Die Mutter blieb die ganze Nacht bei ihm. Ich hatte Nachtdienst; wenn nichts zu tun war, setzte ich mich ins Sterbezimmer. Er schlief und atmete leise. Sein Gesicht war gerötet, aber völlig entspannt. Weder seine Mutter noch ich merkten, als er seinen letzten Atemzug tat. Die Mutter erhob sich, machte ein Kreuzeszeichen auf seine Stirn und küßte ihn.

Mir fiel das Wort aus dem Talmud ein: ein Tod wie ein Kuß.

Einige Angaben über Leben und Schaffen des Autors

Wladimir Lindenberg wurde 1902 in Moskau geboren. Er wuchs im „Weißen Haus", einem feudalen Landsitz seiner Familie in der Nähe Moskaus auf. Über diese sorglose Atmosphäre im alten Rußland, über die Menschen seiner Umgebung berichtet er in
 „Marionetten in Gottes Hand. Eine Kindheit im alten Rußland".
Warmherzig, mit Humor und in liebenswerten Einzelheiten erzählt L. von seiner Mutter, der Kinderfrau, Verwandten und Freunden, den Sitten und Gebräuchen.

Der Krieg 1914–18 brachte eine tiefgreifende Veränderung. Das alte Rußland zerfiel und mit ihm geheiligte Traditionen – eine Welt zerbrach. Bobik und seine Familie gerieten in den Strudel, jedoch, er kam lebend aus diesem „Feuerofen" heraus. Diese Erlebnisse bilden den Inhalt des zweiten Bandes seiner Autobiographie:
 „Bobik im Feuerofen. Eine Jugend in der russischen Revolution".

Eine große Umstellung bedeutete für den jungen Bobik der Neubeginn in Deutschland; zuerst noch als Schüler, dann als Student der Medizin. Als Fremdling mußte er sich mit einer neuen Sprache und anderen Lebensgewohnheiten vertraut machen. Aber er gewann Freunde, die ihm halfen, eine neue Heimat zu finden. Diesen Lebensabschnitt hat L. in dem autobiographischen Band
 „Bobik in der Fremde. Ein junger Russe in der Emigration".
beschrieben. Für den heutigen Leser sind seine Begegnungen mit bekannten Menschen aus der Zeit nach dem 1. Weltkrieg, sowie die Berichte über damalige Verhältnisse höchst interessant. Bobik beendete sein Studium, und wir erfahren von den Anfängen seiner ärztlichen Tätigkeit – des Liebes- und Heildienstes am Kranken. Es folgen lange, erlebnisreiche Reisen als Schiffsarzt zu verschiedenen Kontinenten. Im Jahre 1973 veröffentlichte L. ein weiteres Buch über diese bewegte Periode seines Lebens mit dem Titel:
 „Woloja. Porträt eines jungen Arztes".
Ein junger, von Idealen erfüllter Arzt begegnet der Trägheit des Herzens, der Verhärtung und Unmenschlichkeit und erfährt, daß Helfen und Heilen in der Kraft menschlicher Begegnung wirksam wird.

An diese vier biographischen Werke reiht sich ein fünftes, das in loser Folge von Reisen berichtet, die L. als Knabe mit seiner Mutter unternehmen durfte:
 „Bobik begegnet der Welt.
 Reiseerlebnisse formen einen jungen Menschen".
Nach der Rückkehr von seinen Reisen als Schiffsarzt fand L. seine Lebensaufgabe als Betreuer von Hirnverletzten, zuerst als Mitarbeiter bei Prof. Poppelreuter in Bonn und später als Leiter der Hirnverletztenabteilung des Ev. Krankenhauses Berlin-Spandau. Heute lebt L. in Berlin als frei praktizierender Arzt.

Briefe an eine Krankenschwester
16.–20. Tsd. 139 Seiten. Geschenkband DM 11,–

„Der Autor weist auf die Wechselbeziehungen zwischen Arzt und seinen Helfern hin und zeigt, wie wertvoll und heilend ein positiver gegenseitiger Kontakt sein kann. Einige der vielen Probleme unseres Berufes werden klar und humorvoll beleuchtet. So wird hier in Gesprächsform Antwort auf Fragen gegeben, die sich die Schwester täglich stellt. – Dieses Buch gehört in die Hand jeder Schwester, in jede Schwesternschule und in die Krankenhausbibliothek, als eine Art Leitfaden in der Ethik."
Die Krankenschwester

Gespräche am Krankenbett
26.–31. Tsd. 134 Seiten mit 1 Titelbild. Geschenkband DM 11,–

„Ein wesentlicher Anteil ärztlichen Wirkens war von jeher Verständnis, Zuspruch und Ermutigung. In dem vorliegenden Buch hat Dr. Lindenberg in verständnisvoller und warmherziger Art diese Form ärztlichen Wirkens in 15 Gesprächen am Krankenbett aufgezeichnet. Alle Spielarten menschlichen Daseins, wie die Geduld, die Stille, das Lächeln, das Beten, die Entspannung, das rechte Atmen und vieles andere werden in trostreicher Weise behandelt. Das Büchlein kann allen Kranken und all denen, die Kranke betreuen, wärmstens empfohlen werden."
Volksgesundheit

Sprechplatte
Langspielplatte mit 4 Erzählungen
33 U/min. DM 24,–. Best-Nr. 3 497 00718 8

„Schurum Burum" aus „Marionetten in Gottes Hand",
„Frossjas Geheimnis" aus „Bobik im Feuerofen",
„Verona" und „Die Chassiden" aus „Bobik begegnet der Welt".
„Die Platte ist für den Literaten, den Liebhaber russischer Erzählweise, aber auch für Kinder und Erzieher eine Bereicherung, die gewiß das Interesse am Werk Lindenbergs überhaupt weckt."
Deutsche Tagespost

Durch zahlreiche Vorträge, Funk- und Fernsehsendungen hat Wladimir Lindenberg sich einen großen Freundeskreis über seine Leser hinaus gewonnen. So lag es nahe, seine Erzählkunst auch einmal auf einer Schallplatte festzuhalten ... Die tragende Kraft der Stimme ist so groß, daß der Hörer ihr gespannt folgt und die Platte ihm zum Erlebnis wird ...
Bücherschiff

ERNST REINHARDT VERLAG MÜNCHEN BASEL

Die Menschheit betet
Praktiken der Meditation in der Welt
26.–30. Tsd. 234 Seiten mit 10 Tafeln. Leinen DM 21,–

„Wer das Wesentliche über Gebet und Meditation bei den verschiedenerlei Glaubensrichtungen unvoreingenommen kennenlernen möchte, dem sei das vorliegende mit großer Ehrfurcht und erstaunlicher Einfühlungsgabe geschriebene Buch warm ans Herz gelegt. Buddhist und Yogajünger, Jude und Mohammedaner, die Christen widersprechender Richtungen vom Jesuit bis zum Quäker treten uns in ihrer sympathischsten Gestalt entgegen, und wenn der Autor das Christuswort von den vielen Wohnungen in seines Vaters Hause als Motto benützt, denkt der Leser unwillkürlich an Lessings Ringparabel." *Schweizer Bücherzeitung*

Gottes Boten unter uns
14.–17. Tsd. 171 Seiten mit 13 Tafeln. Leinen DM 21,–

„Mit der großartigen Erzählergabe, die uns von den klassischen Epikern Rußlands so bekannt ist, bringt der Autor dem Leser Geschehnisse nahe, in denen der bedrohte Mensch Zeichen erhält." *Evangelische Digest*

Mysterium der Begegnung
19.–22. Tsd. 256 Seiten mit 5 Tafeln. Leinen DM 21,–

„Nur in der verantwortungsvollen Begegnung des Menschen mit sich und seiner ganzen Umwelt erfährt er das Dasein als Glück und als Auftrag."
Der Psychologe

Marionetten in Gottes Hand
Eine Kindheit im alten Rußland
22.–24. Tsd. 246 Seiten mit 1 Tafel. Leinen DM 21,–

Bobik im Feuerofen
Eine Jugend in der russischen Revolution
13.–15. Tsd. 311 Seiten mit 1 Tafel. Leinen DM 24,–

Bobik in der Fremde
Ein junger Russe in der Emigration
6.–9. Tsd. 349 Seiten mit 3 Tafeln. Leinen DM 24,–

Bobik begegnet der Welt
Reiseerlebnisse formen einen jungen Menschen
9.–11. Tsd. 323 Seiten mit 2 Tafeln. Leinen DM 24,–

Wolodja
Porträt eines jungen Arztes
6.–8. Tsd. 348 Seiten. Leinen DM 24,–

ERNST REINHARDT VERLAG MÜNCHEN BASEL